# 品中国文人 ③

刘小川 著

上海文艺出版社

# 目　　录

## 曹操（三国　155—220）建安诸子

*1* ………… 曹操的混乱，与当时代的混乱是合拍的。这种合拍值得探寻。好像时代怎么乱，曹操就怎么乱。他投身乱世，以乱对乱，有利于识乱相，捕捉乱世的各种表征。他必须在这个基础之上，才能朝着治世的方向作出有效的努力。概言之：古代收拾乱局者，自身当有乱的功夫。曹操之前四百年，开汉之君刘邦已是典型。后来宋朝的赵匡胤、明朝的朱元璋也复如此。时代弄潮儿，弄潮的前提是洞悉潮水起伏的规律。戎马倥偬之余，曹操落笔写诗，古朴，雄浑，苍凉。

## 蔡文姬（三国　177？—239？）

*39* ………… 蔡文姬写《悲愤诗》，时在遭胡兵抢掠的十多年后，仍是记忆犹新，斑斑血泪含吐纸上，"旦则号泣行，夜则悲吟坐。"平原上狂呼乱叫的胡人骑兵，"马边悬男头，马后载妇女"，与食人生番无异。掳走的过程太可怕，太凄惨。我们当细看这过程，这地狱般的情形，这恶梦般的记忆，这仇恨，这血与泪相和流的文字。可能因文姬貌美而名高，她被胡兵献与匈奴的左贤王……

## 王羲之（东晋　303—361）
## 王献之（东晋　344—386）

*53* ………… 皇权不松动就没有魏晋风度。没有魏晋风度，就没有王羲之。书法也是际会风云的东西，笔底波澜源自人世修炼与自然领悟。王羲之开源甚大，乃是中国书法的福份。书圣的青少年时代，亲眼目睹了豪门中的血雨腥风，摧肝裂肺成历练。
王献之生于超级富贵窝，自幼备受宠爱，没受过多少折磨。他十来岁就认为自己的书法与父亲各有千秋。他写字才气纵横，穷尽笔墨之潇洒，羲之赞曰："咄咄逼人。"王献之与桃叶姑娘的"婚外恋"宛转动人，传遍了石头城，留下著名的桃叶渡。

## 谢灵运（东晋 385—433）

105 ……… 谢灵运的独创性在于他的山水情怀。他扑向故乡,抓紧泥土,朝廷又将他拽回去……这种生存的二元结构是如此典型,所以他被唐朝的大诗人反复眺望。生存的悖论固定了山水这一审美符号。谢灵运开了一个头,王维、孟浩然、李白等发扬光大。官场与丘山之间所形成的历史性张力区,唐宋诗人们活跃于其中,显现并拓展这个张力区,消耗它的审美可能性。

贵族才子谢灵运生逢乱世,被阴险而残忍的皇帝送上了断头台。

## 王维（盛唐 699？—761）

139 ……… 王维活向禅境,乃是禅境的引力使然。王维并不是受了现实生活的挫折,然后单纯地、浅表性地、吹糠见米似地寻找心灵慰藉。若如是,则不能解释:他的作品打动人为何如此之深。他所抵达的宁静,令人怦然心动。他向世人证明了:宁静有魔力。这魔力直接源于尘世的无穷喧嚣。宁静的深度,取决于喧嚣的强度。

金圣叹点评王维诗:"洋溢着浓密密、香喷喷的禅意。"唐代杰出的艺术家们懂得了以退为进,以虚静总揽实有,以背向尘世的姿态赢得了尘世。

## 怀素（盛唐 725？—785？）

193 ……… 楚天多么辽阔,楚地五千里湖泊纵横,阡陌交通。手执锡杖的行僧怀素连年在船上、路上、马上、车上。云卷云舒,风起潮涌,雪野茫茫,春花遍地,夏云高耸着奇峰……八百里洞庭湖激荡五尺男儿的心胸。他跃入水中弄潮,身子比一朵浪花还小。然而登楼书壁,字大如斗,气吞千里如虎。多少人家的粉壁、屏风为他空着。二十五岁左右,怀素就成了这片大地上的头号书法家,长沙七郡盛传他的名字和故事。李太白激情赞美:"少年上人号怀素,草书天下称独步。墨池飞出北溟鱼,笔锋杀尽山中兔……"

## 薛涛（中唐 767？—833？）

221 ……… 人的站立,女性的站立,即使在薛涛这样的弱女子身上也是有迹可循。可见唐朝文化显然是支撑她站立的核心力量之一。词语在血液中流淌着刚性。杜甫李白可不是说着玩儿的,装潢门面的。薛涛三岁起,就在方块字搭建的神庙里盘桓。长大了,袅娜而又坚挺,男人的权势压不垮,松州的山风吹不倒。命运不断地捉弄她,摧花权手纷至沓来。薛涛有曲折,有抗争,有尊严,有现代元素,所以她的故事会流传至今。

## 鱼玄机（中唐 844—868?）

257 ......... 有情女鱼玄机,思念着无心郎李亿。爱恨交织成一股接一股的疼痛。如花似玉的诗书女人,居然连箕帚小妾都做不成。鱼玄机剧疼,而疼痛牵引她思了又思。京城的舆论倒来指责她,说她写艳诗淫词败坏了世风。杜牧宣称:"十年一觉扬州梦,赢得青楼薄幸名。"男人胡闹,被称做浪漫。女人痴想情郎玉姿便是下贱……约半年光景,长安咸宜观中的鱼玄机素面沉静。这个唐朝的小女子在想问题,用她的大脑和身体。

## 岑参（中唐 715—770）

273 ......... 岑参生活在盛唐诗人强大的氛围中。诗仙李白,诗佛王维,诗圣杜甫,构成夺目的"三角光区"。东晋还有个陶渊明,把田园诗推向前无古人后无来者的极致。所有这些光波都弥漫于公元八世纪的中原。岑参写诗向何处落笔?他向自己内心的纵深落笔,向军旗猎猎的边塞大漠落笔。"将军金甲夜不脱,半夜军行戈相拨,风头如刀面如割……"

308 ......... 附录:主要参考文献

# 曹　操
（三国 155—220）建安诸子

曹操的混乱，与当时代的混乱是合拍的。这种合拍值得探寻。好像时代怎么乱，曹操就怎么乱。他投身乱世，以乱对乱，有利于识乱相，捕捉乱世的各种表征。他必须在这个基础之上，才能朝着治世的方向作出有效的努力。概言之：古代收拾乱局者，自身当有乱的功夫。曹操之前四百年，开汉之君刘邦已是典型。后来宋朝的赵匡胤、明朝的朱元璋也复如此。时代弄潮儿，弄潮的前提是洞悉潮水起伏的规律。戎马倥偬之余，曹操落笔写诗，古朴，雄浑，苍凉。

# 曹操

## 1

曹操是一个相当复杂的历史人物,关于他的功与过,一千七百多年来人们争论不休,毁誉激烈。曹操又是个文学人物,自己是文学家,诗歌和散文引领着他的时代,并影响后世。由于罗贯中的《三国演义》,曹操成为数百年来家喻户晓的小说角色、戏曲角色。

曹操究竟是什么样的一个人呢? 他的复杂性源于何处?

先来看他的少年故事。

曹操字孟德,生于公元 155 年,他祖父曹腾是个宦官,父亲曹嵩是曹腾的养子。对曹操而言,这是一件很不光彩的事情,羞于对人讲,更担心别人讲。东汉末年的宦官势力大,与外戚(皇后、太后的亲戚)争权,闹得乌烟瘴气,在民间的名声极坏。曹操小时候心里有阴影。如果有人指出他父亲是太监的养子,在姓曹之前姓什么不得而知,又曾被"乞丐携养"……那么,他就会怒目而视,甚至冲上去挥拳厮拼。后来他功成名就了,作《家传》,把曹氏祖宗跟周文王封于曹的儿子扯上干系。

其实他可能姓夏侯,与武艺超群的夏侯惇、夏侯渊是本家。

曹操长得个头小,不英俊,和袁绍、袁术这些几代传下来的贵族子弟不能比。可他家里也是有钱有势的,在沛国的谯县(今安徽亳州市),没人敢于公开小视。他能与袁氏兄弟一起玩,说明他有家族的支撑。汉末,门第之风愈甚。

袁绍高大而白皙,一表人才,曹操瘦小而黑黄,其貌不扬。两人站一处,显露的不仅是个体差异,连祖上的尊卑也捎进来了。曹操为此,暗暗的愤愤不平,但表面上从不声张。当时风气,是既重门第又重相貌。曹操的门第是不能追究的,他家再有钱势也不好炫耀,曹操的外表在贵族看来乏善可陈,容易叫人联想到他那出身微贱的父亲。凡此种种,带给曹操挥之不去的自卑感。他的整个成长期,几种来自不同方向的自卑心理总是能够落到实处,有时还发生"交互作用",弄得他郁闷伤心,愤恨切齿,蓄积着将来要喷发的能量。

阉人,太监,乞丐,遗丑,这类词曹操最不爱听了,一听就脸红筋胀,一副要打架的样子。

袁绍、袁术这班世家子弟,说话口无遮拦,经常得罪曹操。他们故意说到自己的祖上,从父亲就说到高祖,四世三公,显赫百年。曹操听得直咬牙齿。他不得不与袁绍相反,绝口不提曹姓祖宗。父亲曹嵩是大太监的养子,这几乎天下皆知。而曹嵩对曹操闭口不谈本姓,把心中的阴影原封不动地传给儿子。

曹嵩的官本不小,后来又花一亿钱买了个太尉的官职,暴露出严重的心理欠缺。

而曹操的心理欠缺,后来以争霸天下、逐鹿中原的方式加以补偿和超越。

曹孟德和袁绍比,处处落下风。这使他暗中使劲,寻找机会要占上风。他与袁绍较劲较了几十年,直到发动著名的官渡之战,才把袁绍彻底击败,并看上袁绍美丽的儿媳妇甄氏,跃跃欲试想纳为己有……

发生在曹操身上的"自卑与超越"的故事,堪称典型。

曹操这种人,不干大事似乎是说不过去的。他提笔写诗,则通常是好诗。郁闷,压抑,向来是艺术才华的近邻。内心要有风暴,方能孕育词语的起伏跌宕。

曹操从小板眼儿多,方圆几十里很有些名头。他飞鹰走狗,游荡无度,领导着一群纨绔,吸引着谯县地面上的诸多混混、泼皮、二杆子。他的小名儿叫阿瞒,谯城少年尊称他为"瞒哥"。他有得是钱,出手阔绰,聚众狂饮,呼朋引类。他的叔父观测他一段时间后,认为这小子这么闹下去很危险,便向曹嵩告他的状。曹嵩免不了斥责儿子,骂儿子结交泼皮毫无出息。

曹操气愤叔父管闲事,却沉下心来,思得一计。

有一天,曹阿瞒把脸拉歪,作抽搐状,在叔父面前慢慢走过。叔父问他时,他发音模糊说:中、中风了。

此刻他的五官严重错位,哼哼唧唧,很痛苦的模样。叔父也着急,忙去告知曹嵩。可是等到曹嵩把儿子唤到跟前时,却看见曹操的脸与平时无异。

曹嵩问:你叔父说你中风,脸扯歪了,怎么又无事?

曹操答:叔父的话如何信得?他是常和父亲大人开玩笑吧。

此后,叔父再告曹操的状,曹嵩就不大相信了。

曹嵩在京城洛阳做官,回谯城的时候有限。曹操乐得每天像个野孩子。他"收拾"叔父不过是小试锋芒。

游荡无度的少年,脑袋瓜子灵活。

少年曹操颇似少年刘邦,活动半径大,戏耍花样多,交游的对象形形色色。"太阳每天都是新的。"曹操此间领导一帮泼皮二杆子,为日后驾驭一群时代精英打下了某些基础。

二杆子并不好弄。当然,曹操这个人更不好弄。他也读书写字,弹琴下棋。同纯粹的二杆子相比,曹操生活在别处。他会些拳脚功夫,专门对付贵族子弟,动不动就去找袁绍练对打。可是小个头放倒大块头有些难度,于是他专攻下三路,头手并用,终于将袁绍拱翻在地。阿瞒打了胜仗,总是双手叉腰仰天大笑,然后四处吹嘘;吃了败仗却能寻思,总结经验教训,以利再战。

史料说,曹孟德十岁那年,曾于深潭中与蛟龙(鳄鱼)大战并取胜,多半是曹操自己编造的故事。

曹操是真真假假的曹操,虚虚实实的曹操。如此灵动多变,在天下未乱之时表现为鸡鸣狗盗,而天下大乱,这种以乱制乱的本事将派上大用场。

曹操十六岁,玩了一回惊动百里的大险招。

他厌恶太监,几乎满城皆知。他从不以祖父曹腾为炫耀。曹腾官居宦官中的高位：大长秋，秩二千石，俸禄仅次于三公。旁人提起太监的排场威风，曹操就露出满脸不屑的神情。这里边有他的"身世耻辱"：他曹孟德竟然是阉人之后！另外，太监利用其左右皇帝的能力，弄权一年比一年嚣张，引起大臣、将军、士人的普遍愤怒，太监的名声江河日下。

有个叫张让的阉人，名声特别臭，曹操踌躇了几天之后，决定取张让性命，让世人瞧瞧他曹阿瞒与太监势如水火。然而曹操手持利器潜入张让的住处，未及行刺，却让对方发现了。于是，这个遇险不乱的有志少年，"乃舞手戟于庭，逾垣而出。才武绝人，莫之能害。"手戟：短戟，汉代常用兵器。

曹操爬树跳墙的本事，想必不在猴子之下。张让的手下未能擒获他。

若干年后他行刺董卓不成，急中生智，借口跪献宝刀。趁午睡刚醒的董卓尚未回过神来，他已纵马出城，逃之夭夭……

行刺张让之后，曹操一度名气大噪。舆论认为他是太监的对头，将他的太监祖父"存而不论"。十六七岁的曹操真是太有面子了，走到哪儿都有人让位、请吃，袁绍、袁术主动找他玩儿，送他好东西。

曹操十七岁，又开始好色了。他固然不像袁绍那样讨女孩子喜欢，可他的好色之情"胜袁本初（袁绍字本初）多矣。"他发现了谯城的一位貌好女子，拉袁绍去"劫色"。那美貌女孩儿却是新娘，正在举行婚礼。二人"潜入主人园中"，一直埋伏到天黑，然后双双跳起来齐声高叫：有窃贼，有窃贼！

屋子里的人都涌出来了，"魏武（曹操）乃入，抽刃劫新妇。"他扛着新娘和袁绍一道向荒野逃跑，牛高马大的袁绍腿脚不够利索，跌倒在荆棘坑中，一时动弹不得，还呻吟着呼救，好像跌得不轻。远处，新娘家寻人的几十只火把在夜幕中乱晃，喊叫声此起彼伏：抓贼啦，快抓劫妇贼！

袁绍慌乱之极，只在坑中乱爬，横竖爬不起来，仿佛身上几处骨折。

好个曹操，手指黑坑，冲着火把方向大喝：窃贼在此！

话音未落，那袁绍翻身蹦起，撒开两腿狂奔，兔子般蹿入茫茫野地。

这件事多见于史籍，曹操的形象跃然纸上。他胆大妄为夜劫新娘，全城为之哗然，泼皮二杆子"争拜马蹄"。紧要关头他对袁绍搞心理疗法,估计他自己有过类似的经历。他了解袁绍,知己知彼,于是一喝成功。

至于那位可怜的新娘后来如何,史料没记载。

曹操劫色的动机之一,很可能是借此扬名。

重名望,是当时的时代特色。而曹操有见不得人的身世背景,比一般人更重名气。单有袁绍对他竖大拇指是不够的,一帮泼皮恭维他,显然更不值一提。将满弱冠之年(二十岁)的曹操跑去找名士,渴望听到名士对他的评价。

南阳有个名士叫宗承,曹操想和他交朋友,专程前往,"屡造其门",但宗承根本不予理睬:"薄其为人,不与之交。"曹操的面子这回可丢大了,他不服气,在宗承外出的路上截住对方,软泡硬磨,"捉手请交",捉住宗承的手不肯放。"承拒而不纳",对曹操这种人嗤之以鼻。估计这南阳名士还有甩手、擦手的侮辱性动作。

捉手请交而不得,曹操连月大郁闷,看来,他不仅身世受人嘲讽,他的为人也很成问题,"任侠放荡,不治行业,故世人未之奇也。"一个叫曹阿瞒的家伙自命不凡,行为乖张,却是哗众取宠而已,事实上没人拿他当回事。曹操不担心别的,最担心别人、尤其是有名望的人士小瞧他,鄙薄他。这种心理惯性,源远而流长,带给他宏大的志向与诡诈的性情,影响他一生的建功立业,包括他令人尊崇的文学建树。

曹操的生存向度,由此可见一斑。他自己不可能意识到这一点,而后世史家、学者、小说家,也鲜有在这个层面上对曹操展开的生存阐释。

曹操式的自卑与超越,相当复杂,显现出强烈的个体气息。

曹操的混乱,与当时代的混乱是合拍的。这种合拍值得探寻。好像时代怎么乱,曹操就怎么乱。他投身乱世,以乱对乱,有利于识乱相,捕捉乱世的各种表征。他必须在这个基础之上,才能朝着治世的方向作出有效的努力。

概言之:古代收拾乱局者,自身当有乱的功夫。曹操之前四百年,开汉之君刘邦已是典型。后来宋朝的赵匡胤、明朝的朱元璋也复如此。

时代弄潮儿,弄潮的前提是洞悉潮水起伏的规律。

古代有所谓"乱世出英雄"的说法,但这英雄究竟怎么"出",尚须仔细考察。汉语文化有大而化之、一言以蔽之的毛病,苦学西人之思,

"大票换零钞",或能深入事物,看到事物的细微处,宏观微观并进。

曹操和他的时代捆得紧,当是发端于从童年就已经开始的内心隐秘。这种内心隐秘,使他一直在乎旁人投向他的目光。他显然不是阳光型的男孩儿,曹家有钱有势,既使他骄傲,又令他难堪。总有两股以上的力在拽着他。他若不矛盾,不混乱,他就不是曹操。他不可能活向徒有其表的袁绍、气宇轩昂的周瑜,更不可能变成"龙章凤质"的嵇康和诸葛亮。

南阳名士宗承鄙视曹操之后,曹操一度没脸见人,闭门读书。他练书法,弹古琴,驱赶上门来找他的二杆子。这几年,他自己就是混混儿的头领,领悟了混混儿身上的若干特性。现在他要超越二杆子,向士人风度靠近。他不同于刘邦的,是具有时断时续的文化追求,"博览群书,尤好兵学",书法是狂草风格,写诗推崇汉乐府,对古琴很感兴趣,还能下围棋。这可不是撑面子,装文雅。曹操是那种昨天还飞鹰走狗、今日却能静心向学的奇怪青年。对文字、音乐、书法的形式美,他一定天生敏感。不然的话,以他性子之野,游荡瘾之大,这些需要下苦功夫才能获得的修养,不足以在长达几十年的时光中牢牢地吸附他。

"太祖御军三十年,手不释卷,登高必赋。"

游荡不羁培养直觉,手不释卷则训练思维能力,扩大思维半径,提高敏锐度和穿透力。曹操在统一北方、摆平那么多强大对手的过程中,这些能力全都用上了。

曹操早年不游荡,很难成为曹操。

他心里有阴影,一再受刺激,对成长也有好处。南阳名士瞧不起他,他就闭门读书,远离泼皮。他准备好了,要拿出另一副面孔去应对世界。而在后来的漫长岁月中,他发现自己长出了九张脸,就像传说中的多头怪物。

# 2

曹操二十岁,成人了。有一天他去找另一个名士乔玄。乔玄是做过几任大官的,政声好,不敛财,"家贫乏产业,当世以此称为名臣。"清官享有美名,说明当时的社会舆论对清官还是认可的。曹操去找乔玄,想听到乔玄对自己的评价。这举动有几分冒险性:他父亲曹嵩和他的太监祖父曹腾很可能都是贪官。曹操一大早惴惴而去,暮色中欢喜而归:乔名士热情接待了他,在与他接席(坐席相接)长谈之后,说了一句话:"天下将乱,安民生者,其在君乎?"

这样的评语,让曹操兴奋得彻夜不眠,夜半舞于庭。

乔玄又点拨曹操,叫曹操去拜见鼎鼎大名的汝南人许劭。

许劭看人才一看一个准,是公认的点评人物的头号专家。此人派头大,每月初一只点评一次,号称"月旦评",开评之日,门庭若市车盖如云。许劭的评语一出,往往风闻于中原的大小城市。曹操不去找他点评,看来是不行的。胸怀大志者,必须先有名气,这可是时代的共识,"名教"的要求。不过,曹操此番去,所冒的风险更大:许劭看人太准,如果像宗承那样鄙薄他,甚至根本不许他进门陈述志向,那可咋办呢?如果许劭说他是一堆臭狗屎,他这辈子恐怕就很难散发出香味儿了。

然而曹操胆子大,具有孤注一掷的冒险精神。某月初一,他去见许劭了,"卑辞厚礼",带了一车贵重礼物,言辞恭恭敬敬。点评大专家瞥他一眼说:是乔玄先生让你来的吧?

曹操躬身回答:是。

他很聪明,在许劭面前并不提乔玄对自己的高度评价。

许劭说:乔玄安贫守道,世之高士耳。

大专家只此一句,言下之意,却对曹操的可疑门第含讽刺。曹操满头冒汗,忙问:"我何许人也?"

许劭不答。

曹操方寸大乱。许劭不屑于点评他,大事不妙矣,在场的围观者少说有二三百,这些人的传播能力以一当十。曹操抹一把汗,硬着头皮再三问:先生,我何许人也?我何许人也?

曹阿瞒的痞子劲上来了,得不到许劭的月旦评,估计他会赖着不走。许劭审视他良久,终于给他一句点评:"子,治世之能臣,乱世之奸雄也。"

曹操"大悦而去"。一路上走得颠三倒四,像喝下美酒的酒鬼,举臂而舞,仰面而歌……

曹操可不管奸雄还是英雄,只要能称雄于当世,干一番大事业给世人看,他就心满意足了。

汉灵帝熹平三年(174),二十岁的曹操举孝廉为郎,正式做了一名郎官。孝指孝子,廉指廉洁之士。汉代选官吏有举孝廉的制度,初行比较公正,后来渐为官宦人家所把持,成了一种特权制度。曹操做郎官不久,升为洛阳北部尉,主管治安、刑狱。很快,他在洛阳北部的辖区内干了一件惊动朝廷的大事:"造五色棒"十几根,高悬于城门之上,"有犯禁者,不避豪强,皆棒杀之。"

曹操把蹇硕的叔父干掉了,"五色棒"打死,因为此人竟敢违禁夜行,半夜三更在街上走。

蹇硕是谁?他是灵帝宠爱的太监,在宫中的势力非同小可。而曹操拿太监开刀非常过瘾,狠狠出了一口十年八年憋在胸中的恶气。这也叫冤家路窄。不过,曹操行事有掂量。他有后台。干这事儿他要的就是轰动效应,他是决不做无名小辈的。

城门高悬五色棒,阿瞒声威震四方……

蹇硕的反应如他事前所料,在宫里大闹一通之后,雷声大雨点小,只是把他赶出了京城洛阳。

曹操二十三岁做了顿丘县令。大约一年后,因亲戚犯罪受株连,免去官职,灰溜溜回家乡谯城。此间他娶妻丁氏,又纳妾卞氏,每日坐拥书城,左抱右拥娇妻美妾,过了几年清闲而滋润的好日子。他喜欢吟诵诗赋,从《诗经》、《楚辞》读到汉乐府民歌,试着写一些四言诗、五言诗、六言诗,自己不满意,一把火悄悄烧了。

欲成大业者,写诗也要一鸣惊人。曹操诗瘾大,但一般不出手的。二十几岁他写的诗大概都是"抽屉诗",秘不示人。他贪恋美色,不写情诗,和他后来的两个诗人儿子不一样。他信奉三个字:诗言志。他可是志存高远初具名望的曹孟德……

丁氏无子。卞氏几年后生子曹丕,又生曹植、曹熊。生女不计。

曹操复娶刘氏,刘氏生长子曹昂。短短一二年的时间里,幸福的阿瞒娶二妻纳一妾,穿梭于三房中,把御女术和领导艺术结合起来,每日春风得意。各房均无冷落,她们相处甚洽。

曹操对妻妾们说:要生子一大群!

三个老婆忙着生孩子,避免了争风吃醋。后来,这个队伍日益壮大,十三个老婆为他生儿子,还不包括只生女儿的……

这生活够舒服了吧?然而,妇人醇酒、琴棋书画、打猎逍遥的日子却不能安顿曹操,外面的世界正风起云涌,曹操这种人怎么能置身于风云之外呢?他对自己有个定位。他的"生存坐标图"是一张大图。

闲居谯城数年,曹操不断向外传消息:他已经是一个很有学问的人,具备"治世之能臣"的条件。父亲和曹氏家族中的许多人都在做官,曹操回归仕途,也是举手之劳。这位每日与竹简作伴的学问家"以能明古学,复征拜议郎。"

议郎属于顾问性质,秩比六百石。学者曹操露面了。

有些官员视议郎为闲职,拿俸禄不干事。曹操却忙于上书朝廷,猛攻几个太监的淫威恶行,又指斥三公(司空、司徒、太尉)的腐败。青年曹操的动作都是大动作。要符合能臣的名声。许劭的预言他一直牢记在心,逢人就要宣讲。然而皇帝听不到,皇帝身边的高级顾问多如牛毛,食禄仅六百石的曹操算啥呢?于是他专挑大人物作对手,以"愤青"的姿态屡屡上书,搞"酷评",结果是毫无结果。

学者曹操,看来干不成什么大事。

孟德喝闷酒,酒名曰杜康。

妻妾们软语抚慰他,跳舞给他看,奏乐给他听。新来的杜夫人加入了曹家的脂粉队,生子曹彪,后封白马王。曹植的代表作《赠白马王彪》就是献给曹彪的。

中平二年(184),三十岁的曹操机会来了。黄巾军数十万人于冀州、颍川、南阳大起义,"三十六万同日起",矛头直指洛阳。朝廷急忙调兵遣将,曹操从文官跳到武官,升骑都尉,秩二千石。就俸禄而言,二千石已属高官。曹腾当年做到宦官的最高级别大长秋,也是食禄二千石。皇权危急之时,武官身价看涨,曹操的这一跳适逢其时。他原本是文武双修,能读书写诗,也能带兵打仗。

曹操参与镇压黄巾起义,为朝廷立了功,被提升为济南国的国相。

汉代实行郡县制,部分保留了分封制:将一些郡县分封给王侯,人称"郡国"。国相是实权人物。

曹操任济南相,大刀阔斧行使职权。济南所属十县,他一口气撤掉了八个县令。为什么呢？因为这些县令都不是好官，他们上通朝廷太监，下连地方豪强，鱼肉百姓，气焰嚣张。曹操对八个县令下狠招，一律撤职，部分查办。

京城太监和济南豪强被激怒，纷纷扬言要报复。可是曹操已经腾出手去干另一件大事：禁淫祀。

济南这一带曾是西汉城阳王刘章的封地，刘章死后三百余年，祭祀他的祠庙竟多达六百多座，每年的祭祀活动花样繁多，官员大肆显摆，"烹杀讴歌"，商人趁机捞钱财，小民负担沉重。曹操下令，把祭祀刘章的祠庙全部拆除，阻断了济南数百年的淫祀之风。这动作，是个移风易俗的信号。

曹操干这两件大事，前后只用了半年时间。撤活人的职，拆死人的庙，不仅触犯太监豪强，连皇帝的先人他都敢去惹。好像普天下的老虎屁股他都敢去摸。这种为官的正气从何而来？显然与做"能臣"有关。

许劭一句点评，曹操十年奋斗。

曹操敢做敢当的勇气，则令人联想他的少年时代。

曹孟德身上总有几股气，此间英雄气占了上风。英雄二字，对曹操的吸引力奇大无比。他自幼"姿貌短小"，有羞于启齿的出身问题，有浪荡青年的坏名气，因而他必须超越。他希望每一刻都会出现一个新曹操，直到"盖世英雄曹操"闪亮登场为止。如果实在做不成英雄，做奸雄也行，总之，不能做狗熊。

曹操之为曹操，这一点颇重要。

曹操的生命冲动源远流长，生命不息，冲动不止。所以他后来才会写下永久流传的名句："老骥伏枥，志在千里。烈士暮年，壮心不已。"

曹操这样的人，由于活得格外较劲，所以他对人生会发出许多深沉的、异于常人的感慨，感慨发而为诗篇，作品数量虽有限，却能打动不同时代的读者。

功夫在诗外，曹操是典型。

将武气带入文气，有刘邦著名的《大风歌》，只寥寥三句。诗中尽显英雄气，曹操是个开端。苏东坡为这个特殊的文学现象命名："横槊赋诗。"后世的帝王将军，除了辛弃疾，无人超过曹操。清代乾隆皇帝的诗瘾最大，写诗几万首，佳作难找。

曹操有大诗才,但从不刻意写诗。他提笔,非有气场不可,胸中要涌动着什么东西。此间有了一首描绘理想社会的杂言体诗《对酒》:

　　对酒歌,太平时,吏不呼门。王者贤且明,宰相股肱皆忠良。咸礼让,民无所争讼。三年耕有九年储,仓谷满盈。斑白不负载。雨泽如此,百谷用成。却走马,以粪其土田。爵公侯伯子男,咸爱其民……犯礼法,轻重随其刑。路无拾遗之私。囹圄空虚,冬节不断。人耄耋,皆得以寿终。恩德广及草木昆虫。

咸:全都。却走马句:马匹用于耕田,不复用于战场。冬节不断:指冬至后不判罪犯死刑。汉代刑律,冬天问斩。

这诗表明,青年曹操也是理想主义者。诗句简洁有力,节奏分明,不难想象曹操吟唱时激昂的手势和表情。他数日诵于庭,手势越来越果断,不算大的眼睛里射出道道精光;还用草书浓墨写出来,头一回向宾客展示他的诗作。

宾客们赞誉说:孟德英雄气横呈纸上。

孟德大悦,那一天喝下了一坛子杜康美酒,与宾客们接席同饮,红脸儿相向,手舞连连,跷脚打腿,同时"男声小合唱":对酒歌,太平时,吏不呼门……

# 3

做济南国相未满一年,能臣曹操触动了大面积的官商利益,受到明里暗里的威胁。他突然决定辞职回家。好汉不吃眼前亏。

曹操玩儿了一把权贵,摸了几十只老虎屁股,然后,自卷铺盖走人。也许撤八个县官、拆六百座祠庙之前,曹操已有此谋划。他这动作,再次使他成为方圆千里的新闻人物。

曹嵩在洛阳做大官,名气不如儿子曹操。

曹操不做官,做啥呢?他打马回谯县,摇身一变成隐士了。

做隐士又有做隐士的名堂:一个公认的隐士,"岩穴之士",其知名度并不在能臣或英雄之下。眼下的曹操已经是个能臣了,打过仗,做过

好官,惹过权贵,现在他要过过做隐士的瘾。他后来在散文名篇《让县自明本志令》中自叙说:

"故在济南……违忤诸常侍,以为豪强所忿,恐致家祸,故以病还。于谯东五十里筑精舍,欲秋夏读书,冬春射猎。欲以泥水自蔽,绝宾客往来之望。"

泥水自蔽是隐士们的常用语,指居陋室,远离达官显贵。

可是谯县的曹家显然很有钱,几十年用不完。那些不明不白的钱是从父亲来吧?曹操不问钱的来路,只管拿去盖别墅,读书打猎,优哉游哉。

若有宾客慕名而来,他一定不在家,躲起来了。

隐士的高招之一,是要躲进岩穴或泥水草庐,诸葛亮也不免。隐的目的是"显",以不在场的方式在场,以在场的方式不在场,和当权者玩游戏,从尧舜时代的许由开始玩,几千年玩不衰。曹操懂得怎么玩,玩得舒舒服服,住精舍,穿布衣,丛林中活动筋骨,"徒手搏猛兽",弯弓射大鸟,夜里轮番与妻妾同房,还伺机拈花惹草,劫了几回谯县的乡野美妇,扛了夜奔。他早就把名声铺垫好了,不愁外面不知道曹操、曹孟德、曹阿瞒。"阉人遗丑"的难听绰号看来要消失。做隐士真好。

隐士总有出山的那一天,隐它个十年八年也无所谓,弹指一挥耳。曹操甚至算过一笔账:天下大乱二十年,"待天下清",他五十岁重出官场,未为晚矣。

曹操还是想做治世能臣,不想当乱世奸雄。自踏上仕途以来,他确实很努力。他对自己的心理暗示,是要操正步、走正道的。能臣都是正人君子,比如他毕生尊敬的乔玄。

从二十岁到三十多岁,能臣曹操和隐士曹操交替出现,那个飞鹰走狗、十处打锣九处在的浪子曹阿瞒仿佛已经彻底消失了。

隐居谯东精舍的日子,真可谓赏心悦目。

曹操读了很多书。每饮酒,必诵汉乐府,吟之再三。

"孔雀东南飞,五里一徘徊……"

"青青河边草,绵绵思远道……"

曹操纵马丛林之中,追赶狐兔之时,时常勒马停弓,作思索状,凝望着远处出神。天边秋云翻卷,曹操立尽斜阳。

此间的曹操胸中有正气,脸上闪烁着英武之气,浑身散发着丛林气。室中与年轻的妻妾相戏,又添了少许脂粉气。而在广阔的中原大地上,他还享有名气……

隐士的生活叫人留连。曹操式的隐居生活,满足一般人的几种内在需求不成问题,隐上五十年也不错。然而曹操的一只眼睛,始终盯着时代风云。

时代挟裹曹操,曹操也会裹挟时代。此后,曹操生命中的另一个三十多年,将是大显身手、叱咤风云的三十多年。作为政治家、军事家、文学家的曹操将同时亮相。而本文也将逐渐收缩他的生平叙事,认真打量他的诗作,看看其中究竟弥漫着什么样的文气。

擅长文艺理论的曹丕说:"文以气为主。"

这话像是针对曹操讲的。

## 4

乱世来了。

东汉末年,汉室衰微。

汉室为何衰微?因为皇权之外的各种"准皇权"长得足够大了,互相争夺势力范围,统治集团开始分化。皇室宗亲,皇后派系,将军,刺史,太监,这几股势力此消彼长,长期争斗,恩怨纠缠。皇帝老了,死了,小皇帝总是面临着危险。皇太后摄政,外戚集团随之壮大,"后党"对"帝党"形成威胁。皇帝长大了,还是被架空,不能与外臣有过多的接触,于是转向宫中的内侍,寻求力量支撑,给宦官提供了表演空间。

宦官作为阉人,其生命冲动狭窄而强劲。太监弄权,最为专心。自秦汉以降,这种人一有机会就要长大。盛唐也是坏在阉人手上。应该有一本书,从这个角度写太监,融合心理学、人类学,直取历代太监弄权的要害处……

东汉后期常见的情形是:太后、皇后姓什么,大将军或太尉就姓什么。和帝、顺帝、桓帝、灵帝、献帝朝都是这样。外戚抓兵权,皇帝抓什么呢?他抓太监。小黄门,中常侍,大长秋,这些宦官职位因之而显赫。宦官的家族大规模涌入权力斗兽场。"权倾海内,宠贵无极,竞争贪暴，并荷荣任。"

东汉的士大夫原本也是政坛上的一股力量，但外戚与宦官斗，狂吞权力份额，士族知识分子入仕的前程被阻断，反抗之声日隆。皇帝和太监压迫士族，士族就联手外戚，结党抗衡，终于酿成著名的"党锢之祸"，党人被禁锢，外戚受牵连。

然而士大夫、太学生、民间高士在朝野都具有广泛的影响，他们的声音反而大了起来。外戚掌权者又推波助澜，士人公开议论朝政，臧否权贵，讥讽宦官，呈数十年之风尚，催生了后来的魏晋风度、竹林七贤，波及两晋、南北朝数百年。

士人在民间扎了根，根深而叶茂，直接抗衡皇权，追慕先秦诸子并起、百家争鸣的时代。

皇帝很头疼，却还不能随意打压。皇权决非无所不能，它"反噬自身"的剧目在漫长的封建时代一再重复上演。

汉末，有些宦官的亲属也跑到士人的阵营里去了，曹操跑得最快。他享受着祖父曹腾的门荫，却从小在心理上、长大在行为上，竭尽全力同太监划清界限。影响他意志走向的人，要么是朝廷名臣乔玄，要么是民间高士宗承、许劭。

"民间"的凸显，乃是汉末魏晋的重大事件。民间生长的价值观，几度逼退皇权，与形形色色的权贵展开了拉锯战。

公元189年，汉灵帝死了。刘辩登基，是个十几岁的少年，称少帝，由他母亲何太后和舅舅何进扶上台。宦官蹇硕是何进的宿敌，二人恶斗，手中都有兵权。蹇硕是上军校尉，何进官拜大将军。何进又联络太傅袁隗，共同对付太监。袁隗把他的两个侄子袁绍和袁术也网罗进来，延伸了外戚集团的势力范围。袁绍时为虎贲中郎将。

皇帝更迭之时，阵营分化加速，大臣们昼思夜想紧张站队：依靠谁和反对谁要做出决断。

外戚势大，太监恐慌。蹇硕密谋先下手为强，不料有个小黄门是何太后安插到宦官阵营的亲信，密谋暴露，何进派兵将蹇硕捕杀。

何进想尽诛洛阳的太监，太后又不肯。姐弟的意见不统一，惹出了大麻烦。何进召并州牧董卓领兵进京，以胁迫太后，诛杀满城太监及其党羽，进而威震四方。

这是汉末最大的一招凶棋。

陇西人董卓体形巨大，"粗猛有谋"，手下的兵卒有胡人和羌人，有吕布这样的盖世名将。董卓为西北一霸，屡拒朝廷诏命，这次却答应了何进，率领一支铁骑星夜驰向洛阳。

三十五岁的曹操，此间已结束隐士的生涯，在京城任军职。他不同意杀光宦官，那会导致太监集体反攻，乱朝政，乱京师。他更不赞成召外将董卓进京，引狼入室。

曹操去找何进，反复陈说厉害，但何进怎么也听不进去。死到临头的人，往往要昏头。曹操再劝，何进怒而下逐客令。

曹操走出大将军府，仰天叹息说："吾见其败矣！"

果然，没过几天，狗急跳墙的太监将何进暗杀，主谋是曹操当年行刺过的张让。袁绍等人迅速发兵攻入皇宫，杀太监二千余人。张让投河自尽。袁绍下令捕杀漏网的太监，误杀了不少嘴上无毛的男人。他纵马京师，耀武扬威，曹操派人带话给他说：本初休逞能，董卓进京矣。

董卓率兵到洛阳，大布疑阵，三千骑兵像有数万人，京城一片恐慌。董卓先杀了何太后，自封为太尉、相国。"佩剑上殿"，威逼小皇帝。他的西凉兵在洛阳一带抢掠烧杀，连汉灵帝的墓葬也不放过。他本人施淫威，"奸乱公主，妻略宫人。处刑滥罚，睚眦必死。"谁敢瞪他一眼，谁就掉脑袋。"群臣含悲，莫敢言者。"拥有武力的袁氏兄弟同样是敢怒不敢言。

董卓把皇帝换了，立刘协，是为汉献帝。

董卓这个大魔头，终结了外戚与宦官长达几十年的血腥斗争，却拉开了半个多世纪军阀混战的序幕。他也想摆平所有的对手，用铁血手段建立他的新秩序。在大开杀戒的同时他拉拢一批人，其中就有曹操。

然而曹操跑了。

曹操这一跑耐人寻味。

董卓拉拢的许多人当中，唯有曹操逃跑。直觉告诉他，董卓淫威太甚，必不能久，他拒绝合作是明智的。这事表明，曹操的直觉非常好。

逃跑的过程狼狈不堪，曹操"变名易姓，间行东归。"

洛阳城一片喊杀声,董卓的部下抓人砍脑袋如削瓜果,曹操一路上心惊肉跳。他若被抓,性命不保。出城狂奔半天,才松了一口气。过成皋(今河南荥阳)时,天色向晚,他仓皇投奔故人吕伯奢家,欲借宿,吃饱了肚子、睡一觉再走。吕伯奢喜滋滋外出买好酒,吩咐儿子杀猪款待曹操。儿子的磨刀声却引来一场悲剧:曹操"疑人图己",把吕伯奢全家给杀了,一家八口倒在了血泊中。这件事,《魏书》的记载为曹操开脱罪责,说吕伯奢的几个儿子劫曹操马匹、财物,曹操将他们杀死。王沈《魏书》和陈寿的《三国志·武帝纪》,粉饰曹操不少,类似的描述或省略殊不可信。

曹操当时的心理、情绪状态倒是值得猜想。

他逃出洛阳,满脑子杀戮的印象,脑袋落地如西瓜乱滚。连日的杀戮景象调动男人的原始本能:欲自保,先砍人。他又仓皇,逃跑的路上时时担心被人指认,遭人追赶。他的意之所向,一是项上脑袋,二是腰间佩剑,三是周围人的任何动静。高度敏感导致疑神疑鬼,吕伯奢的家中磨刀声一起,他近乎本能地拔剑行凶。

人的生存,乃是"因缘联络之整体",意念与意念之间有千丝万缕的联系。考察一个行为,往往需要扩展到整个生存图景。曹操的生存向度,决定他的意识向度。他的精英意识肯定是存在的,他会觉得自己的生命高于一般贵族,更高于庶民百姓。他自幼胆大,敢于妄为,拔剑抽刀不含糊。另外他疑心重,亦与童年挥之不去的阴影有关。

几种因素相加,导致曹操对故人行凶。

"情景"霸占了曹操,这是可以想象的。曹操与"氛围"这种东西天生亲近。氛围一旦形成,曹操会陡起变化,自己冲出自己:瞬间决断,挥剑砍故人,这动作越过了平日里那个看重情义的曹操。他的神经绷得太紧,离妄想狂已经不远。

换言之,如果曹操不是刚从地狱般的洛阳逃出来,神经过敏,那么,他将吕伯奢一家血淋淋送入阴间,就真该永久下地狱了。

曹操杀了人再逃,逃出几里路,转身望着吕伯奢家的方向,说了一句名言:"宁我负人,毋人负我!"

《三国演义》把这句话改为:"宁教我负天下人,休教天下人负我。"

曹操后悔了,却又掩饰,自欺欺人。这里显现了一个心理"划痕",

端出了一个理论预设:曹孟德已自我更新,在新的理论框架下重新获得了人格的统一。早年的泼皮劲对他有帮助。类似南征西讨、宣称"卧榻之旁岂容他人酣睡"的赵匡胤。

值得注意的是:曹操至少在潜意识的层面上渴望人格统一,哪怕歪说歪有理。而渴望是说,他的人格一再分裂。

曹操身上,正气豪气未灭,邪气凶气犹存。

他杀人后喊出的极端自私的口号,倒是从相反的方向,显现出道德的广大空间。曹操这么瞪眼高叫,无非是要与道德抗衡。这表明,曹操心里"有"道德。

汉末乱世的各种气场,均能在曹操的意念及行为中找到相应之物。所谓复杂性,由此可见。古代乱世称雄者,自身当有乱的本事。曹操和他的时代乱作一团。他投身混乱,朝着结束混乱。如果他自己不混乱,则很难旋入历史舞台的中心。这一层,学者专家鲜有思考焉。

曹操连夜东逃至中牟县,终于被一个亭长认出来,抓进衙门。县功曹请示县令后把曹操放了,理由是:"以世方乱,不宜拘天下雄俊。"

曹操向天打哈哈。他尝到了名头响的好处。性命攸关时刻,名气救他一命。董卓下的通缉令已传至中原各郡县。曹操始终绷紧神经,看来并非反应过度。

后来,演绎这个故事的《捉放曹》,成了戏曲的经典剧目。

## 5

曹操于逃出洛阳的这一年冬天,正式起兵了。"太祖至陈留(今开封杞县),散家财,合义兵,将以诛卓。"起兵之初,他有五千人马。

袁绍、袁术、张邈、韩馥、孔伷、刘岱等将军或太守,同时起兵讨伐董卓,各拥数万兵马,推袁绍为盟主。曹操被袁绍封为"行奋武将军"。行,是暂时代理的意思。袁绍要考考曹操的军事才能。

义军的讨伐声响彻中原,董卓害怕了。他九月才杀进洛阳,短短三个多月时间,群雄并起,几十万关东义军蓄势待发。

董卓放弃洛阳,迁都长安,命部下将洛阳一带地上和地下的财宝洗劫一空,然后纵火烧城,夷为废墟,驱赶数百万人向西大迁徙。"二百里内,室屋荡尽,无复鸡犬。"百姓死于迁徙途中的不计其数。

此距汉灵帝死,不过半年多。一个皇帝死了,天下就大乱,兵祸连年,"人相啖食,白骨盈野。残骸余肉,臭秽道路。"

曹操愤然写诗,《薤露行》:"惟汉二十二世,所任诚不良。沐猴而冠带,知小而谋强……贼臣持国柄,杀主灭宇京。荡覆帝基业,宗庙以燔丧。播越西迁移,号泣而且行。瞻彼洛城郭,微子为哀伤。"

从汉高祖刘邦到汉灵帝刘弘,共二十二代。播越:迁徙。微子:殷纣王的哥哥。周武王灭商后,微子路过殷墟,看见昔日宫殿长满了庄稼,黯然神伤,作《麦秀歌》。

二十年后曹植有名诗《送应氏》,叹曰:"步登北邙阪,遥望洛阳山。洛阳何寂寞!宫室尽焚烧。垣墙皆顿擗,荆棘上参天。不见旧耆老,但睹新少年。侧足无行径,荒畴不复田。游子久不归,不识陌与阡。中野何萧条!千里无人烟。念我平常居,气结不能言。"

顿擗:断裂。

曹氏父子对洛阳的叹息何其相似。

然而中国古代,叹息太多而反思太少。思想不能独立于皇权,对皇权的反思、追问苍白无力,导致一轮又一轮悲剧上演。

皇权更迭之际,总是伴随着阴谋与杀戮,小则宫廷乱,大则天下乱……

袁绍也在筹划当皇帝,想把刘虞扶上龙椅,玩于掌股之间,时机成熟取而代之。有一天,他向曹操展示一方皇帝专用的玉玺,也不作解释,曹操"笑而恶之"。袁绍那点心思,曹操如何不知?

可是刘虞不敢坐龙椅,袁绍借他号令天下的图谋无果而终。

董卓在长安,则大耍威风。

这魔头设宴款待朝廷百官,酒过三巡突然下令,将几百人押进帐来,这些人曾经反抗他,被他诱降,当着公卿大臣的面全部处死:"先断其舌,或斩手足,或凿眼,或下镬煮之。"

百官吓得"皆战栗,亡失匕箸,而卓饮自若。"

董卓饮酒,谈笑自若,而三步之外割舌头凿眼睛的,惨叫声不绝于耳。

董卓震慑长安吏民,有"为子不孝,为臣不忠,为吏不清,为弟不顺"者,一概杀掉。

这个杀人如麻、远比野兽更凶残的家伙,还要打出忠孝廉悌的招牌。封建统治者变尽花招利用儒术,此为极端例子。几十年后的司马昭,也是边屠杀边标榜礼教。

以袁绍为首的"讨卓"联军,互相不买账,内斗,争权,终于成为乌合之众。

袁本初自幼胆怯,跌入坑中就爬不起来,趴在黑暗中,认为自己跌断了腿。胆怯者无胆识,在复杂的形式下不能判断,在众多的声音中不能辨别。当然,这倒不是说,有胆就会有"识"。项羽、吕布之流,有胆而无识。胆识能够固定为汉语词汇,表明胆大者看事物有其特殊的心智空间。

曹操一向看不起袁绍,现在看透了袁绍。袁绍刻玉玺想做皇帝的阴谋,因刘虞不从而泡汤。几年后袁术在寿春(今安徽寿县)称帝,曹操愤而写下《蒿里行》,这首诗传为名篇:

　　关东有义士,兴兵讨群凶。初期会盟津,乃心在咸阳。
　　军力合不齐,踌躇而雁行。势利使人争,嗣还自相戕。
　　淮南称帝号,刻玺于北方。铠甲生虮虱,万姓以死亡。
　　白骨露于野,千里无鸡鸣。生民百遗一,念之断人肠!

曹操的句子铿锵有力。视野广阔,思路清晰。悲悯苍生的情怀亦复感人。

公元191年,袁绍派曹操再去打黄巾,使曹操有了一个扩充实力的机会。

曹操在青州(今山东)与黄巾军战,屡战屡胜,收青州兵三十多万。这支军队成为他日后逐鹿中原最大的本钱,一直保持单独建制。史家通常认为,曹操是镇压农民起义起家的。这不是冤枉他。

曹操打黄巾,没有心理障碍。

袁绍也追打黄巾军,大肆屠杀,斩首数万级就有几次。曹操则致力于劝降、收编,让自己的队伍滚雪球般越滚越大。乱世争雄,扩充实力是头等大事。曹操的头脑十分清醒。他收编的一兵一卒都归为己有。

曹操势力大了,拥兵几十万,初行屯田制,寻求解决战争的给养问题。他不经朝廷任命,自领兖州(今分属河南、山东等地)刺史。从此,兖州成了他的根据地。东汉的州郡很大,全国只设十三州部。

然而讨伐董卓的联军内部打起来了。袁绍与公孙瓒混战于幽州、冀州。袁术在南阳,一心想当皇帝,从孙坚妻子手上夺了汉传国玺,召集群豪开会说:"今海内沸腾,刘氏微弱,吾家四世公卿,百姓所归,欲顺天应民,诸君以为如何?"

诸将不敢表态。

袁绍闻之,大怒。袁氏兄弟向来不和,袁术看不起袁绍,屡称袁绍并不是袁家的后代,使袁绍怀恨。事实上,两兄弟都想当皇帝,互不相让,终于大打出手。

曹操审时度势,站在了袁绍一边。他在陈留打败袁术,乘胜追击几百里,士气大振。

次年,曹操转攻徐州牧陶谦,因为陶谦的部下劫杀了他的父亲曹嵩。

曹操几年前起兵时,曹嵩并未响应,这老爷子躲在琅玡(今山东诸城)享福。曹操势大,有了根据地,派人接父亲过来,以防不测。曹嵩带妻妾并一百多辆满载金银财宝的马车,浩浩荡荡出发。琅玡是陶谦的地盘,陶谦派将领率二百士卒护送,这将领哪里见过这么多财宝,顿起歹心,杀了曹嵩全家,劫宝而逃。

这一次,曹操失算了。掂量细节不够。父亲贪财,惯于炫耀珠宝,他应该很清楚。而乱世中的军人欲望汹涌,抢东西是家常便饭。

曹操迁怒于陶谦,发十万大军直指徐州,攻城,屠城,复仇的火焰连月不息。杀吕伯奢全家的那个魔鬼曹操又来照面了。

乱世杀气盛,曹操在其中。

曹操两次远征徐州,后方兖州生乱。陈宫怂恿陈留太守张邈反叛曹操,拥立新主。

这新主却是吕布。

吕布在长安受司徒王允的点拨,用长矛刺死董卓。这是公元192

年3月发生的一件大事。

吕布先是丁原的心腹爱将,受董卓蛊惑杀了丁原。复认董卓为父,逾年,再杀董卓。吕布神勇无敌,类似项羽。头脑简单也像项羽。他长得英俊并且好色,与董卓的漂亮侍女私通。这故事在《三国演义》中演绎为司徒王允施美人计,以貂蝉离间董卓和吕布。

项羽有虞姬,吕布有貂蝉,小说家的想象符合大众的心理。

史称董卓性情暴躁,往往为一点小事便与吕布争吵,甚至拿短戟掷吕布。董卓乱天下,执朝纲,不能掌控形势,倒是形势掌控了他。他在长安大施淫威,一跺脚能震动终南山脉,却无力撼动民心、应对关东群雄。董卓原本"粗猛有谋",大脑比吕布管用,此间恶火攻心,智商下降,连吕布这样的身边猛虎也不知安抚,终于死在"奉先儿"(吕布字奉先)的长矛下,令人联想乱唐朝的安禄山。安禄山也死于心腹之手。

汉唐二朝,董卓和安禄山是两个最大的恶魔,他们想当皇帝,几千万人丧生。

董卓既死,暴尸于长安街头,老百姓在他的肚脐眼上插灯芯,燃其脂肪,据说这"肚脐灯"燃了几个月。

中国历史如此漫长,肚脐灯绝无仅有。

吕布杀董卓,却不敌杀入长安的董卓部将李傕、郭汜,逃向中原。赤兔马快,一日千里。吕布投袁绍,投袁术,皆被驱赶。过兖州陈留县,他和陈宫、张邈一拍即合,共谋曹操。

曹操打完陶谦,复与吕布交战。

而在长安,李傕与郭汜又大打,一个挟献帝,一个质公卿,战火绵延千里,百姓十室九空。

在中原的幽州、冀州,袁绍大战公孙瓒,战事旷日持久。

百姓年复一年地抱头奔逃。

这是一出老戏了,皇权悬空之时,百姓暗无天日。从长安到洛阳,人吃人的惨剧时有发生。米价简直是天文数字:一斗谷子卖几十万钱。农民不敢种地,纷纷逃离家园。

《三国演义》强化豪杰争雄,终归是有严重缺陷。谁去细看老百姓的血和泪?而古代史家,对皇权的追问几乎为零。

汉末大乱,催生那么多实用型的智谋人物,却有谁的目光能抵达人性的深处？思考滞留于经验的层面，哲学性思维没有成长的空间。滞留于经验的思考势必丢失长远。隐居隆中的诸葛亮"宁静而致远"，这里的所谓远，其实不够远……

# 6

汉末中原处处烽烟。军阀连年大混战。

吕布打不过曹操，投向徐州的刘备。其时陶谦病死，刘备代领徐州牧。没过多久，吕布与刘备又打起来了，刘备、关羽、张飞，"三英战吕布"。刘备败，投靠曹操。吕布自领徐州刺史。

曹操收复兖州根据地，大军向南挺进，打张绣，战宛城，时在建安元年(196)末。宛城属荆州，而荆州是连接长江南北、西通巴蜀的军事重镇，曹操的战略意图明显。

荆州刺史刘表，派张绣守宛城。张绣这个人比较鬼，他投降曹操，十几天后趁曹操脑袋发热，对曹操发动突然袭击。

曹操为何脑袋发热呢？原来，他正与张绣的婶母泡在温柔乡中。这女人貌美，原是张绣已故的叔叔张济的年轻老婆。曹操进宛城，立刻据为己有。他向来见不得漂亮女人，一见就想扑上去，劲头之大，堪比争地盘。他的老婆队伍中有何进大将军的儿媳妇，让他享艳福又深感自豪。

不过这一次他代价大了，张绣打他个措手不及。长子曹昂、爱将典韦战死。曹操本人受箭伤，部队被打得丢盔卸甲，逃回许昌(今河南许昌市)。

那漂亮女人不知去向……

曹操哭典韦，胜于哭曹昂。典韦使长戟，十步之外无人敢犯；食量大如牛，一顿饭要几个士卒端酒送肉，并且对曹操忠心耿耿。曹操哭长子的眼泪要少一些，虽然是曹昂在紧要关头把坐骑换给他，自赴死地。曹操流的是"政治眼泪"，掌控此类情绪的能力远胜于他那颗好色之心。

次年(197)，曹操得猛将许褚，称赞许褚是他的樊哙。当年汉高祖刘邦的帐下，樊哙乃第一猛将。

这几年,曹操的帐下,谋士、勇将如云。曹操的用人,确实像刘邦。二人早年均与纨绔泼皮厮混,对洞察人性有帮助。曹操有文化,目光长远,能够应对复杂多变的局面。

曹操三次南征张绣,战成平手。张绣也不好打,他手下有个利害人物叫贾诩,屡出奇谋,击败曹操。

建安四年(199),曹操放弃南征,与袁绍对峙于官渡。袁绍派使者约张绣共击曹操,张绣答应了。但贾诩却主张与其依附袁绍,不如投奔曹操。

张绣说:我们与曹孟德打了三次大仗,杀了他的长子,斩了他的爱将,他能不记仇么?

贾诩笑道:我知孟德为人,绝不会加害于主公。恰好相反,孟德必厚待能人志士。

贾诩如此自信,张绣依言而行。

于是,张绣带部队投了曹操,曹操果然欢欣异常,携张绣共进晚宴,那股高兴劲儿,像见了十年二十年的老朋友。曹操有此能耐,比当时的其他豪杰更能化敌为友。为什么?因为他志向明确,完全不受情绪的干扰。

曹操瞬间调动出来的情绪都是对他自己有利的,此人有表演天赋。他的笑声、笑容当有十几种,能够轻松地穿梭于相反的表情之间。这种能耐,多半发端于少年。当年他在叔父面前装歪嘴,演抽搐,糊弄大人自鸣得意。

时代怎么乱,曹操就怎么乱。这是理解曹操的一把钥匙。

曹操自幼活在旁人的议论中,在乎投向他的各种目光。这使他投身时代比一般人更投入,捆得更紧,扎得更深。曹操是一定要顺应潮流、追逐浪花的那种人。他是研究"浪花"的冷面专家。

曹操成大业不是偶然的。他能把仇人变成好朋友,接下来又迅速变成儿女亲家:他的一个儿子娶了张绣的女儿。他笑迎张绣、贾诩的那张脸,在他的几副面孔中是比较突出的。

贾诩封侯,位与大谋士郭嘉、荀彧相等。

后来的官渡之战,袁绍的谋士许攸深夜投曹营,曹操"倒屣而出",那激动得手忙脚乱的模样,后世传为美谈。

从建安元年(196)起,六七年的时间里,曹操在军事、政治、经济几个层面都有大动作。伐陶谦,攻张绣,击吕布,破袁术,败袁绍,大搞屯田制,同时"迎帝都许",连哄带拽,把刚回到洛阳的汉献帝迎入他的老巢许昌,废除三公,自立为大丞相、大将军,"挟天子以令诸侯。"

汉献帝刘协,时年十六岁,他是历史上最可怜的皇帝之一,自登基以来,一直被人抢来抢去。

曹操不做皇帝,不搞明目张胆的"篡汉",表明他充分掂量了刘姓皇帝不可小视的残余影响。从效果看,挟天子比自立为天子高明得多。

袁氏兄弟确实愚蠢。吕布更不在话下。

曹操打败吕布后,本想留下这员盖世虎将,刘备从旁提醒说:"明公未见丁原、董卓乎?"曹操醒悟,下令问斩。吕布大骂刘备"大耳贼",可惜骂声未落,身首异处,纵横天下的赤兔马后归关羽。

当初吕布"辕门射戟",救过刘备一命。刘备和曹操一样有远见。刘备在战场上亲自领教过吕布的武艺,暗忖:此人若为曹操所用,将来后患无穷。

也许吕布人头落地,曹操又后悔了。

风起云涌的时代,处于风口浪尖上的人物,每个人的脑袋都在飞速打转,智斗之激烈,胜于沙场厮杀。

曹操以少胜多摆平袁绍,官渡之战大展威风,从兖州打到冀州,占领了袁氏父子的老巢邺城,宣布自领冀州牧。官渡之战是一场决定性的战役,袁绍一败涂地,不久吐血而亡。曹操到他坟前祭奠,"哭之流涕",安慰袁绍的妻子。袁绍妻作何表情,史料无载。

曹操的眼泪亦有真情,也许更多的是表演。他善于演戏,几百年后被人搬上戏台,从唐宋一直演到今天。

袁绍有个"颜色非凡"的儿媳妇甄氏,做了曹操的儿媳妇。据说曹操对甄氏颇有兴趣,进了邺城派人打听。岂料他十八岁的儿子曹丕捷足先登,把生米煮成熟饭。曹丕趁父亲忙军务,在邺城的袁氏宅第乱逛,"涉其庭,登其堂,游其阁,寝其房。"这话是曹丕自己讲的,他先把甄氏睡了再说,大有乃父之风:曹操也是在他这个年纪伙同袁绍夜劫新娘。

曹氏父子皆胆大,凡事下手稳准狠。

曹丕的心计不在曹操之下。论气度、气魄,则逊色多矣。

曹操的官渡之战,以少胜多,享有军事史上的盛名,亦留下骂名:他曾一次坑杀降卒达数万之多,下令削过千余俘虏的鼻子,以其血肉模糊的面目猛冲,震慑敌军。他杀红眼了,胜负旦夕之间,无所不用其极。

战争机器掌控他,杀性掌控他。

也许战争的空前胜利也会带给他某种厌倦。可惜这类厌倦情绪,在史籍和小说中未能弥漫开来。

《三国演义》渲染攻伐,一个英雄要赔上几万人的性命。英雄起四方,尸骨堆千丈。小说偏向诸葛亮这样的有悲悯情怀的军事家,算是一种补救。"自古知兵非好战"(成都武侯祠对联),诸葛亮身经百战而不嗜杀,其仁者形象,忠肝义胆,对提升人性善是有效的。

# 7

曹操打败袁绍,继续追杀袁绍的三个儿子袁尚、袁谭、袁熙。战争的规则促使他斩草除根。他又打赢了,欣喜若狂:"操作鼓吹,自称万岁,于马上舞。"

曹操在马背上跳舞,那舞姿想必可观。

至此,曹操大致统一了北方。

他的战略目标始终明确,收拾汉末乱局,非用武力不可。《封功臣令》说:"吾起义诛暴乱,于今十九年,所征必克,岂吾功哉?乃贤士大夫之力也。"

建安十一年(206)初,曹操带兵冒着严寒西征袁绍的外甥高干,留下了一首《苦寒行》:

北上太行山,艰哉何巍巍!羊肠坂诘屈,车轮为之摧。
树木何萧瑟,北风声正悲。熊罴对我蹲,虎豹夹路啼。
谿谷少人民,雪落何霏霏。延颈长叹息,远行多所怀。
我心何怫郁,思欲一东归。水深桥梁绝,中路正徘徊。
迷惑失故路,薄暮无宿栖。行行日已远,人马同时饥。
担囊行取薪,斧冰持作糜。悲彼《东山》诗,悠悠令我哀。

斧冰：凿冰。糜：粥。

征战诗篇，这首《苦寒行》是开山的作品，悲怆之气袭人。唐朝边塞诗人如高适、岑参，皆受它的影响。

曹操的诗大都易懂。他酷爱《诗经》和汉乐府民歌，而民歌的特点是清新自然，不做作。诗人曹操显然与别处不同，不必绞尽脑汁与人争锋。文气召唤正气，亦复哀怜人民。古学者评价说："曹公古直，有悲凉之气。"

曹操五十岁以后，好诗渐多。

建安十二年五月，曹操北征乌桓。乌桓亦称乌丸，本属东胡一部，"汉初，匈奴冒顿灭其国，余类保乌桓山，因以为号焉。"占据辽东、辽西、右北平的"三郡乌桓"，性凶悍，善骑射，奔驰塞外，常常兴兵南下抢掠，"三郡乌丸承天下大乱，破幽州，略有汉民十余万户。"袁尚袁谭逃往幽州，欲结乌桓抗拒曹操，所以，北征势在必行。

曹操讨乌桓大获全胜，除掉北方边患，豪情壮志喷涌，发为几多诗篇。回军的路上他几乎一路高歌，东临海拔七百米的碣石山（今河北昌黎县境内），写下一组名篇《步出夏门行》，诗分为五解，第一解《观沧海》：

东临碣石，以观沧海。水何澹澹，山岛竦峙。
树木丛生，百草丰茂。秋风萧瑟，洪波涌起。
日月之行，若出其中。星汉灿烂，若出其里。
幸甚至哉，歌以咏志！

第五解《龟虽寿》：

神龟虽寿，犹有尽时。腾蛇乘雾，终为土灰。
老骥伏枥，志在千里。烈士暮年，壮心不已。
盈缩之期，不但在天。养怡之福，可以永年。
幸甚至哉，歌以咏志！

盈缩：盈亏，指寿命长短。烈士：壮志激烈之士。

曹操的诗皆可唱,复调回旋。从诗中看出,他不信天命,留恋生命,颇具海德格尔所讲的"先行到死"的姿态。以死亡反观生存,相信养怡可以永年。不过,曹操的不信天命,不畏鬼神,其由来也复杂。

有趣的是,曹操戎马倥偬之际,几次配乐吟唱儿子曹丕的爱情诗《秋胡行》:

朝与佳人期,日夕殊不来。嘉有不尝,旨酒停杯。寄言飞鸟,告予不能。俯折兰英,仰结桂枝。佳人不在,结之何为?从尔何所之,乃在大海隅……企予望之,步立踌躇。佳人不来,何得斯须?

旨酒:美酒。不能:不耐烦。何得斯须:如何捱过这焦躁的片刻。

诗中的男子等待佳人来约会,等得真够辛苦。等谁呢?等一位传说中的绝代佳人。曹操雄霸天下,未能拥有惊世美女,比之汉高祖、汉武帝显然差了一大截:刘邦有大美人戚姬,刘彻有"倾城倾国"的李夫人。

《秋胡行》是乐府旧题,诗人的灵感源自民间传说:春秋时代,有个叫秋胡的鲁国男人,婚后五天到陈国去做官。五年后秋胡回家乡,路遇一采桑女甚美,便拿言语挑逗。他回家却发现采桑女正是自己的妻子。秋胡妻羞愤难当,投河自尽。

曹操对这故事有何感想?他自己为何不写情诗?

曹操年过半百,等佳人已经等了很多年了,复因其貌不扬,长期蓄积起来的"拥美冲动"无边无际。他能挟天子以令诸侯,能打败不可一世的各路豪杰,却无缘抱得绝世美人归。有个颜色非凡的甄氏,品行好,韵味儿天成,让儿子曹丕抢了先。

江东佳丽大乔、小乔,大乔嫁孙策,小乔嫁周瑜,曹操的后花园里,花虽多而乏倾城之色。他的长处是让妻妾们不断生育:儿子二十五个,女儿的数字估计也不小。

曹操一再喟叹"佳人不来",佳人果然不来。曹操一生,这是一个不小的遗憾。关羽当年降他时,曾看中一貌好女子,被他抢先占去,放入庞大的老婆队伍。关羽为此"心不自安。"

打江山易,得美人难。

倾城之色犹如传世诗篇,可遇而不可求。

# 8

曹操征东吴,大败于赤壁。

赤壁之战发生在建安十三年(208)。孙权刘备联盟,横扫曹军如卷席。

有史家分析说,曹操在接踵而来的胜利之后忘乎所以,轻率举兵取荆州,导致惨败,十几万水军葬身于长江火海。这一年曹操五十三岁,败在两个年轻人手上:周瑜和诸葛亮。差一点丢了性命。据说关羽在华容道上放他一马,还他一个人情。

乱世英雄起四方,智谋型人物成长迅速。周瑜未满三十岁,诸葛亮二十七岁,已是战略、战术的天才般的军事家。

"大江东去,浪淘尽、千古风流人物。故垒西边,人道是、三国周郎赤壁。乱石穿空,惊涛拍岸,卷起千堆雪。江山如画,一时多少豪杰。

遥想公瑾当年,小乔初嫁了,雄姿英发,羽扇纶巾,谈笑间、樯橹灰飞烟灭……"

苏东坡这首《念奴娇.赤壁怀古》,与那场著名战役已成千古绝配。而在《前赤壁赋》中,东坡先生称赞曹操"酾酒临江,横槊赋诗,固一时之雄矣!"

近年有个电影胡乱演绎赤壁风云,恐怕在很短的时间内就会灰飞烟灭。影视剧一味调动艺术之外的手段,拿声光电蛊惑观众,单单瞄准票房,真是次品太多。无须赘言。

公元208年,周郎雄姿英发,孔明"面如冠玉"。曹操被两个年轻的美男子联手击败,心里委实不是滋味。这会勾起他童年的自卑感。他几十年来在乎外表,接待外国使臣,曾命令高大俊美的部下冒充他,他本人则化装成卫兵,执刀肃立。这是曹操留给后世的笑话经典。

他刚刚大胜,复又大败,气得大骂诸葛村夫、周瑜小儿。后数年再征孙权,再败,不禁叹曰:生子当如孙仲谋!

曹操钦佩敌人,可见其风度。

建安十四年(209)三月,曹操带残兵败将逃回许昌,一度躲到老家谯县,不想见人。尤其不想见英俊青年。满脑子周瑜诸葛亮。其实他有好几个儿子长得不错,特别是曹植。曹植字子建,文采风流,百代称佳。

曹操对诸将解释失败的原因说:"赤壁之役,值有疾病,孤烧船自退。横使周瑜获此虚名。"

他把失败归结于军中流行疾病,说曹军战船是他自己下令烧的。这番话,颇能显现曹操的性格。

反正诸将死心塌地听命于他,他怎么解释都行。

他失败了,但仍然很强大,东吴、西蜀尚不敢用兵中原。

这一年七月,曹操驻军合肥,发布《存恤吏士家室令》:

> 自顷以来,军数征行,或遇疫气,吏士死亡不归,家室怨旷,百姓流离,而仁者岂乐之哉。其令死者无基业、不能自存者,县官勿绝廪,长吏存恤抚循,以称吾志。

曹操的这类文字,常见几十字、百余字的,行文洒脱,不说套话废话。怜惜将士之情令人感动。

三年前北讨乌桓时,他写过一首《却东西门行》,同样表达将士们远征塞外的无穷艰辛:

> 鸿雁出塞北,乃在无人乡。举翅万余里,行止自成行。
> 冬节食南稻,春日复北翔。田中有转蓬,随风远飞扬。
> 长与故根绝,万岁不相当。奈何北征夫,安得去四方?
> 戎马不解鞍,铠甲不离旁。冉冉老将至,何时返故乡?
> 神龙藏深渊,猛虎步高岗。狐死归首丘,故乡安可忘!

诗从鸿雁说到田野上随风远飘的转蓬,然后落笔于征夫,其比兴手法源自《诗经》。

曹操于中军大帐吟唱诗歌,有时涕泪交流。于禁、张辽等大将稍解诗味,听得阵阵辛酸。许褚不懂字句,闻音律而伤心自舞,口中呜呜有声,双手频频抹泪。

曹操和他的帐下爱将,心意总相通。

建安十五年,汉献帝封曹操"邑兼四县,食三万户",曹操辞让,作《让县自明本志令》,不管傀儡天子,只对百官讲话。这篇千余字的自述文章,历来受推崇。其中说:"设使国中无有孤,不知当几人称帝,几人称王。"

曹操此言,倒不是妄自尊大。他结束北方的战乱有功。

他自叙说:"奉国威灵,仗钺征伐,推弱以克强,处小而禽大,意之所图,动无违事;心之所虑,何向不济。遂荡平天下,不辱主命,可谓天助汉室,非人力也。"

总之,他想干的事情基本上都干成了。

数十年间豪杰并起,曹操的成功面最大。中原魏国的军事和经济实力,远在东吴、西蜀之上。

曹操权倾朝野却不当皇帝,只做魏王,其政治智慧,明显胜人一筹。

他不拘品行的用人战略,则吸引着各类人才。

他写诗,《短歌行》是历代公认的杰出诗篇:

对酒当歌,人生几何。譬如朝露,去日苦多。
慨以当慷,忧思难忘。何以解忧?唯有杜康。
青青子衿,悠悠我心。但为君故,沉吟至今。
呦呦鹿鸣,食野之苹。我有嘉宾,鼓瑟吹笙。
明明如月,何时可掇?忧中从来,不可断绝。
越陌度阡,枉用相存。契阔谈䜩,心念旧恩。
月明星稀,乌鹊南飞。绕树三匝,何枝可依?
山不厌高,海不厌深。周公吐哺,天下归心!

衿:衣领。"青衿"指周代学子服装。契阔谈䜩:契阔指久别重逢,䜩同宴。吐哺:吐出食物,停食。指周公唯恐怠慢贤才,"一饭三吐哺"。

曹操这首《短歌行》,无疑是四言诗中之绝唱。

气势雄浑又低回婉转,一唱三叹。苍凉,慷慨,沉郁,豪放,不一而足。几股气息交汇于心中,带出他的征战岁月,他的平生功业和"天下归心"的理想。

后人评说:"此等句,开唐人四言妙境……热肠余情,含吐纸上。"

南宋大儒朱熹则讽刺"周公吐哺,天下归心"这一句说:"不惟窃国之柄,和圣人之法也窃了。"

曹操统一北方后的一系列诗篇中,豪气与苍凉互相映衬。

他提升正气,去掉邪气凶气。要完成人格的统一。所谓完成是说:曹操的人格长期处于分裂之中。

武人写好诗,曹操开先河。

曹操希望自己是英雄,而不是奸雄。提笔写诗,吟之再三,对他这一强烈意愿会有帮助。

汉语艺术,把曹操带向更高的生存境界。曹操流布于诗中的形象都是正面的,感人的。他不会描写滥杀无辜。

这一点,宜思量。汉语经典,立足于人性之善。

此后若干年仍有征战,曹操大多数时候居许都,整顿朝廷,抑制兼并,催农桑,重文教,修水利,明法度。作为事实上的最高统治者,曹操管理国家,多为后人称道。

早年和中年的那个几度混乱的曹操,似乎正在离眼下的曹操远去。孟德亦有德,阿瞒不须瞒……


曹操酷爱吟诗,带动了建安年间的中原文气。如果没有曹操,没有曹氏三父子的引领,那么,历史上赫赫有名的"建安文学"就可能不存在。曹氏三父子之外,另有"建安七子",名重当时,播于后世。曹丕在他的文论专著《典论》中写道:"今之文人,鲁国孔融文举,广陵陈琳孔璋,山阳王粲仲宣,北海徐干伟长,陈留阮瑀元瑜,汝南应玚德琏,东平刘桢公干。斯七子者,于学无所遗,于辞无所假,咸以自骋骥骏于千里,仰齐足而并驰。"

曹丕、曹植与建安七子常有雅集,诗酒酬唱,盛况空前。曹植在写给杨修的信中说:"当此之时,人人自谓握灵蛇之珠,家家自谓抱荆山之玉,吾王(曹操)于是设天网以该之,顿八纮以掩之,今悉集斯园矣。"

建安文人聚会之地常在邺城。邺下"俊才云蒸,盖以百计"。

曹丕做了魏国皇帝后,深情回忆说:"昔日游处,行则同舆,止则接席,何尝须臾相失。每至觞酌流行,丝竹并奏,酒酣耳热,仰而赋诗。"

后百余年,书圣王羲之与文人墨客雅集于越州(绍兴)兰亭,大约是受了建安诸子的启发。

建安七子都擅长五言诗,各有名篇传世。连同曹氏三父子的诗篇,对晋、唐诗人产生了巨大的影响。

他们写的诗,大部分易懂,易记。显然受益于汉乐府民歌。他们感伤乱世,怜悯苍生,诗从肺腑出,不可能雕琢字句。

曹操是大诗人,"是改革文章的祖师爷"(鲁迅语),他的风格带动四方。"建安风骨"的形成,曹操居功第一。

曹氏兄弟各有不少情诗。曹丕的七言名篇如《燕歌行》:

秋风萧瑟天气凉,草木摇落露为霜。群雁辞归鹄南翔,念君客游思断肠。慊慊思归恋故乡,君何淹留寄他方?贱妾茕茕守空房,忧来思君不敢忘,不觉泪下湿衣裳。援琴鸣弦发清商,短歌微吟不能长。明月皎皎照我床,星汉西流夜未央。牵牛织女遥相望,尔独何辜限河梁?

诗写少妇苦苦思念远方的丈夫,情与景浑然一体。

王夫之评价说:"倾情倾度,倾色倾声,古今无两。"

读曹丕的诗,会改变对他作为皇帝留给人的坏印象。曹植受父亲的宠爱,使他耿耿于怀,担心这个才貌不凡的弟弟与他争皇权,曾逼曹植七步吟诗。曹植若吟不出,便有杀头之祸。

曹子建在御座前走七步,吟出了千古流传的伤心之作:

煮豆燃豆萁,豆在釜中泣。本是同根生,相煎何太急!

曹丕听了当场落泪。一首五言小诗救了曹植一命。

曹植存诗近百首,好诗层出不穷。《名都篇》云:

> 名都多妖女，京洛出少年。宝剑值千金，被服丽且鲜。
> 斗鸡东郊道，走马长楸间。驰骋未能半，双兔过我前。
> 揽弓捷鸣镝，长驱上南山。左挽因右发，一纵两禽连。
> 余巧未及展，仰手接飞鸢。观者咸称善，众工归我妍。
> 我归宴平乐，美酒斗十千……

曹植盘桓京洛的美好的少年时光，也曾斗鸡走马，踢球打猎，激情拜访妖艳女子，畅怀登上城南青山，其欣然之貌，俊美之姿，胜曹操当年多矣。这当然是曹操半生努力的结果。他打天下，儿孙辈享受天下。

李白的"金樽美酒斗十千"，杜甫的"裘马轻狂"，呼应着曹子建。

曹丕称帝，曹植多受迫害，作品中透露出深长的悲哀与忧愤。曹植也是"命运落差"所成就的大诗人，病故时年仅四十一岁，比南唐李煜还少活了一岁。他死于曹丕之后。

曹操活了六十六岁。《遗令》明示，葬礼从简，这符合他一贯的风格。汉末大族，厚葬之风浓厚，曹操有移风易俗之功。

他生活简朴，一床被子用过十年。

他好声色，吃什么用什么却无所谓。"食不过一肉，衣不用锦绣。"

唯有质朴者方能洞悉精神的价值，唯有质朴者方能拥有更多的精神记忆。质朴者即是强大者。而我们这个时代的质朴者正在变得日益稀缺。

曹操妻妾成群而各安俭朴，历代罕见。

他提倡孝道，以孝道教化民众。重视学校教育，其《修学令》说："丧乱以来，十有五年，后生者不见仁义礼让之风，吾甚伤之。其令郡国各修文学，县满五百户置校官，选其乡之俊造而教学之，庶几先王之道不废，而有益于天下。"

打天下的曹操和治天下的曹操，几乎判若两人。

曹操去世后的一千七百多年间，毁多誉少。从晋朝陆机等人起，批评他的人就绵绵不断。

陆机说："曹氏虽功济诸华，虐亦深矣，其民怨矣。"

唐朝李世民称曹操"乖徇国之情,有无君之迹",这话很重,无君二字,直指曹操要害处。唐朝诗人,赞美曹操的寥寥无几。杜甫写诗提到过曹操,轻描淡写而已,与他盛赞诸葛亮形成鲜明对比:"诸葛大名垂宇宙","丞相祠堂何处寻?锦官城外柏森森……出师未捷身先死,长使英雄泪满襟。"

诸葛亮也是丞相,他忠于刘备父子,"鞠躬尽瘁,死而后已。"这形象感人,理由充足。

宋代,曹操在官方和民间的形象都很糟糕。苏轼记云,汴梁百姓听说书时,"至说三国事,闻刘玄德败辄蹙眉,有出涕者;闻曹操败,即喜唱快。"

小民对历史人物的道德选择,总有道理。

封建伦理道德有压制人性的一面,但乱世之乱,总是始于欲,乱于心,先行摧毁道德。这种先行摧毁道德,就不仅是针对人性了,连人命都保不住:弱肉强食的丛林法则肆虐人世间。

而今日之世界,又见丛林法则,某个强国连年穷兵黩武……

北宋司马光的《资治通鉴》,不以曹魏为正统。苏轼写《魏武帝论》《诸葛亮论》,称赞曹操用兵的才能,却总体评价说:"曹操阴贼险艰,特鬼蜮之雄者耳"。

鬼蜮之雄,连乱世奸雄都不如。

曹操生前想要统一人格、抹去凶相的努力,后人并不买账。至元、明、清,曹操的奸雄形象固定下来。戏台上他永远是白脸。这于曹操,多少有些冤枉。

近现代,章太炎、胡适等大家都评价过曹操。

鲁迅称:"曹操至少是一个英雄。"至多是什么呢?先生没有讲。也许鲁迅对曹操的平生所为察之未详。先生看古人,也有看走眼的时候。

郭沫若1959年写文章,"替曹操翻案",对曹操多有美辞,称曹操是伟大人物,引起了一场大争论,翦伯赞、吴晗、王昆仑等皆有文章介入。赞同郭沫若观点的人并不多。谭其骧先生撰文说:"曹操是一个有优点、有缺点,功劳很大,罪孽也不小的历史人物。"

罗贯中的巨著《三国演义》，对曹操形象的把握是比较准确的，倒是《三国志》、《魏书》成问题。

　　艺术的真实，从来就不下于历史的真实。并且，史料意义上的真事，离历史性的真实还有相当大的一段距离。

　　曹操作为文学家，历代均认可。曹操流露到诗文中的形象，是正面的，感人的，其间，显然有他的人性超越与美学向往。

　　观察曹操和评价曹操，当有动态性掂量，不可忽视他的意志当中的未来指向。

　　从自卑与超越的意义上说，曹操"上升"显现于诗文，比他跌落到史籍中的身影更为真实。

# 蔡文姬
（三国 177？—239？）

蔡文姬写《悲愤诗》，时在遭胡兵抢掠的十多年后，仍是记忆犹新，斑斑血泪含吐纸上，"旦则号泣行，夜则悲吟坐。"平原上狂呼乱叫的胡人骑兵，"马边悬男头，马后载妇女"，与食人生番无异。掳走的过程太可怕，太凄惨。我们当细看这过程，这地狱般的情形，这恶梦般的记忆，这仇恨，这血与泪相和流的文字。可能因文姬貌美而名高，她被胡兵献与匈奴的左贤王……

# 蔡文姬

蔡琰字文姬，其代表作《悲愤诗》是东汉末年董卓之乱的产物。这首五言自传体长篇叙事诗，读来回肠荡气，令人辛酸。她一个二十来岁的小女子，逢大乱，被凶悍的胡兵掳到匈奴去，苦苦熬了十多年才返回中原。她一生三嫁，两度生离死别，以名门望族的金枝玉叶，饱经乱世沧桑。

文姬的父亲蔡邕系东汉大名士，具有广博的修养，书法与文采享有盛名，精通音律，善为古琴。蔡邕亲手制作的"焦尾琴"，至今对制作古琴的工艺有影响。魏晋时代的音乐大师嵇康，与蔡邕齐名，世称"蔡嵇"。他们谱写的乐曲广为流传。隋朝取士，"蔡嵇九弄"是考生们必考的科目。

当代史学大家范文澜称赞蔡邕书法："两汉写字艺术，到蔡邕写石经已到最高境界。"梁武帝则称："蔡邕书，骨气洞达，爽爽如有神力。"留下姓名的书法家，盖于东汉始。另如稍后的钟繇、卫夫人。曹操的草书也颇见功力。

蔡家藏书多达四千卷，称冠当时。东汉是一个奇怪的时代，外戚弄权，宦官乱政，但士族知识分子亦受到广泛尊崇。知识精英的话语权涵盖社会各阶层，名士二字，分量很重。连曹操这样的乱世大力神都非常向往。曹操、曹丕、曹植三父子，也是博学而多才，一辈子手不释卷。

蔡琰生长于官宦艺文之家，据说她幼年隔墙听父亲弹琴，哪根琴弦断了，她能分辨清楚。四千卷藏书，她能背下十分之一。藏书毁于长安兵乱，她多年后从大漠回许都，尚能凭记忆写出其中的四百卷，令汉丞相曹操大为惊叹。

苦难成就了蔡文姬。《悲愤诗》有五言体和楚辞体两种。据传她另有《胡笳十八拍》,但一般认为是后人伪托之作。

中国古代,男性大诗人几乎都要在苦难中低吟长啸,女性更不能免。薛涛、鱼玄机、李清照、朱淑贞、柳如是……她们才高,心性高,不肯向命运低头,于是有佳作传世。

就一般人类情绪而言,有刺激,就会有反应。敏感者反应更强烈。敏感是说,愿望与现实形成反差时,敏感者会感到"深受刺激"。这里有个体差异,个体差异又取决于遗传和童年生活。

蔡文姬童年幸福是可以想象的,少女时代与琴书相伴。她那么能解琴,对写在竹简上的汉隶文字那么投入,可见她对音乐和语言有双重敏感。琴者,情也;语言的指涉之物更广。蔡文姬身为蔡邕的女儿,其心智空间、情感向往当强于普通贵族少女。换言之,她更具个体特征,对幸福的要求更高,对美好事物的感受更细腻。

她老家在陈留(今河南开封杞县),可能随父母居京都洛阳。蔡邕与曹操有交情,两个中原名士互相钦佩。曹操为官京洛时,两家人当有往还。曹操主动结交蔡邕,"素与邕善",蔡邕官不比他大,而名头比他响,音乐才华远比他高。

曹操这人,对名士、"岩穴之士"总是十分钦佩。曹操奔名士的劲头不下于奔官场。

曹操去蔡府,也逗逗庭院里的蔡文姬。这陈留女孩儿敏于词,善丝竹,性格活泼,模样可爱,记忆力惊人。

曹操对蔡邕说:文姬如此出色,哪家公子能有娶令爱之福?

曹操时年三十多岁,长子曹昂十来岁,曹丕、曹植尚幼。曹孟德此言,不无惋惜之意。曹、蔡两家联姻多好……

天下未乱,蔡文姬的生活是平静而快活的。洛阳是经营百年的京都,比西汉京城长安更繁华,宫殿庙宇富丽堂皇,王公贵族,富商大贾,将军,道士,隐者,胡人,羌人,太学生……以至寻常布衣、市井小贩、引车卖浆者流,不同程度、不同角度地享受着这个名都。曹植的杰作《名都篇》,开篇便说:"名都多妖女,京洛出少年。"妖女是美貌少女的意思。

文姬貌美,时人有记载。她长到十六岁,二八娇娘,"禀神惠之自然……披邓林之曜鲜",邓林是神话传说中阳光明媚、神光普照的树林,由此或可推测,文姬的艳姿与华丽服饰夺人眼目。这一年,她嫁给祖籍河东(今属山西)的太学生卫仲道,琴瑟和谐,相爱甚笃。逾年,无子。丈夫突然病故,公公婆婆怪她不生儿子并且克夫,撵她回娘家。

蔡文姬十七岁,受到命运的第一次打击。婆婆还散布她克夫的消息。当时的舆论,把克夫这种事看得很严重。文姬失掉丈夫又陷入郁闷。

居洛阳的蔡府数年,文姬未改嫁。她埋首于书卷,不辨晨昏。弹琴,谱曲,挥毫,诵《诗经·国风》、汉乐府民歌、《古诗十九首》,暗自垂泪,五内翻腾。她怀念着亡夫,也埋怨多嘴的婆婆。情绪渐渐稳定后,她坐车上街溜达,看见曹植、袁尚(袁绍子,以英俊著称)等京洛华服少年,斗鸡城东,饮酒城西,戏水洛河之北,纵马狩猎于城南之山。多么令人羡慕的青春好时光啊。她蔡琰尚处于妙龄,却好像离他们很遥远了。父亲不反对她改嫁,但也不鼓励。"好女不嫁二夫",这礼教格言是深入人心的。若曹操尚在洛阳,多半劝蔡邕允许女儿再觅夫家。可是曹操做官去了济南国,又隐居优游于老家谯县……

蔡文姬盼着再嫁。寡居的时光真是不好受。她是品尝过夫妻生活好滋味的。家里的琴与书非但不能解忧,反而添了许多愁绪。文字,旋律,皆为撩拨人心之物啊。它们反倒为纷繁的意绪逐一赋形,变无形为有形,可触摸,有质感,有温度……

曹丕、曹植已有情诗流传,比如神童曹子建的《杂诗》中有这样的句子:"南国有佳人,容华若桃李。朝游江北岸,夕宿潇湘沚。时俗薄朱颜,谁为发皓齿?俯仰岁将暮,荣曜难久持。"

谁为:为谁。

蔡文姬吟唱这首诗,泪珠儿掉成线。尤其唱到"时俗薄朱颜,谁为发皓齿?俯仰岁月暮,荣曜难久持",她常常伤心伏案,不能自持。西汉的卓文君嫁人一年多,也是死了丈夫,却与风流倜傥的司马相如私奔,轰轰烈烈爱了一回,敢于在家乡当垆卖酒,让大才子系了围裙吆喝跑堂。为何二十多岁的蔡文姬要年复一年守空房?

曹植稍后有《美女篇》云："美女妖且闲,采桑歧路间。柔条纷冉冉,落叶何翩翩。攘袖见素手,皓腕约金环。头上金爵钗,腰佩翠琅玕。罗衣何飘飘,轻裾随风还。顾盼遗光影,长啸气若兰。行徒用息驾,休者以忘餐。借问女安居?乃在城南端……"

琅玕：一种美石,质地如玉。行徒用息驾：行路人因美女而停车（惊艳呆望）。

曹植每有佳作问世,洛城男女奔走相传。

子建的这首《美女篇》,令洛城人联想少女时代的蔡文姬。"罗衣何飘飘,轻裾随风还。顾盼遗光影,长啸气若兰。"

蔡文姬和这个世交小弟弟交流诗赋,她羡慕曹子建的诗才,子建则对这位漂亮的大姐姐亲近有加。曹府,蔡府,家眷们往来甚多。

文姬过着富贵日子,拨弦发哀声。蔡邕忙于国事奔走朝政,偶听女儿抚唱,心中亦忧戚。普天之下,谁比他蔡邕更善于解读琴心呢?何况发哀声者,是他自己可怜的女儿。

蔡邕的念头松动了,夫人便迅速行动起来,托人打听,找媒婆询问,在洛阳替女儿再觅夫婿。文姬依然年轻,才貌俱佳,芳姿动人。蔡家门第更不用说,京洛的上流社会,趋附者踏破门槛。

蔡文姬再嫁之事,暗暗地提到议事日程上了。

这事不能大张旗鼓。蔡大名士的羽毛亦须珍惜。

此间的蔡文姬弹起了《高山流水》、乐府中的"相和歌",指尖春心动,弦弦有绮思……

洛城英俊公子多矣,谁将是她的如意郎?

然而时隔不久,洛阳城突然闹翻天了。


这一年,叫做汉献帝初平元年（190）。洛阳死了一个汉灵帝,来了一个大魔鬼,搅得天下大乱。魔鬼名叫董卓。

汉献帝年幼,何太后威风临朝,她弟弟何进掌大将军印,诛杀祸乱朝政的"十常侍"。常侍是太监官名,灵帝生前管这些阉人叫爹称父。数千太监联手反击,连同他们做官的亲戚。何进担心不敌,急召并州刺史、西北一霸董卓带骑兵火速进京。董卓手下多胡兵、羌兵。

董卓这一来,杀人如草芥。他可不管外戚与宦官的争斗,两派都杀,杀何太后,把小皇帝抢到手。天下人称他是窃国的"董贼"。

数月后,袁绍等拥有武力的将官,在关东扯起讨伐董卓的大旗,袁绍为盟主,曹操在他旗下。关东义军声势浩大,董贼畏惧,迁都长安,一把火烧了名都洛阳。他那汉胡羌混杂的虎狼之师,强行驱赶几百万人迁往长安,鞭抽棒打,怒目者斩,老弱者弃,千里路途死人无数,男哭女啼,鹰叫狼嚎,阴风贴着地皮呼啸,像地狱深处刮来的风。后若干年,这条路上"白骨盈野,臭秽道路。"

蔡邕也在滚滚向西的人潮中。他还算好,有车坐有马骑,士卒不敢呵斥,沿途伺候。董卓初进洛阳时曾拉拢一批人,尤其笼络鼎鼎大名的蔡邕,以皇帝的名义任命蔡邕为中郎将。当时,抗命的大臣少,包括袁氏兄弟。曹操是冒着生命危险,易名化装逃出洛阳,欲回老家谯县拉队伍……

此间,蔡文姬避居老家陈留。

董卓到长安,继续杀人如麻,大搞"顺我者昌,逆我者亡"。稍有看不顺眼的,董卓便叫他脑袋搬家。杀人先动"肉刑",割鼻子砍双脚凿眼睛去睾丸闭阴户……

描写这类事一定要慎之又慎,简之又简。断不可放纵欲望化写作、毒害中国青少年。对残忍场面的细腻描绘,甚至津津乐道,透露出作家内心的阴冷以及价值观的模棱两可……

董贼生大乱,名都洛阳毁于一旦。旧都长安腥风血雨。

一把龙椅失控,天下生灵涂炭。

董卓帐下有个吕布,更是杀人好手,战场上骁勇异常,一只丈八长戟,打遍天下无敌手。这吕布又善于使短刀刺人,搞暗杀有经验,杀过他的主子丁原。他投奔董卓,立刻做了董卓的干儿子,封都亭侯。陇西人董卓生得牛高马大,体重三百斤。吕布相貌英俊,体格标准,类似"锦马超"或常山赵子龙。

吕布对美女的"胃口"很大,董贼阳暴而阴险,却没能考虑到吕布杀戮之外的大欲求,估计洛阳、长安,但凡有上等佳丽,皆被董大胖子席卷而去。吕布连残羹剩菜都难尝一口,只得偷偷勾引董卓侍婢。董卓发现了,竟与吕布大闹。

司徒王允趁机离间吕布与董卓。他小动三寸之舌,说得吕布动杀心,刺董卓,长戟插入干爹庞大的躯体。

王允除暴立了一功,却又搞清洗运动,凡董卓重用之人,一律问罪。蔡邕被抓走。虽有众多的人为蔡邕求情,仍未免一死。蔡邕要求见王允、吕布,大呼宁愿受肉刑,黥首刖足,以残躯效仿司马迁,完成《汉史》的写作。王允不允,喝令刀斧手推出斩首。

父亲在长安被砍头的消息,蔡文姬可能不知道。她被匈奴人掳走在先。

长安乱作一团,每天都有行刑队举刀砍人,而不同面目、盔甲各异的长安兵、西凉兵狂啸奔走。董卓的老部下李傕、郭汜强攻长安,破城,杀王允,抢献帝。吕布挥舞长戟夺路而逃。

不久,李傕、郭汜又交兵。中原军阀混战。

此前,李、郭军中的匈奴人趁势纵马抢劫,在陈留一带掳走上万妇女,其中就有蔡文姬。《三国志》注引《典略》记载:"天下丧乱,文姬为胡骑所获,没于南匈奴左贤王。"

文姬可能是在陈留被匈奴骑兵掳走的,具体情形已无考,只知她被掳到南匈奴时,约二十三岁。

五言叙事长诗《悲愤诗》,内容分三个部分,第一部分,写董卓之乱和胡羌骑兵的凶神恶煞:

> 汉季失权柄,董卓乱天常。志欲图篡弑,先害诸贤良。
> 逼迫迁旧邦,拥主以自强。海内兴义师,欲共讨不祥。
> 卓众来东下,金甲耀日光。平土人脆弱,来兵皆胡羌。
> 猎野围城邑,所向悉破亡。斩截无孑遗,尸骸相撑拒。
> 马边悬男头,马后载妇女。长驱西入关,回路险且阻。
> 还顾邈冥冥,肝脾为烂腐。所略有万计,不得令屯聚。
> 或有骨肉俱,欲言不敢语。失意几微间,辄言"毙降虏,
> 要当以亭刃,我曹不活汝!"岂敢惜性命,不堪其詈骂。
> 或便加棰杖,毒痛参并下。旦则号泣行,夜则悲吟坐。
> 欲死不可得,欲生无一可。彼苍者何辜,乃遭此厄祸……

亭刃:挨刀子。亭通停,指刀架脖子上。我曹:我辈,胡兵自称。不

活汝:不让你活命。詈詈:詈骂无休。毒:恨。

文姬写《悲愤诗》,时在遭胡兵抢掠的十多年后,仍是记忆犹新,斑斑血泪含吐纸上,"或便加棰杖,毒痛参并下。旦则号泣行,夜则悲吟坐。"平原上狂呼乱叫的胡人骑兵,"马边悬男头,马后载妇女",与食人生番无异。

掳走的过程太可怕,太凄惨。

读蔡文姬《悲愤诗》,当细看这过程,这地狱般的情形,这恶梦般的记忆,这仇恨,这血与泪相和流的文字。

可能因文姬貌美,她被胡兵献与匈奴左贤王。左贤王的地位仅次于单于。

"文姬为胡骑所获,没于南匈奴左贤王,在胡中十二年,生二子。"

《悲愤诗》第二部分内容,写文姬屈辱的异域生活和母子生离之痛:

> 边荒与华异,人俗少义理。处所多霜雪,胡风春夏起。
> 翩翩吹我衣,肃肃入我耳。感时念父母,哀叹无终已。
> 有客从外来,闻之常欢喜。迎问其消息,辄复非乡里。
> 邂逅徼时愿,骨肉来迎己。己得自解免,当复弃儿子。
> 天属缀人心,念别无会期。存亡永乖隔,不忍与之辞。
> 儿前抱我颈,问"母欲何之?人言母当去,岂复有还时?
> 阿母常仁恻,今何更不慈?我尚未成人,奈何不顾思?"
> 见此崩五内,恍惚生狂痴。号泣手抚摩,当发复回疑。
> 兼有同时辈,相送告别离。慕我独得归,哀叫声摧裂。
> 马为立踟蹰,车为不转辙。观者皆歔欷,行路亦呜咽。
> 去去割情恋,遄征日遐迈。悠悠三千里,何时复交会?
> 念我出腹子,胸臆为摧败⋯⋯

少义理:不讲道理,"言外隐忍了种种难言的屈辱"(引自林庚、冯沅君《中国历代诗歌选》)。遄征:快速赶路。

文姬想念父母,但凡有中原人来,她就会欢喜,生出一线希望来,可是每次去打听,发现这些中原人都不是她的同乡,不知道她父母的任何消息。

想想她屡屡欢喜又大失所望的样子,真令人心酸。"常欢喜"的后面总是伴随着眼泪。为何常欢喜?只因思乡心切,愿望执拗,相信自己总会得到父母的一点消息。却哪里知道,亲人已死去十多年。

掂量文姬这心愿,谁能够无动于衷呢?

待在南匈奴这十二年当中,不知有多少回,伤心的蔡文姬朝着中原方向眺望,千百次梦回洛阳、陈留……

汉献帝建安十三年(208),已平定北方的曹操念及与蔡邕的旧情,"痛其无嗣,乃遣使者以金璧赎之。"曹操以黄金和一双玉璧赎回了蔡文姬。

曹操一片好心,蔡文姬却再次面临巨大的创伤:崩五内,生狂痴。两个年幼的儿子抱紧她,追赶她,声声哭问她:"我尚未成人,奈何不顾思?"

当初遭胡骑掳走他乡,此时不得已抛下爱子,人世间的两大伤心事,都落在蔡文姬的身上。

悲愤出诗人。

我们今天细读蔡文姬,为她长叹而唏嘘,也算对九泉下的她的一种安慰吧。

值得注意的是,她写下许多,只字不提那个左贤王。在她如此强烈的情感文字中,此人是空白。仿佛根本不存在。"不"的空间呈现了"有"。

她倒是提到马、车、观者、"同时辈"和行路人。

也许蔡文姬向左贤王乞求过,想带走一个儿子。曹丞相威加四海,让使者送来这么多金银财宝。但文姬的乞求还不如草原上吹过的一阵风。不难想象,蔡文姬入匈奴时,是怎样艰难面对这左贤王的。她不想死,咬紧牙要为爹娘活着,其他事就任人摆布了。

楚辞体《悲愤诗》讲述她在某个夜晚的感受:"夜悠长兮禁门扃,不能寝兮起屏营。登胡殿兮临广庭,玄云合兮翳月星。北风厉兮萧泠泠,胡笳动兮边马鸣……"诗中还写道:"虽苟活兮无形颜。"她为自己的苟活感到惭愧。

蔡文姬不提左贤王,而她的沉默与忘记已经在"不"的领域中有所表达。

《悲愤诗》的写作情绪喷射,诗人的内心翻江倒海,爱与恨毫不含糊。这一层,焉能一掠而过?

汉乐府民歌,《古诗十九首》,建安诸子文学,都贵在一个真字。何况文姬书写她自己的惨痛经历。每写下一行字,每忆及一个场景,她必定泪流满面,心如刀割。

写《悲愤诗》这样的作品,需要极大的勇气。一般人宁愿忘掉,回避那永难愈合的伤痕。

曹操做好事做到底,为文姬张罗婚事,希望她开始新的生活。曹操选中屯田都尉董祀做文姬的丈夫。这年轻英俊的军官也是陈留人,同乡娶同乡,却很是勉强:文姬比他年龄大不说,还为那匈奴左贤王生过两个儿子,被议论,受轻视。

董祀不想娶,文姬又何尝想嫁?

她千里迢迢奔回中原,一路上对抛下的儿子牵肠挂肚。及至归故里,家人尽丧,城郭毁灭,更叫她触目惊心:

> 既至家人尽,又复无中外。城郭为山林,庭宇生荆艾。
> 白骨不知谁,纵横莫覆盖。出门无人声,豺狼号且吠。
> 茕茕对孤景,怛咤糜肝肺。登高远眺望,魂神忽飞逝。
> 奄若寿命尽,旁人相宽大。为复强视息,虽生何聊赖?
> 托命于新人,竭心自勖励。流离成鄙贱,常恐复捐废。
> 人生几何时,怀忧终年岁。

中外:中表近亲。怛咤:不自觉的惊叫。强视息:强自喘过气来。勖励:勉励。捐废:遗弃。

蔡文姬的父母及内外亲戚均已亡于战乱,她十二年来的恶梦皆被证实,所有关于家乡的美梦全部破灭。诗句表明,她一生中最大的疼痛,一为父母,二是两个苦命幼子。父亲教她琴书的时光历历在目。她不复是有父母疼的女儿,亦不能尽为人母的一颗慈爱心,目光之所及,倒是白骨纵横,豺狼奔走。"登高远眺望,魂神忽飞逝。"她徘徊于颓败故园之日，几番不想活了，没由来的突然惊叫，近于疯癫。

发疯与否，只能靠定力，而定力的来源大约有两点：一是长居朔漠的煎熬，二是她熟记于心的那么多书。单是汉末诗赋，伤心缠绵、摧肝裂肺者俯拾即是。

这个节骨眼上，曹操再次帮她，命令董祀做她的丈夫。

时在公元208年，赤壁大战即将拉开之际。曹操忙着征东吴，还考虑到蔡文姬的婚事。

曹氏三父子都是名诗人，后来的魏都邺城，此间聚集着"建安七子"，七子之下的文人，尚"数以百计"。曹操帮助亡友蔡邕的女儿蔡琰，庇护伤心才女，乃是情理中事。

"托命于新人，竭心自勖励。流离成鄙贱，常恐复捐废。"

文姬一旦嫁人，就希望好好过日子，侍候丈夫，生儿育女。然而凑合的夫妻全无情感基础，董祀高傲冷漠，由于外面的议论而鄙视文姬。

文姬作何反应？她自视甚微，低眉顺眼，唯恐再次沦为孤零零的寡妇。偌大中原谁是她的亲人？曹操虽然善待她，却因地位太高而离她遥远。

《悲愤诗》不大可能作于此时。蔡文姬前景未卜，忧心忡忡，哪能去揭那些一碰就要流血的伤疤？前景未卜是说，前景还在。

生存是朝着未来的。萨特说："人是人的未来。"

弗洛伊德则反向强调：人是人的过去。

蔡文姬希望着美好的未来，毕竟她才三十五岁，居大漠王庭，未曾受饥寒做苦役。不过她的未来也深埋在过去的岁月中，她不表达，不倾诉，将面临忧郁成疾的危险，未来也无从谈起。对董祀的逆来顺受，使她旧伤未愈，新的郁闷又在聚积。

董祀回家板着一张脸。文姬变着法子关心他，他不领情，一天到晚面孔生硬。常常三天五日不回家。

文姬抚琴，弦弦伤心。董祀的脚步声响起时，她赶紧收泪，露出迎接夫君的笑容。董祀惧怕曹丞相，还不敢另置宅子纳妾蓄妓。这种勉强凑合的婚姻生活，大约有一年多。

董祀不知为何事触犯刑律，执法甚严的曹操下令砍头。老天爷给了蔡文姬一个婚姻转机。

文姬为董祀求情,"蓬头跣足",哭跪于曹丞相宴请宾客的厅堂中。她向曹操"叩头请罪,言辞清辨,旨甚酸哀。众者皆为之改容。"

才华横溢的苦命女人,叩头之声至今可闻。

《悲愤诗》的作者,其深沉的悲哀,绝望的呼号,连同这蓬头赤足哭跪于庭的形象,有充足的理由永久撞击善良者的心灵。董卓抢龙椅,胡骑掳妇女,制造了多少蔡文姬这样的悲剧。

曹操免了董祀的死罪。

董祀出狱后,对妻子感恩戴德。两口子开始了新生活。文姬这才有了亲人,有了朝夕相伴的抚慰者。董祀虽是军官,却也懂艺术,通书史,曹操选他做文姬的丈夫,是经过了一番考虑的。

《悲愤诗》当作于此时。蔡文姬三十七八岁。恶梦般的生活终于熬到了尽头,曙光初现,她得以把记忆的闸门拉开,让满腔的苦水哗哗流出来。

写作的过程也是疗伤的过程。艺术升华了苦难。文姬因之而赢得尊严:洛阳官员、邺城士子、陈留故人,大都改变了以往对她的偏见。董祀渐渐深入她的内心,爱怜她,尊敬她,与她泛舟洛水之上,徜徉山林之间,作客邺下"俊才云蒸"的文坛沙龙。曹丕、丁廙均为文姬写过同题小赋《蔡伯喈女赋》。可惜曹丕的小赋已失传。

文姬四十岁前后生一子、复生一女。女儿长大后,玉貌花容,俨然又一个"披邓林之曜鲜"的酷似母亲的阳光女孩儿,嫁给了司马懿的儿子司马师。

闲时文姬抚琴,指间慨然有欣声;她指点钟繇的书法,影响了这位汉代第一书法家。

蔡文姬温暖的家园,有时会意外地迎来一位特殊的客人:魏王曹操。

文姬谨受王命,凭借惊人的记忆力写下四百卷书籍,"缮书送之,文无遗漏",为保存华夏文化立下一功。

《悲愤诗》更是百代流传,与汉乐府民歌、建安文人的诗作交相辉映。

至于《胡笳十八拍》,除郭沫若外,现当代大家如胡适、郑振铎、刘大杰、朱东润、林庚、冯沅君等,皆认为是伪作。古典文学名家编注的诗文选本,通常不选这首长诗。

由此看来,理解蔡文姬的艺术,把握她的形象,《悲愤诗》是唯一可靠的文学作品。

# 王羲之
（东晋 303—361）

# 王献之
（东晋 344—386）

皇权不松动就没有魏晋风度。没有魏晋风度，就没有王羲之。书法也是际会风云的东西，笔底波澜源自人世修炼与自然领悟。王羲之开源甚大，乃是中国书法的福份。书圣的青少年时代，亲眼目睹了豪门中的血雨腥风，摧肝裂肺成历练。

王献之生于超级富贵窝，自幼备受宠爱，没受过多少折磨。他十来岁就认为自己的书法与父亲各有千秋。他写字才气纵横，穷尽笔墨之潇洒，羲之赞曰："咄咄逼人。"王献之与桃叶姑娘的"婚外恋"宛转动人，传遍了石头城，留下著名的桃叶渡。

## 1

汉字作为书写艺术,起于秦汉,盛于魏晋南北朝。

秦汉数百年间,汉字主要是作为工具来使用的,它自身变化的无穷可能性,尚未纳入士人的视野。换言之,汉字所蕴藏的美的可能性,尚未被揭示出来。司马迁一生恐怕写了几百万个汉隶方块字,却未闻他被称为书法家。我在《品中国文人》第一卷写司马迁时,倒是对他的书写风格有过无望的猜想。尤其当他受宫刑,含辱蓄恨写三千字的《报任安书》,那会是怎样的笔走龙蛇、横风疾雨?

事实上,当时的文字书写还规定在汉隶、篆书的范式中。胸中再有风暴,下笔还是一笔一画地写。章草笔势只是偶尔露端倪。

文字书写不能够满足情绪,故未能有大书法家面世。

但汉隶本身蕴涵了突破自身的可能性,真书,行书,草书的出现只是时间问题。汉隶独尊三百年,与受到儒术钳制的意识形态不无牵连。皇权以礼教的名义严密布控,博学的士人虽众多,手脚却也施展不开。譬如文学史上以汉赋为标志的作品,总的说来,是拿语言作排场、列方阵,"润色鸿业"。换成老百姓的朴素语言:那东西是用来吓唬人的。文人在御座前的词语表演,类似伶人翻跟斗、吹拉逗唱。所以扬雄在写过若干大赋后醒悟了,抱怨说:"深悔类倡。"

礼教不仅吃人,也吃掉书法演变的契机。

个体的情绪不能伸张,各类艺术都长不大。

汉末,皇权松动了,礼教贬值了,思想重新赢得了地盘,个体在朝堂和乡野都在疯长。先秦精神,隔五百年而重放光辉。可悲的却是,皇权的悬空往往导致乱世的突然降临。

古代史学,对皇权这个铁石心没有构成强有力的追问。

史学是经验层面的东西,它有内在的驱动力指向更高,却未能赢得更高。这是中国传统文化的缺陷。近现代方有转机。

汉末魏晋,各门类艺术携手疯长。"尚通脱"、不摆谱的士人们乐于在民间汲取营养,从音乐到诗歌。汉武帝设乐府,采集乡野间的作品,原是为了观察小民的动静,以利掌控天下。可是采诗官四出远行采集回宫的作品,出乎皇帝的意外,越出皇权的掌控。汉乐府民歌对曹氏三父子、"建安七子"和"竹林七贤"的影响显而易见。

曹操本人,集文学家、音乐家、书法家为一身。他擅长草书,宋代朱熹临摹过他的帖子,宋以后便失传了。

蔡邕也是当时的大文人,音乐和书法的造诣在曹操之上。他有宝贝般的书论专著《笔论》,传给他的天才女儿蔡文姬,文姬于战乱中丢失,为另一书法狂人韦诞所获。文姬从南匈奴归汉后,凭记忆口传给钟繇。钟繇大获"神助",笔意突破了汉隶,真书称冠于当时,以致他因痴生狂,跑到韦诞那儿苦求宝典而不得,当场口吐鲜血,气若游丝。曹操闻讯后,赶紧派人给他灵丹吞下,才救他一命。

那韦诞死后,竟把《笔论》带进棺材里去。钟繇不顾病躯与士林的非议,趁月黑天带人掘开韦诞墓,撬开棺椁,抱得裹于绢帛、藏于金盒的《笔论》,喜极而泣,跪谢漆黑的苍天。

钟繇去世,照例把这部书论宝典作了他的殉葬品。隔五十余年,又被人掘墓而得之,重金卖与卫夫人,卫夫人传王羲之。

魏晋书法大进,大书家纷呈。

王羲之的横空出世,有其时代与家学的双重背景。

皇权不松动就没有魏晋风度。没有魏晋风度,就没有王羲之。书法也是际会风云的东西,笔底波澜源自人世修炼与自然领悟。王羲之开源甚大,乃是中国书法的福份。

而王氏家族可能是中国最古老的贵族之一,自周朝起,几十代传不衰。汉末乱，三国乱，两晋亦乱，这个庞大而悠久的家族倒是枝繁叶茂，高官如云，名士辈出。本文无意探讨那段历史和王氏家族史，只略略看几眼。要紧的是：尝试着描绘王羲之的精神图景，也谈谈他的第七个儿子王献之。

二王父子故事、趣事也多，《晋书》《世说新语》《太平广记》记载不少。

王羲之"美而长白"，长得像嵇康一样高大漂亮。他的夫人则是鼎鼎大名的京城佳丽，富家子弟争随她的香车。二人的婚姻故事颇具戏剧性，无论高官还是草民，都对他们的爱情传奇津津乐道。

王羲之字逸少，乳名阿菟，西晋惠帝太安二年（303）生于山东临沂，临沂当时属徐州琅玡国。琅玡这地方，地广千里，望族大姓甚多，有王氏，诸葛氏、颜氏、符氏、刘氏等。而王氏家族称"首望"，西晋后期，东晋初期，与司马皇族共称"马与王"，可见其家族势力之大。

西晋的琅玡国东接黄海，北靠沂蒙山，南部多平原。齐鲁、吴楚、中原的文化交汇于此地。王羲之的父亲王旷，是西晋的一个关键人物，琅玡王司马睿南迁，王旷"首创其议"。

司马睿为何要南迁呢？简单说一下魏晋的历史。

曹魏、刘蜀、孙吴，三国争天下，争到280年，天下落入司马昭的儿子司马炎手中。皇权掌控了二十年，司马皇族内部打起来了，八个同姓王互相厮杀，史称"八王之乱"，打了十几年，北方胡族趁乱而起，晋室偏安于江南，中原再度分裂。北方"五胡乱华"。五胡分别是：鲜卑，匈奴，巴氐，羯，羌。

琅玡王司马睿与丞相王导（王羲之的伯父）周密筹划后，率军从洛阳迁往建康（南京），时在307年，王羲之五岁。

十年后（公元317年），西晋最后一个皇帝司马邺在长安被俘，西晋亡。司马睿于建康称帝，东晋始。

概述历史三言两语，背后却是千头万绪。乱世的特征是一堆乱麻……

王羲之幼年长途跋涉，从鲁南走到江南。

中原连年战乱，胡虏横行，大批流民踉跄南迁，哭声盈野。豪华马车上的王家儿童困惑着,怜悯之情油然而生。

童年的迁徙,对王羲之的影响殊难估量。

李白从中亚碎叶随父母迁往四川,也是在他五岁的那一年。欧阳修生于四川绵阳,幼年迁往江南。王安石几岁起就随父宦游,走了几千里路,吃了无数苦头。青年苏轼两次出蜀,陆路水路尝了一个饱。小伙子米芾只身远游荆楚。少女李清照从济南远赴汴京……古代文人墨客以脚步丈量出来的万里足迹,他们丰富的、魅惑不断的生命感觉,今人已无从想象。文字、画图、影像,都不可能再现了。

对历史的回望都是粗线条的,不大可能细腻进入个体生命的内部。

王氏家族迁到建康后,几百口人居于城南,靠近秦淮河。不久,中原陈郡(今属洛阳)的另一大族谢家,也迁到了建康城南。

王家子弟喜欢穿丝质皂衣,谢家子弟纷纷仿效,两家宅院间的悠长小巷,体形修长、举止风流的后生一拨又一拨,乌衣碰上乌衣,拱手为礼执手言笑,衍生出许多精彩故事,羡煞建康城里的寻常百姓。

"乌衣巷"从此得名。

唐朝刘禹锡有诗《金陵怀古》,叹曰:"朱雀桥边野草花,乌衣巷口夕阳斜。旧时王谢堂上燕,飞入寻常百姓家。"

中国历史长河中,百年以上的富贵大族并不多。王氏家族显赫数百年,江山易姓而家族不败,至两晋,登峰造极。皇帝由于其至尊地位,不得不处于风口浪尖上。改朝换代之时,皇族往往落败,甚至遭到灭顶之灾。善于自保的世族倒是"族运"长远。王家是一个典型例子。

从汉末到魏晋,门第之风愈演愈烈,累世大族位高权重。晋室南渡后,王氏家族几乎与司马皇族并驾齐驱。加上其他几个相继南迁的大族如谢氏、庾氏、郗氏、桓氏,共同占据着东晋王朝的权力核心。

东晋士族又普遍重家学,贵族子弟上进者多,效仿魏晋名士风流,并重儒学和玄学。士族的文化传承不亚于权柄的接力。东晋几个大族,垄断了政治、军事、经济、文化。

王家的文化氛围,先天高人一等。王家小孩的启蒙要早一些,心智的提升空间要大一些。

王羲之六岁时,遭遇了一次家庭的大变故,对他的成长影响极大。

## 2

公元309年,王羲之的父亲王旷,带兵北上并州(今山西太原西南)击匈奴,陷入匈奴兵马的重围。晋军惨败,王旷从此断了音讯,是死是活,王家人一直弄不清,又不敢追问朝廷。这团大阴云,若干年覆盖在王羲之的心上。

史家分析说,是皇族内部的权力斗争,导致司马睿割舍王旷。当时北方的晋军尚与匈奴激战,东海王司马越亲提十几万大军驻上党(今山西长治市),却让司马睿命令王旷以五千人马渡黄河,劳师远征,迎战数万匈奴。司马睿明知王旷此去凶多吉少,还是下了命令。他不希望拥兵自重的司马越怀疑他南渡后想当皇帝。这层心思,当然是最高机密,他对丞相王导、大将军王敦也是讳莫如深。王旷消失后,王导见司马睿时,闭口不提堂弟的生死。他回到乌衣巷则面色凝重,隐含着凄怆。

王羲之一家人诚惶诚恐。六七岁的小孩,心中的阴影也不是一天两天蒙上的,而是年复一年一层层铺上去的,及至他到了三十岁,仍是谜团未消:父亲真的死了吗?父亲又是怎么死的?

乌衣巷中有传言,说王旷并未战死,而是投降了匈奴人。

王羲之听到这些话,捂着耳朵仓皇跑开……

悲戚,惶恐,一线希望,各种痛苦的猜测与美好的梦幻,点点滴滴渗入王羲之的五脏六腑,贯穿他一生的情绪。后世所称的天下第一行书《兰亭集序》,其文字与笔墨起伏跌宕,与书写者旷日持久的内心风暴显然有联系。颜真卿哭祭侄子的《祭侄文稿》、苏东坡贬黄州时的《寒食帖》,均作如是观。

中国三大行书,皆为命运铸就的巅峰之作。

《王羲之传》云:"羲之幼讷于言,世人未之奇。"

史料屡称他"涩讷"。

他变成了一个性格内向,少言寡语,开口就脸红的腼腆儿童,偌大乌衣巷,没人注意他。一大群骄傲的王家子弟中,他是个微不足道的小家伙,总是待在角落里,或贴着墙根埋头走路……

性格内向说的是什么？

魏晋南北朝的高人，如嵇康、向秀、大隐士孙登、写《抱朴子》的葛洪、田园诗圣陶渊明，都是出了名的性格内向，很不善言词。

细看古今的杰出人物，恐怕以涩讷者为多。少言者往往多思。孔子提倡"讷于言而敏于行"，他对木讷的体验远比一般人深。孔子最喜欢的大弟子颜回，居陋室寡言语，自得其乐。颜回能享受木讷。

法国哲学家福柯与朋友们喝咖啡，大家一同沉默，能达几个小时。德国的里尔克，俄罗斯的契诃夫，法国的梵高、高更，奥地利的维特根斯坦，中国的鲁迅，皆为世界级的"沉默专家"。海明威笔下硬汉，常常半天不说一句话，例如《大双心河》……

口齿清爽的阳光男孩儿，小时候看上去比较舒服，但他大起来，也可能趋于废话连篇，油头滑脑，举止轻薄。

值得注意的是：眼下随处可见的浅表性生存者，嬉皮笑脸者，通常是性格外向的，话不分轻重、不管场合，他张口就来。这种性格外向，对某些社交有好处，对提升个体生命的内在质量几乎一无是处。

木讷的儿童，会因木讷而羞涩。涩讷一词，讲的便是这个意思。涩讷儿童会暗暗的努力，希望自己有朝一日也能滔滔不绝、口若悬河。他渴望着抵达落落大方，却屡因讷涩而受阻，于是他加倍发力。结果是：讷涩儿童成年后所抵达的落落大方的气度，潇洒漂亮的举止言谈，倒比阳光男孩儿更富有质感，更有"嚼头"。

我们现成的例子是王羲之，羲之成大器，涩讷有一功。

外表的木讷与内心的活跃恰成正比。

如果羲之小时候不受挫折，不涩讷，那么，心思和情绪的"双重饱满"将成问题。尤其对他这样的伟大艺术家。情绪的巨大压力，预设了将来的强劲喷发。

换成民间的说法：此人话虽不多，但肚子里有货。

羲之两三岁的时候，擅长行书和隶书的父亲王旷就开始教他写字，"握笔布线"。现在父亲生不见人，死不见尸，他用颤抖的小手捏上毛笔，强烈的思念使他发狠劲，从早写到晚，指间笔力源源不断。写到两眼发黑，致有晕厥之时。

母亲卫氏有时悄悄走过去指点他,发现他的眼泪滴进墨砚,溅于纸上。

卫氏背过身去哽噎……

荣华富贵称冠江南的乌衣巷,有个儿童饱尝思念父亲的忧伤。

可怜的王羲之养成了独处的习惯,孤独的小身影时常出现在巷口的老树下,面朝秦淮河帆去船来的码头。他在眺望着什么?母亲和大哥王藉之知道他的心思,常去巷口寻他,牵了他的小手,哄他回家。

羲之后来深情回忆这种"母兄鞠育",并与他终身崇拜的偶像嵇康挂上钩。嵇康儿时也是由母亲和兄长抚育教诲,赋诗有云:"母兄鞠育,有慈无威。"鞠育指躬身抚育。

这里有个追问空间:母兄鞠育、有慈无威,在细节上是如何呈现的呢?母亲与儿子在心理上是如何互相依赖的?王羲之长大后的"骨鲠"性格与仁慈心肠,如何发端于他的童年记忆?这些问题都有待探讨。

古代汉语对各式生存情态皆有描述,但概括多,洞察人性不够深入。汉字复杂,古汉语因竹简上的长期书写而定型于简洁,也许对汉语思维者有不易察觉的制约。古汉语句子太短促,对思维的无限展开,对思辨的充分运用,对形形色色的生存情态的细微捕捉,都是有问题的。

王羲之七八岁时,姨母卫铄走进了他的书法天地。卫铄字茂漪,号南和,史称卫夫人,被誉为中国女书家第一人。

魏晋女人,有名有字有号的,不乏例子。倒是号称开放的唐朝,女人传于后世者,一般都是有姓无名,字、号更谈不上。封建社会愈往后,男尊女卑愈演愈烈……

卫夫人年轻守寡,住进乌衣巷中的王家。卫氏姐妹双双守寡,只是王羲之的母亲尚不能确定她的寡妇身份。

卫夫人做了王羲之的书法老师。

她观察这个沉默的儿童,惊诧于他的天赋和练笔的狠劲。

她抚慰他,在赢得了这忧郁小孩儿的好感之后,才开始教功课。她除了手把手地教,还把她的多年心得秘示王羲之:"先习大书,不得从小。"这理论,源于钟繇的"力筋说",卫夫人加以阐释:"善笔力者多骨,不善笔力者多肉。多骨微肉者,谓之筋书。多肉微骨者,谓之墨猪。多筋丰力者圣,无力无筋者病。"

魏晋时代的人席地而坐,写字悬腕。习书从大字写起,腕力会加强。随着体悟的深入,"力筋"自现。

卫夫人出自书法世家,其祖上卫觊,与钟繇齐名,受到曹操的赏识。她的堂兄卫恒亦是大书法家,篆、隶、草书无不精通。胞兄,伯父,都是拿起笔就不想放的人。这些世族高官写书法,并非附庸风雅,倒是长期带动官场风雅。

魏晋世族的家学渊源,书画琴棋,是儒学、玄学、文学之外的又一重点。王羲之的父亲、伯父、叔父、堂兄表哥,善书者比比皆是。以武功起家的庾氏族人,同样是文墨辉煌,翘楚频出。比如大将军庾亮善书,庾亮的弟弟庾翼文韬武略,更称当时的第一大书法家……

三年过去了,卫夫人看王羲之写字,眼睛越来越亮。

卫夫人的书法专著、图文并茂的《笔阵图》,教儿童颇有神效,但羲之对它已经不大感兴趣了。他爱上了张芝的草书,每日临池狂写。张芝的书法,骨力强劲,称"骨书",又胜"筋书"一筹。

而筋骨之力,源于涩讷少年王羲之的心力。

这时,卫夫人循序渐进,把外甥的目光引向纸、笔、墨、砚。这也是她的法宝之一:"工欲善其事,必先利其器。"

例如:临川的薄滑纸写楷字,宣城的白麻纸写行草,各得其宜。笔、墨、砚的材质与产地也须十分讲究。后来羲之常用的蚕茧纸,则因造价高昂只在上流社会流行。

书法在魏晋时代,还是一种贵族艺术。

王羲之毕生精研书写工具,受卫夫人的启发不小。

羲之听卫夫人讲那些书法家的故事,永远听不够的。特别是钟繇二字,闻之如神明,肃然起敬。钟大师曾自叙云:"吾精思书学三十年,坐与人语,以指就座边之地书之。卧则书于器具,具为之穿。"

这使我想起一桩趣事:我哥哥川眉三十年多年前下乡当知青时,苦练书法,也用食指在泥地上划,土墙上划,空中划,甚至行走于乡下的机耕道上都在比划,数年不间断,手指头磨出老茧,留给我的印象至今鲜明。他的书法与魏晋书家自不可比,却为笔者少年时所亲见,惊奇不已。

1970年代,知青们在艰苦的农事之余,勤勉学字画、学弹奏、读好书的风气,至今令人怀想……

了不起的钟繇大师又说:"如厕,终日忘归"。

这话可能有些夸张。蹲厕所练书法,不消半个时辰脚就麻了。晋人也不用抽水马桶。然而王羲之年少,竖起耳朵听姨母讲钟大师,囫囵儿吞下,上厕所就要效仿,任凭一双脚犹如万蚁叮咬,兀是坚持终日,写到天昏地暗,被人发现了,从厕所里抬出来,他那右手还在空中挥舞着大字。

卫夫人把这事儿讲给羲之的母亲听。两姐妹乐了半天。

而羲之的狠劲后面,藏着不为人知的酸楚……

羲之的叔父王廙是宫廷画师,每有空闲,也乐意教教这个天才侄儿。《论书》云:"自过江东,右军之前,唯廙为最。画为晋帝师,书为右军法。"

卫夫人却暗暗希望垄断她的阿菟,不要王廙瞎掺和。她向阿菟展示卫家四代人雄厚的书法传统,并强调,天下书法,唯有卫氏得钟繇之真传。

姨母和叔父,展开了对王羲之的美育争夺战,一个连连呼阿菟,一个声声唤逸少。羲之的母亲微笑观战,她并不劝和。

王廙是帝王师,拥有相当丰富的珍藏品资源,不断将宫中的书帖、画谱带回乌衣巷的王家,命逸少临摹。卫夫人想看时,他阻拦说,宫中珍品,唯逸少可观摩。

卫夫人气得抹眼泪。

有一天,王廙对卫夫人说:王家乃是书法世家,王氏佳弟子,由王家人来传授比较合适。

卫夫人回击说:岂不闻魏晋百年,天下书法,先钟后卫?

她的言下之意是,王家虽然是天下第一豪门,却称不上天下第一书法世家。

王廙一时语塞。卫夫人浅浅一笑,趁势说:《笔阵图》、《四体笔势》这些开拓性专著,除却卫氏,谁家能撰写呢?

《四体书势》系卫夫人的从兄卫恒所撰,是中国第一部系统化的书法理论专著。

王廙词穷,寻思说:这样吧,你我说了都不算,咱俩一起去找逸少,让逸少自己说。

卫夫人说:好呀,你以为我怕么?走,咱们找阿菟去。

王廙边走边揶揄:现在孩子已经大了,阿菟是乳名,还是称逸少为好啊。

卫夫人皱了细眉呛他一句:我偏呼乳名,你待要如何?阿菟自生下地来我就抱他搂他逗他,抱过阿菟千百回啦。

她走过庭院大声喊:阿菟,阿菟……

王廙也高叫:逸少,逸少……

菟是菟丝子的简称,性贱,易于生长蔓延。取这乳名,图婴幼儿吉利,高官与百姓无异。

姨母、叔父找到王羲之,急切询问,而羲之的妙答,后世的书家广为流传。他的原话是这么说的:"钟、张信为绝伦。其余无足观矣。"

钟繇、张芝才是他眼中的绝代大师。

王廙一声长叹。卫夫人初听也不满意,可是她转念想:卫氏书法源在钟繇,阿菟这么讲,还是偏向了姨母,而不是站在他那多管闲事的叔父一边。

这一场以书风为标志的美育争夺战,以卫夫人的胜利而告终。这位贵妇高兴了,亲自下厨为阿菟烙胡饼。王羲之从此吃上瘾,一生离不开胡饼。

王家和卫家的长辈们爱护羲之,把脉脉温情注入他敏感的心灵,疗治他的创伤,冲淡他的阴影。

乌衣巷中豪华宅第,能听到王羲之爽朗的笑声了。

王羲之十七岁,身长近八尺,面如冠玉。俨然嵇康或诸葛孔明的翻版。他轻松穿过迷宫似的重重庭院,漫步乌衣巷,徘徊秦淮河,伫立于雕栏玉砌的朱雀桥上。一路上回头率百分之百。"美而长白",风度翩翩,眉宇间飘浮着淡淡的忧郁。这情状,令人联想盛唐杜甫、南唐李煜、清代曹雪芹。

古今中外的大艺术家,不识忧郁者,恐怕数字为零。契诃夫的忧郁，广袤的俄罗斯几乎人人皆知……

两个寡居王家的卫夫人经过紧张商议，决定将卫氏家族的宝典、东汉蔡邕撰写的《笔论》正式传与王羲之。这部奇书两入棺材的故事，王羲之早听熟了。《笔论》第二次陪钟繇入棺后，长埋地下五十多年。掘钟墓者得之，卫家人藏之，又是三十余年。一部书法奇书，藏了九十年。

当王羲之得到他多年来梦寐以求的《笔论》时，不禁喜泪长流，望宝典叩拜不已。后来他续写《笔论十章》，将自己的笔下体验上升到理论高度，映照蔡邕的真知灼见。

王羲之得了秘藏宝典，连月揣摩狂写不休。如厕，吃饭，睡觉，走路，坐石，蹲地，那长而白的右手食指忽走龙蛇，忽倾骤雨，忽仿屋漏痕，忽随春风起，忽追长条飘飘，忽作停云悠悠……

卫夫人日复一日紧张注视着。当时她的书法名气响彻南方和北方，她主张八分书"窈窕出入"，章草字"凶险可畏"，飞白书"耿介特立"。

行家评论说："卫夫人书，如插花舞女，低昂芙蓉；又如美女登台，仙娥弄影；又若红莲映水，碧沼浮霞。"

卫夫人出于名门，生得美不奇怪，贵妇人仪态也佳，典雅而多姿。她的书风开妩媚一派，且不乏"力筋"，后世女书家难以企及。

她握笔转动手腕时，那笔与腕的舞蹈煞是好看。王羲之七八岁，就被她雪白而灵动的手腕所吸引，觉得它就像鹅颈项。她那同样洁白的纤纤玉指捏作拳状则像鹅头。羲之对姨母书风的迷恋持续了好几年，书风又混同姨母的绰约风姿。

羲之后来爱上漂亮的白鹅，可能是童年情愫的转移。

卫夫人自视为钟繇传人，也许她认为自己才是天下第一呢，看见阿菟这一年年的进步神速，咬定钟繇张芝，渐显自家气派，不禁伤心起来。有一天，她流着泪对爱徒阿菟说："子必蔽吾书名！"

卫夫人伤感地断言，王羲之的书法名声将来必定会超越她，遮蔽她。

然而，渐渐风流俊朗、下笔有如神助的王羲之，在他二十岁那一年，又将面临一次命运的恐吓、悲情的重击。

# 3

王氏家族与司马家族共天下,终于惹出了大祸。

318年,司马睿在建康登基,称晋元帝,拉丞相王导同登御座。王导固辞。但是皇帝的这个动作顷刻间传遍了朝野。

同登御座这种事,历史上是没有过的。

王氏兄弟,一个主持朝政,一个统领东晋的精锐之师坐镇武昌。门阀政治格局,分权各大族,动摇了皇帝的绝对权威。

司马睿生怕玉玺有失,五年来加紧培植皇家势力,笼络一批权臣以制衡王导、王敦。权臣的头面人物叫刘隗。这是一个进身迅速的小人,而小人向来多有大能量,为什么?盖因小人崇尚厚黑无所不为。

"刘隗用事,颇疏间王氏。"刘隗极尽挑拨离间之能事,使"马与王"生隙,君臣离心。

刘隗等人的"倒王运动",暗箭连发,颇见成效。王导以大局为重,并不予以反击。可是武昌的王敦忍不住了,以清君侧为名,十万大军顺流而下,围困了建康城。

以二王当时的实力,取皇帝的玉玺易如反掌。

然而王导不同意。他不希望天下大乱。从汉末到东晋,曹氏取代刘氏,司马氏又来个"三马食曹",没过多久,司马与司马之间又展开血战,导致"五胡乱华",北方丢了。如果王氏再来推翻司马氏,江南其他拥有武力的大族将作何反应?

江南再乱起来,天下就不可收拾了,东晋王朝收复中原的大计将无从谈起。

王导目光长远。王敦恶火攻心。

二王的性格、修养殊异。王导居权力核心而有隐逸风度,是东晋玄谈的领袖人物,望重士林,对人生视野宽广,"出处两可。"而王敦嗜权,抓权,像吃上了鸦片。

权力这东西常常使人智商下降。古今皆然。

二王有个经典故事:兄弟俩早年参加超级富豪石崇的宴会,这石崇设宴,定下亘古未闻的规矩,他向宾客敬酒时,宾客若是少饮一杯,他就当场杀掉一个妙龄美女。王导酒量欠佳,却一直苦苦地撑着,醉得一塌糊涂了,狂吐胆汁,他还是要喝。王敦则拒饮,任凭座位前的几颗美人头满地滚。石崇"已斩三人",王敦"颜色如故"。第四个女孩儿又被拉到了刀下,声声惨叫着,面无人色。王导跨前三步,劈手夺过王敦的酒杯,一饮而尽……事后,二王为此发生激烈的争吵。王导慈悲为怀,不忍心看见侍宴的女孩儿身首异处。王敦嗜权上瘾,与石崇瞪眼"斗狠"。

嗜权者往往嗜杀,嗜杀者却并非总是赢家。

公元323年的建康城外,王敦的军旗遮天蔽日。战鼓昼夜擂不休。元帝司马睿召刘隗、刁协等紧急商议对策。《晋书》云:"刘隗劝帝悉诛王氏,论者为之危心。"

司马睿举棋不定。他整夜焦灼,绕龙床而徘徊,恨声不绝,大骂王导。

乌衣巷随时面临着血光之灾。

丞相王导也是通宵不眠。王家百余口,除了不知事的小孩儿,所有的人都提心吊胆,聚集到族长的庭院外,默默等候着。

时为隆冬,天寒地冻。

王导做出了一个让后人反复书写的举动:"率群从昆弟子侄二十余人,每旦诣台待罪。"

王导带领二十多个家族的成年男子,每天早晨从乌衣巷出发,到皇宫前躬身伫立,等候皇帝的发落。日暮方归,第二天再去。王羲之走在这支低头请罪的队伍中。

皇帝毫无反应。百官进进出出。石头城中的千百市民,从四面八方赶来观望。

第三天晨曦未露,王导率领的请罪队伍离家时,王家的女眷、老人和小孩儿,几十张嘴放声痛哭。乌衣巷的悲声荡起了秦淮河水。王羲之乌发冲冠,美目欲裂,只听他一声大喝:大伯自有妙算,我等必不赴死!

他这一声吼,安顿了全家人。

事实上,几天来他仔细掂量过,皇上要对王家动手,可不那么容易。

他读懂了大伯父的冒险举动。从形势看,此举若成,更有利于将来王氏家族与司马皇族的和睦共处。王导"善处兴废",既有悲悯天下苍生之心,又有自保家族兴盛之智。

涩讷的年轻人,在紧要关头心思清楚,口齿明白。

可是仍然不见皇帝派人出宫宣旨。

王家两代男人低垂着头,在正月的寒风中站得端端正正。天变了,下大雪了,朔风如割。王家人一个个站成了雪人。王羲之居中,七八个时辰挺立着,身形丝毫不乱,他还学习嵇康赴刑场弹《广陵散》的从容姿态,右手食指悄悄比划,默诵蔡邕的《笔论》。从兄胞弟纷纷向他看齐,任凭漫天风雪欺人。

宫门内的太监在张望,对这雪中一幕印象颇深,一溜烟回宫去,报告了皇帝。

次日雪霁,冬天的太阳照着古老的石头城。王家的成年男人宫前待罪,这已经是第五天了。

全城百姓为之感动,有人跪哭宫墙。但司马睿还在犹豫。

历史故事一波三折……

这一天,大名士兼高官周伯仁出现在宫门前。此人与王氏兄弟交厚,做过王羲之的玄学老师,并在一次名士云集的宴会上,把众人"争啖"的"牛心炙"给了王羲之,引起轰动。当时羲之十三岁,涩讷正厉害,经常受人忽略或轻视。唯有周大名士"察而异之",把玉盘中唯一的一块牛心炙给羲之吃,大大提升了这忧郁少年的自信心。

名士的眼光真厉害。

周伯仁今日入宫见皇帝,王家的灭门之灾可免。

平时喜怒不动于颜色的王导,此刻顾不得许多了,对周伯仁大呼:"伯仁,以百口累卿!"

王导将家族百余口的性命托付给周伯仁。

这名士好像没听见,"直入不顾"。

日将暮,他才摇摇摆摆出宫门,人已喝得大醉,脚下颠三倒四,口中全是酒话。王导呼唤他时,他胡乱抛下几句没头没脑的话,似乎要横刀立马,与城外的反贼王敦决一死战。

王导绝望了。长叹：人心难测呀。

满怀希望的子侄辈顿时陷入了惶恐，王羲之强自镇定。

其实，那周伯仁入宫，力劝元帝司马睿要体察王导的一片忠心："既见帝，言导忠诚，申救甚至。"

元帝欣然应允，请他喝美酒。高人都是好酒量，高人岂能不喝高？周伯仁一醉方休，踉踉跄跄而出。

大名士做了好事不留名，出皇宫扬长而去。却不料，他追求风度丢了性命：王氏兄弟并不知道他周伯仁入宫申救，倒怀疑他落井下石。几天后王敦带武昌兵入城，将他捕杀。

魏晋名士，有时候被"名"这种东西所霸占，闹笑话，作佯狂，演悲剧。名士风流犹如权力欲望，走过头就要出问题，说到底，还是对人性的追问不够所致。行为艺术有个分寸。真正的高人不是这样。

元帝司马睿听从了周伯仁的苦劝，下令开城门，让手握重兵的王敦进城"清君侧"。一场马与王之间的大拼杀由是得免。石头城几十万百姓免遭战火。

王敦入城，下令捕杀周伯仁。伯仁毫无惧色。这位大名士看重身后名，虽为王家事实上的大恩人，却在刑场上始终不发一词，不解释。他宁愿引颈就屠，只乞酒一杯，"衔杯立尽"。名士之名重于性命。

不久真相大白，王导丞相悔恨交加，他手拿周伯仁生前写给皇帝的申救书信，"悲不自胜，告其诸子曰：'吾虽不杀伯仁，伯仁因我而死！幽冥之中，负此良友！'"

王敦捕杀伯仁之前，征询过王导的意见。王导默认了。

而王敦与周伯仁，也是二十年以上的老朋友。王敦逼宫，老友横死。

羲之的这位玄学老师，真是死得冤枉，也死得"玄妙"，令人费猜想。

是年十一月，司马睿忧病而亡。司马绍继位，称晋明帝。二王的权势更是如日中天。王敦率领十几万大军浩浩荡荡回武昌，在他的地盘上自置百官，等于另建朝廷。

新皇帝司马绍战战兢兢，龙廷朝不保夕。汉献帝的历史情景将要重演。

过了一年多,武昌的王敦控制不住当皇帝的野心,千艘战船顺江而下,大军登岸,又把建康城给围住了。

丞相王导是什么态度?天下人紧张关注,大小官员尤其揪心。

王导站在皇帝一边,担任大都督,统帅各地的勤王之师,坚决维护江南的和平、晋室的稳定,希望王敦悬崖勒马。

王敦皇权迷心窍,不惜与兄一战。

王氏兄弟打起来了。

而王羲之对这两位伯父都怀有很深的感情。双方交战正激烈,他不顾母亲和姨母的阻拦,冲上城墙观战,看见空中矢石乱飞,不由得万箭穿心泪如雨下。他明白,大伯父是对的。

王敦妄动刀兵,祸国殃民。

武昌兵攻入石头城,建康军在秦淮河畔与之激战。六月的秦淮河血浪翻滚,尸身飘浮,杨柳岸断肢横陈。

武昌兵败,王敦暴病而亡。

王羲之度过了他一生中最为惊心动魄的夏季。

王敦死讯传来,他大哭不止。儿时,二伯父王敦比王导还疼爱他……

鲜血与尸骨,弥漫了天才书法家的朝朝暮暮。战后他不能提笔,不能观书,长达半年之久。

他对人性善绝望了,苦苦思索,失眠,厌食,面色极度疲惫,神情恍惚,走路摇摇晃晃。两个卫夫人朝夕陪伴他,以母性的无限温柔唤起他对人性的信心。

夜来梦见和蔼的王敦伯父,梦醒,他放声大哭。母亲、哥嫂、卫夫人慌忙赶来。

杀,杀,杀,从汉末一路杀来,铺天盖地是恶魔……

权,权,权,争权恶斗之人,谁有好下场?

王羲之想不通啊,常常睁眼到天明。"痛贯心肝"时,浑身抽搐。痛苦天天来,使他感到很劳累了……

一个月白风清的仲春之夜,王羲之和衣躺于榻上,透过窗外花枝,望月亮清辉良久,忽然一跃而起,走向他久违的墨池。中途跌了一跤,他爬起来又疾走。

　　姨母及时发现了,喜不自胜,急忙告诉羲之的母亲。两个卫夫人相拥而泣。这孩子,这半年多,心如槁木死灰,今夜终于站直了,走稳当了,生机得以重现。他要提笔写字。

　　母性的温柔与善良,和艺术息息相通。

　　文化的终极指向就是要消除刀枪,赢得永久和平。想想伟大的托尔斯泰的努力吧,想想伯兰特.罗素建立国际法庭,萨特出任执行庭长,清算美国人血洗越南的罪行……

　　审美通向人性之善。二十三岁的王羲之想必是悟到了这一层,手中那管笔仿佛有千斤重。今生今世,要做个背向刀枪的王家人,倾力于诗书,肆意于笔墨。将饱含人性之真善美的墨汁洒向这可怜的人世间。

　　一股接一股的悲情向笔端喷射,挡都挡不住。力筋,力骨,这些个理论字眼突然变得质感逼人,摸上去个个滚烫。

　　中国书画艺术的源头性动力,看来非唯风雅事。

　　书圣眼中有青山绿水的妩媚,也有血与火的惨烈。

## 4

　　"入木三分"的故事发生在这一年。

　　王羲之经大伯父王导举荐,入仕做了校书郎,秩六百石,是个闲职,好处是能接触秘阁里的皇家藏书。他在一块祭祀用的祝板写下了一些文字,后因文字须改动,木匠刨字时,发现墨迹已入木三分,而字形清晰可辨。这事儿迅速传开了,京城的上流人家,竞相趋奔观赏祝板。

　　卫夫人将宝贝般的祝板抱回家,挑灯研究。

　　她问阿菟,这毛笔写字,是怎样写进木板里边去的?莫非鼠须笔有此神效?

　　王羲之摇头笑答:我也不知道。

　　鼠须硬,素为羲之喜用。可是卫夫人用鼠须笔在普通木板上运力写了无数次,手腕生疼,还是写不进木头去。而宫中用的祝板,硬度不是一般。莫非羲之在无意间,倾注了多年郁积的心力?这可神了。

　　此后,羲之在家里练书法,卫夫人会悄悄走到他身后,看他端坐凝神,悬腕运笔。老师开始向弟子学习了。

卫夫人比王羲之大十几岁,她时而像母亲,时而像姐姐。

王羲之同时依恋着两个卫夫人,那些长年累月的日常生活中的温馨细节,我们庶几能够展开想象。他后来讲的"母兄鞠育",应当包含对卫夫人的难以测量的感情。阿菟七八岁师事姨母,卫夫人还是少妇的年龄,有一子李充,比羲之稍大,也善书,但卫夫人花在羲之身上的心力与时间更多。她看准了这个天才侄儿。

现在,王羲之二十四岁了,痴迷书法,不谈婚事。

贵族子弟,这个年龄段上通常早就为人父了。羲之貌美,体格修长而挺拔,举止飘飘然,却对乌衣巷外的女子不甚关心。两个卫夫人似乎并不急于张罗他的婚事。王羲之呼吸着母性的空气已经够了。建康城传他书名,千金小姐们热议他的仪表、他的故事,他那罕见的男儿风度。

二十多年间,上帝赐他生于望族,复以六岁丧父的痛苦谜团长期折磨他。眼看走出了生活中浓重的阴影,却又遭遇王敦逼宫之乱、两个亲爱的伯父交兵之苦。血与火的历练,亲情与悲情的"交袭",使他的成长异乎寻常地养分充足。

天降大任于斯人焉,苦其心志在先,鲜花与爱情在后。

王羲之二十四岁还是未婚青年。他并未蓄意等佳人,而佳人自动前来。这佳人和他一样不得了,石头城中才貌第一。

头号才子娶头号佳丽,听上去像神话传说。《世说新语·雅量》和其他史料均有记载。

金陵佳丽名叫郗璿,字子房,未满十九岁。她父亲郗鉴,是东晋朝廷的六个辅政大臣之一。郗家也是从山东迁过来的,祖上曾为汉代高官,由于三国战乱而家道中落,和诸葛亮的家族命运相似。郗鉴年轻时,"博览经籍,躬耕陇亩,吟咏不断,以儒雅知名。"这形象颇似高卧隆中的诸葛亮。司马睿南迁后,郗鉴在山东拉队伍,"举千余家",成为北方抵抗胡虏的一支生力军。司马睿称帝,封郗鉴为兖州刺史,牵制了北敌南下。晋明帝时期,郗鉴带兵过江,镇守合肥,又在平定王敦之乱的战役中立下大功,荣升车骑将军。

郗家复兴,门第光大。为了巩固家族的地位,郗鉴想和乌衣巷的王氏家族结为姻亲。

魏晋大族之间,通婚是常事。小姓小族的青年男女,一般攀不上世族大家。世族称庶族"杂类"者,二百年不绝。

郗璇也善书法,享有"女中笔仙"的美誉。她叫郗子房,追慕汉高祖刘邦的第一谋臣、"貌如好女"的神仙般的张子房。她不仅模样好,体态更风流,山东女孩儿的个头比江南的许多男人还高。郗子房闲步于街头时,后生争睹,美妇侧目,满城花树失颜色。她居家读书,对道家的著述有偏爱。她心目中的张子房就是典型的道家人物,大功告成,全身而退,逍遥于山水间,笑看朝廷恶斗:韩信人头落地,萧何身陷囹圄……

东晋官场复杂,催生道家智慧,郗家堪称典型。保持家族的兴旺乃是头等大事。丞相王导是这方面的楷模,位极人臣而懂得谦逊,抑制了权力欲的恶性膨胀。相反的例子如王敦,逼宫夺玉玺,死于非命。

郗璇既高傲又和蔼可亲,门第显贵,天生丽质,良好的家风源自悠久的家学。父亲懂军事,通儒道,追慕诸葛亮的风度。郗璇视张良为偶像。"父诸葛女子房",江南士林传为佳话。后来她九十多岁,尚与人笑谈人生,载入了《世说新语》……

不同的时代,佳丽们各具特色。郗子房堪称东晋佳丽的代表。

家里常有贵客来清谈,她凝神倾听。这些奇怪的、整天清谈的贵客,穿上官服是名臣,披上战袍是悍将。她见过"军事双雄"庾亮、庾翼,听过征西大将军陶侃的清谈。家父与陶侃将军交情不浅。

郗子房听玄谈,写玄言诗,在名师指点下拜读"玄之又玄"的老庄大书,对她的精神乃至容貌举止具有决定性的影响。

猜想魏晋人物,唯有文字能做一些"实事"。影像做不到。

碰巧的是,郗璇对卫夫人的家传书风仰慕已久。她的书法也是媚中带骨,妍而有劲。她用的洗砚池取椭圆型,颇似卫家墨池。

郗子房虚岁十九待字闺中,石头城的贵族青年传她大名。

女人和男人一样拥有名望,唐朝是不能与魏晋比的。唐朝名女人,多为皇权戏弄、受礼教压迫,虽然她们能穿乳沟夺目的露胸装。服饰的开放与内心的自由远未同步。魏晋时代所谓"人的自觉",女性受其惠。单看名、字、号,便见端倪。王家后来有媳妇谢道韫,比郗子房更瞧不起庸常男人。

郗子房对乌衣巷中的王家子弟多有所闻，父亲向王丞相提亲，她心里欢喜而面上淡然。她这么想：王氏佳子弟众多，得挑个出众的。郗鉴将军知道爱女的心思，向王导提出，派个使者到乌衣巷择婿，王丞相慨然应允。

于是，这一年的春夏之交，郗家使者到了王家，睁大眼睛挑女婿。《晋书》云："王氏诸少并佳，然闻信至，咸自矜持。唯一人在东床坦腹食，独若无闻。"

王氏诸少有十几个，"咸自矜持"，全都"绷"起来了，从穿戴到表情举止，唯恐显示不出王家的气派。

一般矜持者，矜持的后面总有东西，要么他真骄傲，要么骄傲的背后潜伏着某种自卑。王家少爷们属于后者，他们久闻郗璇的艳名才名傲名，候选人数又多，中选几率太小，所以各自揣摩出矜持的高招，把郗家派来的使者唬住。然而初夏这一天，这些王家的优秀少年矜持到一块儿了，衣饰，举止，表情，因刻意求异而趋同，就像时下的某些作家画家。矜持的"现象"于此间显现为：以自信的表象不可逆转地呈报为不自信。

王家子弟绷成一团，郗家使者眼神黯淡。

东床坦腹的年轻人是谁呢？是王羲之。他侧着修长身子，以手托腮，嚼着香喷喷的、又大又圆的胡饼。

羲之是否有意如此呢？也不排除这种可能。但他并不是一个善于谋划的人，其骨鲠性格，众所周知。他骄傲，并不矜持。坦腹而卧，吃胡饼，不失名士常见的作派。夏日居家，他通常是这样。

郗家的使者眼睛亮了。其他王氏子弟中也有称名士的，但真名士与半真名士，高下立判。

郗鉴闻报，立刻对王羲之展开调查。调查结果一切满意。郗子房的一双媚眼儿放出光芒，"夜能穿帐。"半夜三更她哼唱情歌，步入庭院跳起了胡人舞……

占卜呈吉相，婚期定下了。王羲之大郗璇六岁，郎才女才，郎貌女貌，同为山东之大族，同是江南之名流，双双"美而长白"，婉转风流有筋骨，恰似钟、卫书风。那婚姻的质量，在晋唐宋的千余年间称一流。

二人真是天造地设,数年后一个劲地生孩子,大抵隔年一胎。此间燕尔新婚,羲之决定闲居两年,自谓平生大事,乃是与娇妻尽情琢磨赏心乐事。

晋人有这样的生活观。官员新婚请长假,享受男欢女爱。

爱要放肆,欲尚恣意,虽然是关起门来秘行乐事,按某些图谱进行研究和探索,循序渐进,激情与羞涩并举。

相貌风度俱佳的青年男女,白日也缠绵:刚才还接席运腕、切磋书艺呢,却忽然就搂上了,哪管笔飞砚倾、墨水四溅,眼里只有对方妙不可言的身子。那厚厚的席子上铺着猛虎皮哩,柔韧,斑斓,皮毛间的虎气激荡着男女阴阳调畅。

那乌衣巷中的王家少年、谢家后生,那慕名而来的庾家、陶家、桓家的年轻人,叹息复叹息,惆怅又惆怅。有个桓将军家里的痴迷郗璇者,执迷不悟达数年之久,闹出了一则笑话:他梦见了一回仙袂飘飘的郗子房,认为是神的暗示,醒来就不肯起床,七天七夜,反复品味迷人的梦中景象;这桓家子"恒卧",也是希望自己由此传名,与阮步兵狂追美女比高下。恒将军拿鞭子抽他,才把他做不完的绮梦抽醒……

子房于此类事,恍若未闻。这些美妙的日子里,除了爱侣王羲之,她谁也看不见。

婚后半年多,郗子房才渐渐"看见"了鼎鼎大名的卫夫人。不过,她与卫夫人之间隐隐有排斥,也说不清究竟是怎么一回事。亲爱的羲之居中媾和,像王导善处政务一样善处家务,使妻子与姨母彼此接受,互生亲昵之情。

郗璇表示,愿向卫夫人学书法,却无意正式设坛拜师。

郗璇骄傲。她的将军父亲同样是著名书家呢,尤善草书,笔意高古。她对丈夫半开玩笑说:或许某一天,我会焚香沐浴,莲步登坛,拜我的逸少为师。

学玄有年的郗子房有个预感:羲之的笔意已逼近突破钟繇、张芝的态势。可她只对父亲说,对夫人缄口不提。

车骑游军郗鉴戎马在外时,总为爱女、爱婿收购魏晋名帖。

王羲之新得张芝草书帖,大喜过望,向郗璇拱手作揖不止。美艳妻子也改学张芝了,笔触在蚕茧纸上游走,仿佛玉体于千工床笫转挪。

郗璇的女性笔触对丈夫有启发。

卫夫人现在也大度了,参与到逸少与子房的书法讨论中去,申明她的意见只作参考。她请来从兄卫桓,讲解他的书法名著《四体书论》。王谢子弟闻风而至,乌衣巷的书法讨论班,教与学相长,钟山上,冶山下,秦淮河畔,滔滔长江之画船中,俱为课堂。王羲之听卫桓讲课聚精会神,卫夫人不禁感动得热泪盈眶。她抱着阿菟的孩子听课,不时亲吻幼童粉嘟嘟的脸蛋儿。郗璇的眼睛也潮湿了。

郗璇却并不知道,羲之的姨母正温柔地回忆着:二十几年前她怀抱小阿菟……

郗璇体质好,很能生孩子,若干年内她为丈夫生下了七个儿子,一个女儿。女儿取名叫王爱,当时颇罕见。

郗璇善于抚育,生子未闻夭折。她精研养生术,在丈夫和医家的指点下谨慎服用五石散,吃茯苓药丸,调制麋鹿血,嚼极品虫草等,辅以打坐、调息、凝神、通筋,神游于身体内外。后来她创造奇迹,容颜至八十岁无大变,"美人垂暮"而已。九十多岁,还有兴致与客人讨论皮肤弹性及耳朵听力的问题。

郗子房可能寿过百岁。

魏晋道家盛,对养生术、房中术有深入的研究。张道陵创立的五斗米教流行士族,在这些方面很下了一些功夫。养生也有分歧,于男女间事,一派认为"乃伐性之斧",代表如嵇康。另一派倒去仿效据说活了八百岁的蜀人彭祖,尽情嬉戏,激活身体。此曰"用进废退"。王羲之的青壮年,倾向于后者。他深敬郗璇,感激岳丈(郗鉴曾化解征西大将军陶侃与王导的尖锐矛盾),既不纳妾,也未蓄妓。而魏晋大族男人纳妾者甚多。

"极品"夫妻的顶级风流,对书圣王羲之恐怕是多有裨益的吧?所憾者,这一层虽然诱人,笔者却无从"深描"。

王羲之无疑是魏晋风骨的产物,然而那个时代也有它的毛病:两晋名士都讳言家中事,礼教势力仍然在蔓延。

晋初的阮步兵色胆包天,每日奔邻家欣赏貌好少妇,青眼放光如电抹,又抚棺痛哭香销玉殒的陌生俏女郎,已是"任诞"的极致。阮籍写情诗，并不写《情爱论》，将情与爱提到和"四书五经"相同的高度。晋人的放浪形骸，是针对礼教而发的。其"人的自觉"，拓宽的空间有限，与古希腊人的多元生存还有不小的距离。从古今西方看，全面发展、人神共存、激情洋溢而又理性充沛者，唯有亚里士多德、苏格拉底、巴门尼德时代的古希腊人。这是德国大师海德格尔多次强调过的。斯宾格勒《西方的没落》和舍勒、歌德、席勒、阿道尔诺、弗洛姆、罗蒂的著作都有相关论述……

《存在与时间》的译者陈嘉映教授曾言："和古希腊人相比，现代西方人一望而知和残废差不多。"

道家四大养生术之一的房中术，是关起门来的身体艺术。皇权对它有严格限制，豪门大族也要遵守，秘事，秘戏，秘而不宣。庶族小民是得不到《玉女心经》或《御女经》的，身体的权利受礼教掌控，民间大面积的正当需求被压向了潜意识。魏晋士人们谈玄谈了二百年，却对人性、对欲望、对万事万物，仍缺乏缜密而环环相扣的考察。考察远非一蹴而就。指向思想本身的思想，方能生发更多的原创性的东西，繁衍自然科学和人文科学。

德里达说：中国历史上并没有严格意义上的哲学。

这个问题事关重大，此处先捎带一笔。

## 5

王羲之二十七岁，给会稽国王司马昱做了一段时间的"王友"之后，去临川郡（今江西抚州市）当太守。按古制，诸侯王置师、友、文学各一人，王友的位置比较随意，易与国王沟通感情。司马昱后来主政，重用王羲之做了会稽内史。

羲之携郗璿，去了风景如画的临川。临川郡辖十县，幅员广阔，山水纵横，人口只有几万。郡是州和县之间的建制，临川郡属江州。王羲之勤政之余，偕娇妻登赣北著名的三清山，吃山中的杂粮，住山民的茅屋。这位贵族太守，入乡随俗，不摆架子。

魏晋士人有不摆架子的好传统，如嵇康长年打铁，抡圆了大铁锤，向子期挥汗鼓风，十几年如一日。两个竹林贤士边劳动边讨论学术问题。这风度,传遍了魏晋各大城市:洛阳,许昌,邺城……

而眼下的学者教授,连年干粗活的可不多。

王羲之和郗子房住进低矮的茅屋,夜里盖布衾,白天吃糙米,与蚊虫硕鼠作伴,完全不当一回事。三清山号称"雄险",王羲之攀上绝顶,郗子房不甘落后。二人累出了一身大汗,躺在斜坡草地上不想动,听山风呼啸,看白云舒卷,观千树折腰,辨细水高悬……

人与山的交流,如果图舒适,山势就不会扑面而来。黄宾虹先生画黄山,爬过黄山诸峰多少次?艺术家有时就得像老农民,耕耘与收获的全部细节,他心里有数。

山民们对和蔼的王太守说,以前官员游山多坐轿子,架子扯得大,半山腰逛一圈就吹角回府了。王羲之笑笑,不予点评。他的好朋友周抚是个武将,曾陪他深入赣西南的密林狩猎,听过虎啸狼嗥。

郗子房几次随丈夫"穷诸名山",习惯了村妇的打扮,鬓边尽除名贵的饰物,而代之以各色鲜艳的野花。她爬坡上坎很利索了,一步能跃过七八尺宽的深沟,双腿腾空如同小鹿,乌黑的云发间野花乱抛。她仰面而笑,对着群山喊:逸少来矣,子房来矣!

羲之笑吟吟望着面色异常红润的妻子,心想:青山养丽人,诚哉斯言!

他坐于草坡上,拿枯枝随手划着。身姿婀娜的美妇裹一身山风云霭,朝他款款走来。

王羲之下笔,宛转有韵致,携带女性之风流。

他自幼生活在王家众多的贵妇淑媛之间,熟谙各式女性之典雅、妩媚、艳冶、孤傲、矜持、放肆……他的书法艺术受益于女性之美,恐怕不亚于受山水的启发。

这一层,古今论王羲之书法艺术者,罕有涉及。

艺术家是如何"看见"青山绿水的?换言之,山水为什么会映入艺术家的眼帘?这个问题并非不言而喻,不宜"一言以蔽之"。

世上没有无缘无故的爱,包含山水草木鱼虫之爱。自然物与人的生存各环节,在意识和潜意识两个层面均有多重映照。

王羲之童年有丧父的创痛,"夙遭闵凶",然后是母亲无微不至的慈爱,长嫂(王藉之妻)的长期照顾,卫夫人手把手的倾情教诲。另一面,他心中挥之不去的巨大阴影,生发出性格中的涩讷,内敛,执拗,坚韧。晋人以"骨鲠"来形容他成人后的性格。他的生存向度是瞄准嵇康的,他长得也像嵇康。嵇康"为人耿介,刚肠恶疾";羲之遇事如骨鲠在喉,不吐不快。

王羲之所看见的自然之美,与早年的"砺练"有着千丝万缕的联系。如果他不熟悉形形色色的女性之美,那么,山水之妩媚多情不可能向他如此显现,进而纠缠于他的笔端。而刚劲的、古朴的、大气的、苍凉的自然美,也与王羲之的精神图景有着不易言说的对应关系。否则,他看不见这些东西。

事物之所是,取决于投向事物的眼光。没有所谓客观美与主观美的二元区分。现象学拆除了意识与意识的对象之间的那种多余的分割:"意识总是某物的意识。"

女性美激活艺术细胞,这个原本简单的道理,被封建礼教千层万层地裹起来了。而西方艺术史,女性美在宗教题材的绘画中也常见。现代绘画大师毕加索称:情欲是绘画艺术的原初动力。毕加索受弗洛伊德潜意识学说的影响很大。

讳言古代精英艺术中的情色"动力",真是一大憾事。古代只有神秘的春宫图,未见民间的"泛色"长卷。那千山万水间蓬蓬勃勃的春情春心,未能恣肆于丹青。

而麻烦的是,"避讳"本身又会有生发,变尽花样扭曲身心,千年以降,搅得一团糟。

古代学者说,王羲之"自于山谷中,临学钟氏及张芝草书廿余年,竹叶,树皮,山石之上及板木等,不可知数。至于素纸、笺壳、藤纸或反复书之。尽心精作,得意转深,有言所不能尽者。"

书圣所得之意,当有情色成分在内吧?

古人之思,却不朝着这个方向,以致渐渐荒芜了这条道路。这很可惜。情与色,是礼教背景下的人性的突破口,是支撑"人的站立"的几大要素之一。书法线条,水墨丹青,当有人之大欲作铺垫,人事之无限逼近作参照,所有这些,不能轻易抽掉。一味的崇尚自然,外师造化,"一万年正确",书画艺术失去紧张而纷繁的尘世对应物,其源头性的魅力将从它自身脱落。"中得心源"这类话将变得空泛。

书画功夫在书画之外。陆游对他儿子说过:"汝果要学诗,功夫在诗外。"

王羲之的山谷岁月始于临川。他爱上了抚河之畔,取临川为号,筑居于城东,不想走了。临川的"李渡毛笔",薄滑纸,是他爱用的书写工具。他每天挥毫,临帖。偶作《奉橘帖》,是写给朋友的一纸便条:"奉橘三百枚,霜未降,未可多得。"朋友边吃橘子边欣赏书法,玩味再三,将便条保存下来,当时就传为名帖。

羲之此时书法,已渐渐远离钟繇,自创行草笔意。

妻子二十几岁了,又生一子,取名凝之。郗璇生孩子倒越生越娇艳。羲之爱鹅,她就亲自养了两只鹅,为它们梳理漂亮的羽毛。人面如花,鹅头似雪。羲之访客时,抱着鹅出门去。长白男人抱着大白鹅,有时候身旁走着娇艳妻……

抚河之畔温暖的家,北宋曾巩有记云:"临川之城东,有地隐然而高,以临于溪,曰新城。新城之上,有池洼然而方以长,曰王羲之之墨池……羲之尝慕张芝,临池学书,池水尽黑。"

王羲之不仅把池水写黑,他把自己的嘴也抹黑了。

临川人捐资建了一座飞云阁,羲之题匾,总不满意,于是闭门几十天,写字时错将墨汁当成深褐色的甜酱,拿馒头蘸了吃,把一块大馒头吃完了,才发现味道有点不对头。

郗璇进屋撞见,大笑不止。

曾巩说:"羲之之书晚乃善,则其所能,盖亦以精力自致者,非天成矣。"初唐的孙过庭有类似评价。

羲之练书法,一生勤勉。他是天才加勤勉,曾巩所言有差。

天才书法家三十岁左右畅游南岳衡山,一袭丝质旧乌衣,木屐巾帽,穿行于蜿蜒而上的山道,飘飘然有神仙之慨。郗子房随他而去,青色长裙配他的乌衣。

夫妻二人在白云深处的道观人家,都有意外的大收获。

# 6

衡山上有个学道的魏夫人,八十多岁了,"貌若婴孺"。羲之夫妇慕名去拜谒,一见面,还是大吃一惊。

魏夫人原名魏存华,字贤安,也是从北方来,居衡山道观十六年,研究《黄庭外景经》。她被称为中国历史上的第一个女道士。"志慕神仙,味真耽玄……常服胡麻散、茯苓丸,吐纳气液,摄生夷静。"魏夫人可能活了一百多岁。

羲之和郗璿在道观住下了,学魏夫人打坐吐纳,内思五脏六腑,外接松风云气。郗璿不必牵挂官场俗务,比丈夫更单纯一些,养生悟性更高。

羲之用小楷抄写《黄庭经》,单选山中日出之时,将阳光的气息注入笔端。他此后更将书写《黄庭经》视为功德,致有多种小楷法帖传世。清代学者激情评价说:"字圆厚古茂,多似钟繇,而又偏侧取势,以见丰姿,而且极紧……极浑圆苍劲,极潇洒生动。"

郗子房则向魏夫人请教养生、驻颜之术。两个女人年龄悬殊五十多岁,外貌如同姐妹一般。她们携手漫步于云起水落的山道间,魏夫人闲吃松粉石粉,慢嚼奇花异草,子房欣然仿效……

当郗璿为丈夫乞养生秘诀时,魏夫人略一沉思,笑道:临川太守若能守静,寿至百岁何难。

这位女道士,不称王羲之而称临川太守,言语中已有所保留。置身官场而能守静者,毕竟寥若晨星。

郗子房凝望着远处的山脉,良久不语,一声轻叹……

王羲之携妻下山时,被一群道士追赶,不禁纳闷:并未带走道观里的什么东西啊。道士们一个个背着大笼子狂呼奔下,却要干吗?

原来,道士想用几只鹅,换得王羲之写的一卷《黄庭经》。

羲之点头应允。仆人取出一轴写在茧蚕纸的墨宝。

和尚们大喜,望经而拜。以鹅换经的故事从此就传下去了。

李白诗云:"山阴道士如相见,应视黄庭换白鹅。"

临川太守府的庭院中,有两样东西招眼,一是白鹅,二是墨池。白与黑分明。而鹅头上的一点红,颇似郗璇的点额妆。

郗璇从衡山归来后,专心学习魏夫人,驻颜日见功效,肌理十分细腻,那面孔白里透红,夕阳中更显俏丽,丈夫不禁戏之曰:"鹅儿白"。

夏季的一天,郗璇席地悬腕临汉代碑帖,五个指头撮成团,左转右旋,朝上往下,灵动而富有生趣。羲之看了好一会儿,忽然仰面笑曰:哈哈,难怪你叫郗璇!

从此以后,郗璇雪白的手腕旋得更好看了。

王羲之"据胡床"(椅子),在卧房与院落之间,他看看鹅,望望郗璇,复对妻子说:当年卫夫人捏笔,亦如鹅头转动。

郗璇笑问:谁捏笔更好看呢?

羲之答:姨母书法强于夫人,夫人撮指转腕胜于姨母。

卫夫人却已经数年不见了,羲之默然,陷入思念……

一日,征西大将军、兼领江州刺史的陶侃过临川,造访王羲之。羲之洒扫庭院拜迎上司。陶侃说:官场俗礼都免了吧。

陶大将年纪大了,恐来日无多,邀请临川名士王羲之纵马同游,盘桓数日之久。大将军挥鞭遥指庐山曰:吾与名山失之交臂矣。吾子孙当遂吾愿……

陶侃的玄孙,即是收尽魏晋二百年名士风流、将朴拙之美推向极致的田园诗祖陶渊明。

而王羲之书风高古,渐成绝代风流,为楷书、行书、草行立百代之法度。中国的汉字书写,由隶到楷的根本转变,到行书、草书中若干笔势的确立,笔意空间的拓展,王羲之立下头功。这功劳,不仅限于书法艺术。水墨画艺术也从中受益。

王羲之三十多岁调吴兴(今浙江湖州市)太守,时间不长。他的名气越来越大了。他爱登某一座山,那座山就有了名字,叫升山。"晋王羲之常升此山。"

羲之实在是太有模样了,太有风度了,双臂排开时,"翼展"近两米。吴兴人看王太守上山,感觉他好像飘上去的,犹如仙步升山……

夫妇都是登山爱好者,体力好,有经验。

王羲之给蜀中任职的族弟写信,想体验蜀道之难,造访峨眉仙山,终未如愿。

# 7

次年,陶侃去世,庾亮做了征西大将军。他是晋成帝的大舅子、庾皇后的亲哥哥。司马皇族趁陶侃亡,重用外戚,挤压老丞相王导。庾亮一度受帝、后的影响,欲率军废王导,太尉郗鉴不从,乃止。

王、郗两家联姻,政治上互有裨益。

庾亮大将军也是谈玄的名士,"亮美姿容,善谈论,性好老庄。"陶侃生前评价他:"非唯风流,兼有为政之实。"

换言之,大将军既是实干家,又是清谈家,二者良性互动,将异质性的东西融为一体。魏晋时期,这类高层人物不少。

从汉末到东晋中期,士子谈玄,谈了十代人了,犹自谈不休。今人当有专著研究,参照西方哲学的演进。

王羲之应邀"入亮幕府",迁长史,赴武昌,担任大将军幕府中的"幕僚长",领导当时名动江左的一群文化和军事精英:王胡之,王应之,孙绰,殷浩……孙绰写诗文,当时称第一。而大将军的弟弟庾翼也在幕府,他是号称天下无双的大书家,谈书法口气甚大,此间观羲之写字,真草行有不世之风。庾翼吃了一惊,闭口不称第一了。

这群人忙完公务一定谈玄,对武昌城各娱乐场所懵然无知。武昌在晋室南渡后的重要性,不下于京城建康,数十年间建得富丽堂皇。妓馆,歌肆,酒楼,只是下级军官和普通官吏光顾的场所。大人物们都在谈玄,庾大将军每有空,必率部下参与。"与诸人咏谑,竟坐,甚得任乐。"

谈玄,写玄言诗,开"玄玩笑",读"玄之又玄"的老庄文章。大人物们常常是"既共清言,遂达三更。"

下级军官也仿效起来了,军营中点起烛火诵《逍遥游》,翌日晨起练兵,照样杀声震天……

王羲之因公务,往返于武昌和建康之间。

羲之本人,长期身在玄风中,推波助澜,引领"玄时尚",无为而为,虚实并举,脚踏实地而又飘飘欲仙,对他的行书、行草、草书有极大的帮助。

似乎可以这么说，王羲之的书法是玄风刮出来的，玄风乃是魏晋时代的长风，一刮几千里、几百年。

羲之老实，"骨鲠"，性格激烈，情绪永远饱满，时有溢出身心之态势。他偏偏又能够年复一年地向往"玄之又玄"的老庄境界，尚古毫不做作，飘逸自内而发。

官场玄风如炽，假名士也冒出来了，废政务，不理事。有些官员考察下属，单考玄言、玄学，对理事之才一概不问。王羲之对此十分警惕。他所熟悉的王家、郗家、谢家、桓家的高官们，大都既务虚又务实，能掌握分寸。

羲之回乌衣巷时，向大伯父讲他的忧虑。王丞相笑道：下属清谈误事，该罚当罚。至于玄风嘛，该刮仍当刮。

羲之再问时，王导笑而不答。

"笑而不答身自闲"，也是两晋名士的"玄态"写照。

羲之返回武昌，对大伯父的笑容思忖良久。那叫"玄笑"。

其实，王丞相的用心在于，让玄心淡化高层人物之间的争强斗胜之心。当年王敦是个教训，做了大将军不知足，他还要抢占龙廷。结果呢？弄得身败名裂，百姓涂炭，子孙蒙羞。

魏晋玄风，也是历史教训逼出来的。汉末，大权在握的人都讲究实际利益，在"实"的领域里长年恶斗，导致天下大乱。

王导的政治智慧，显然受益于他的玄学功底。

羲之居武昌庾亮幕府，仍在琢磨着玄谈与为政的问题。他以大将军助手的身份考察各地官府和军营，对清谈之风仍是不以为然。

这一年，他认识了一个年少风流的人物，名叫谢安。

王谢两家同住乌衣巷，王家鼎盛几十年，谢家慢慢跟上。两家的儿女鸡犬之声相闻，车马裙裾交错，联姻甚少。乌衣巷中的王家郎、谢家女，眉目传情而已。后来谢家"长大"了，方得联姻王家，两树连为一树，树大根深，几十年坚不可摧。

谢安小王羲之十几岁，眼下二十出头，已经享有名士的美誉。羲之与谢安，一见如故。这份友谊至死方休。

二人在建康冶山的高峰上,长袍舞秋风,妙语传士林,有过一次关于玄学的著名争论。

"谢安悠然远想,有高世之志。"

羲之含笑望这谢家美少年,提醒说:"虚谈废务,浮文妨要,恐非当今所宜。"

谢安微微一笑,遥望建康城里的宫殿群,答曰:"秦任商鞅,二世而亡,岂清言致患邪?"

这句话,把王羲之问得哑口无言。商鞅的毛病就是求治太急,用法太严,他囿于有为,不懂无为而为,不知虚实相济。

后来谢安主政,"不存小察,弘以大纲",赢得了政通人和的局面,为史家所称道。

而王羲之和谢安的交锋,加固了他玄儒并用的为政理念。

羲之的大儿子叫玄之,谢安后来最为器重的侄子叫谢玄,而太尉桓温的得意儿子叫桓玄……

晋人取名字,看重这个玄字。

可惜的是,源于老子的"玄之又玄,众妙之门",在魏晋时代,还是有着重大缺陷:玄得不够远,敲不开那扇众妙之门。也许老子本人对门内之物并不是很清楚。晋人谈玄者,几乎都是官员。隐士居山洞、树洞、水帘洞,其生存向度,意识向度,仍以官场为参照,而且往往是唯一的参照。玄学的历史张力只在"出处"之间。

佛学对应尘世,玄学对应官场。

时人评价王导说:"王丞相高居庙堂,一身山林气。"

魏晋玄风刮到山林里,却有官场气。西晋正始年间,中原稍有名气的山头皆为隐士所占。隐士即使终生不出山,他心里仍然装着庙堂。这里亮出了玄学的边界。

思想者不能以思想自身为根据,无力赢得更为丰富的思想。

魏晋南北朝士人,谈玄三百年,未能脱离皇权的"微波辐射"。唐宋礼教复兴,思想者离老子亲手推开的那道"玄门"更遥远。

魏晋玄学未能生成哲学,对皇权,对人性,对日常事物的本质,未能展开更强有力的思考。说白了,玄言生发于官场,民间没有厚土。

明、清思想家如顾炎武、钱大昕,多有斥责晋人玄谈误事的言论,他们的思考首先错失了方向,难以避免地陷入"低水平重复"。

然而玄风对艺术大有好处。魏晋风度是玄学的产物。

玄风左右了王羲之的人生坐标,为这个百代书圣奠定了精神基础。他的笔势飘逸而强劲,笔意直通心意;从字的结构到谋篇布局,处处有创新,为后世法。如果他"仕心"重,则对艺术领悟有限。

# 8

王导暮年,出于对家族核心利益的考虑,对侄子王逸少特别关注。逸少这些年为官正直,交友广泛,名气也越来越大。王丞相年高多病,想在王家子弟中找个接班人、家族领头人。

丞相的目光落到了王羲之的身上。

王羲之年近四十,频频收到王导的亲笔信。"王右军在南,丞相与书,每叹子侄不令。"

大伯父的心思,王羲之何尝不清楚?可是他拒绝了。他后来在写给太尉殷浩的信中说:"吾素自无廊庙志,直(值)王丞相时果欲纳吾,誓不许之,手迹犹存。"

以羲之的性格推测,他的拒绝不含糊。而王导很伤心。王家的后代眼看着不行了,胡之、彪之、彭之、应之……都不如羲之。羲之却无意于宰辅的高位。东晋的权力核心,一直有刀光剑影。王导几十年撑得辛苦,纵是"丞相肚里能撑船",但军事首脑和皇帝、丞相之间,几乎有"结构性矛盾",总是要互相猜忌、提防。驻镇武昌的大将军剑指江北,也能顺江而下直取京城建康。

王羲之二十岁那一年,曾亲眼目睹王导与王敦大战,伤心记忆百年难消。他不愿跻身朝廷宰辅,当有三个因素:玄学向往;书法嗜好;"二王"交兵留下的惨痛记忆。

朝廷几次下诏,委羲之以宰辅的重任,均被羲之婉拒。

羲之四十岁,王导去世了。不久,太尉郗鉴、征西大将军庾亮也因病辞世。朝廷权力重组,谢家、桓家、殷家后来居上。

不过,几个大族之间关系尚好,或通婚,或交游。王羲之多年来的角色像个出色的外交家,化解王、庾、陶诸家的冲突,维护政局的平稳。

他在这方面的功劳,古今学者多有论及。

东晋咸康五年(339),朝廷的三根梁柱相继倒下了,而王导、郗鉴、庾亮都是王羲之极亲近的人,他的痛苦殊难形之于笔墨。他写信给会稽王司马昱说:"九月二十八日,羲之顿首顿首……知庾君遂不救疾,摧切心情,痛当奈何……王羲之顿首!"

庾亮是有恩于他的好领导,庾亡,他已伤心如此,王导像他父亲,郗鉴是他岳父,二人去世,他更是连月号啕:刚哭完了大伯父,眼泪未干又闻凶信,跌跌撞撞奔入郗家,痛哭老岳父。

羲之七岁,二十岁,四十岁,三个年龄段上均有大悲哀。

他这人凡事较真儿,于是痛苦更甚。

他跪哭岳父的身影,深深地印在郗璇心里去了。妻子反过来安慰他,劝止他的忧伤,担心他"伤及五内"。

然而王羲之激烈的、欲罢不能的性情,亲友圈中谁不知道呢?

羲之写给亲友的所有书信,言词均见情绪流动,喜怒哀乐"含吐纸上"。他的真性情,强于一般人。凡为大艺术家,活得投入是前提。投入才能带来感与知两个层面的丰富性。这倒不是说艺术家想要投入,毋宁说,他想不投入也不行。痛苦或欢乐与他相遇,强度不同寻常。

艺术家与世界,有着特殊的照面方式。

王羲之的书法韵律,契合着他的生命脉动。

玄学把一些人冷却成石头,王羲之端出自己的血肉之躯。这个现象饶有趣味。竹林七贤也大都如此,他们长期读老庄,倒是读出了"刚肠恶疾"、"白眼向人斜"的形象。

人性之多元走向,魏晋有迹可寻。

王羲之四十岁以后,隐居江州(今江西)达七年,盘桓于庐山,留连于栗里。栗里后为陶渊明的出生地。

王羲之于庐山之南盖了别墅,紧挨着归宗寺,对面是据说高达三百丈的玉帘泉瀑布,瀑声清脆如散珠玉。瀑布下有深潭,潭边有石洞。羲之练书法常去洞中,倾听山洞中奇特的自然交响。而太阳与月光照射下的三千尺玉帘瀑布,霓霞割断,星月跳跃,声、色、势,摄人心魄。

仆人搬进山洞的大堆蚕茧纸,往往数日而尽。羲之在岩壁上画玉帘飞瀑图⋯⋯

家里乐融融。洞中别有妙处,郗璇置胡床、席褥于其中,静思造化,默念《黄庭外景经》。她学会了游泳,夏日月夜跃入深潭。她亲手缝制的紧身泳衣类似现代泳装,女仆惊叹不已。

王羲之的书法线条,也"取材"于郗璇的婀娜身姿。

羲之服五石散,身子奇热,要穿薄而旧的宽袍。"寒衣,寒饮,寒食,寒卧,极寒益善。"他跃入寒泉追赶郗璇⋯⋯

夫妻洞中乐事,符合道家充满想象力的养生术。郗子房三十几岁,已是六子一女的母亲,居然面如玉、气如兰、步如风。她的肌肤弹性,堪比妙龄女郎。也许洞中水中的微量元素滋养她不少。她服下的石粉松粉、各类养生丸子,均受衡山魏夫人的密传,选材严格。

而王羲之服石药,夜夜都想和郗璇缠绵。石药性大热,有固精之奇效。两口子的热情始终很高。洞中曼妙事,岩壁染风流。夫妻每天散步于山道上、冷风中,散发身体的热量,有专用术语叫"石发"。散步一词,源于晋人吃五石散。石发未尽时,肌肤已渴望相亲。庐山多清静啊,山峰如削,草坡绵绵。

中年美妇又怀孕了。这一胎,据归宗寺的玄远和尚掐算,当有宝贝幼子降生。羲之欲知根底,玄远笑而不言。

羲之与爱妻商量,先为儿子取名字:名献之,字子敬。

郗璇笑道:我家七郎,或如凤凰!

平日里,一家子加上仆从三十多口人,已经十分热闹了,家中常有客人,孙绰、支遁、谢安、郗昙、李充,都是名噪一时的新锐。

郗昙是郗璇的弟弟,他的女儿郗道茂,后来嫁给了王献之。

新任大将军庾翼忙着筹划北伐中原,抽空到羲之别墅小住,征求羲之对北伐的意见。

王羲之"处江湖之远",仍然关心着大局。

# 9

其时,北方后赵石虎秉政,其残暴的程度,在战乱已属常态的中原,依然耸人听闻:"猎车千乘,养兽万里,夺人妻女,盈宫十万。"石虎是羯人,以邺城(今河南安阳)为都,他狂建豪华宫殿,滥杀民夫,比秦始皇更疯狂。百姓大多数都面临死亡的危险,不是建宫殿累死,就是断粮饿死,被官军杀死。

夺人妻女盈宫十万,石虎创下了历史之最。不知道他抢去那么多的女人做什么(正如近年的美国华尔街,仅一个麦道夫,就诈骗美元达七千亿。不知道他拿那么多的钱做什么。资本的疯狂直接通向皇权的嚣张),也许这石虎就想创纪录,超过秦皇汉武。汉武帝的后宫不是只有八千美女么?汉武帝刘彻"宁可三日无肉,不可一日无妇女",后赵的石虎既要大吃兽肉,更要狂淫妇女……

石虎恶行,天怒人怨。

庾翼筹备北伐,正当其时。可他忽然病故了。晋师未发而主帅先亡,皇帝下旨,暂停挥师过江。桓温继任征西大将军,仍谋北伐大计,操练兵马。

这时候,皇帝更有高招,分军权给太尉殷浩。

桓、殷斗法开始了。皇帝老儿的御座前,看来不斗不行。王羲之分别给他们写信,居中调停,像当初化解王导与陶侃、庾亮之间的冲突。

二十多年来,王羲之真是看得太多。与人通书信,常见"奈何奈何!顿首顿首!"这类字眼。骨鲠性格毫不掩饰。其情绪之激烈而持久,古今书家无二人焉。

王羲之居住在风景如画的庐山别墅,娇妻作伴,儿女绕膝,贵客远来,可是他的内心世界始终潮起潮落。

羲之上书桓大将军、殷太尉、会稽王司马昱,不见灰心丧气,而是积极进取。他分析时局也是"入木三分",为史家所公认。这韧性,发端于童年少年的涩讷。沉默少年多心劲。

他写字崇尚古朴,倾情于汉碑、汉帖,盖由这股心力所发。性格决定目光。力筋、力骨的追求,贯穿了书圣的一生。

庐山上的庙宇得了他的一幅斗大的"鹅"字,时人称一笔鹅。现今的博物馆,有唐代名家临本陈列,临本上有苏轼、米芾、朱熹、赵孟頫的题跋,价值连城,专家估价,至少三千万美元。那玉帘洞已改为羲之洞。不远处,则有"羲之鹅池"……

书圣所过之处,留下的遗迹遗址,比诗圣诗仙还多。山东、浙江、江西为甚。

晋军后来一度收复中原数州,王羲之以护军将军的身份过江,"周旋五千里",回过老家琅玡,登泰山观李斯小篆碑,"及渡江北游名山,比见李斯、曹喜等书;又之许下,见钟繇、梁鹄书;又之洛下,见蔡邕《石经》三体书。"护军将军东奔西走,到处觅墨宝,大将军殷浩给了他许多便利。

王羲之的书风兼具北方的雄浑,南方的柔媚。

他的精神世界源自北方,尤其受惠于魏晋风骨。多情的南方给了他血肉补充,其书风,超越了卫夫人讲的"多骨微肉",他是多骨丰肉。

第七个儿子王献之降生于庐山别墅,是个漂亮的小东西,小名官奴。羲之和郗璇生了这么多小孩儿,没有明显的遗传偏差。王献之半岁多,精致的五官已经显露出来了。郗璇对丈夫说:比你小时候还乖巧吧?羲之笑道:我希望他的风度和书法均胜于我。

献之敏感家里的墨香,几次爬到了墨池边,把保姆吓得面无人色。

献之的几个哥哥善书法,才气参差不齐。

王氏家族从晋代到唐朝,代代有名家,诸多法帖载入武则天时期的《万岁通天帖》。

王羲之"处"了七年以后,出为朝廷右军将军、领会稽内史,时在永和七年(351),羲之四十八岁。他不做朝廷宰辅,做地方大员则比较满意。三十多岁在江州临川郡的四年多,他干得很出色,工作之余遍访山水、勤练书法。

会稽郡是"三吴"之一,辖十县,有山阴(绍兴)、上虞、余姚等。户三万,人口十多万,是临川郡的几倍。会稽郡实际上是州的规格,羲之以三品官去做太守,政绩卓著,史载明确,却因性格太直得罪了一个"老领导",后来仕途中断于会稽。

这故事,颇能显示王羲之的性格。

老领导是前任太守王述,"以母丧居郡。"同为王氏族人,羲之对王述的作派向来看不惯,他去王述家吊丧,"止一吊,遂不重诣。"而王述一直等着新任太守再去他家,二吊三吊。

"述每闻角声,谓羲之当候己,辄洒扫而待之。如此者累年,而羲之竟不顾,述深以为恨。"

王述也是名士,名士看重名声,而王羲之这位名士的领袖,累年不去看他,使他大失面子,怀恨在心。几年后,他的儿子偏偏又做了王羲之的上司,于是加以报复,不断找茬,逼羲之辞职。

王述每闻角声(太守出巡,乐人吹角),赶紧亲自洒扫庭院。有时王羲之的官车好像朝他家驶过来了,他扔下扫帚跑出门,那角声和高车却绕道而去……

王述终于失望,砸烂扫帚,大骂王右军。羲之领京官衔"右军将军",所以一般称他右军,不称内史。千年以来,右军成了王羲之的代名词。

羲之为人不圆通,类似嵇康、阮籍。阮籍看谁不顺眼时,那著名的白眼就翻出来。而这种性格类型,从屈原、司马迁起,一直到陶潜、李白、杜甫、李贺、李煜、苏轼、米芾、黄庭坚、陆游、李清照、曹雪芹、八大山人、郑板桥、王国维、鲁迅……

文化大师们,皆为强悍之个体,不圆通是他们的共同特征。

商人圆通可能会成就一番事业,艺术家圆通,断无建树。

王右军"骨鲠",那模样风度真是不一般。王述躬身扫地他是知道的,王述可怜巴巴扫了两年地,他不去就不去。王述的儿子王坦之在朝廷做大官了,他还是不去。

当初王述做会稽内史,荒废政务,吏治一塌糊涂,百姓受其苦。王羲之瞧不起这个伪名士,导致对方怀恨。

## 10

王右军四十八岁到浙江,看某些人用白眼,却对这片土地放出青眼。"初渡浙江,便有终焉之志。"他爱上了这片"佳山水",终焉之志,不在官场。

右军在乎什么,不大在乎什么,是明明白白的。也许王丞相的在天之灵对他有意见,可是他的生活应当顺乎性情。他首先为自己活着,其次才为家族活着。

右军不计后果，后果就来了：五十三岁永别官场。

然而，另一个"后果"是：右军在浙东的几年，书法更上一层楼。他聚集了许多重量级的文人墨客，使会稽郡成为东晋中期的文化中心。当时，政治中心在建康，军事中心在武昌。

右军到浙东，对优秀人才大放青眼，也闹出了一个笑话。有个高士名叫张荐，躲在自家的竹林里，"恒居其中"，拒绝了不少想请他出山的官员。"羲之闻而造之，荐逃避竹中，不与相见。一郡号为高士。"

这张荐多半是故意逃避。王右军乃天下第一名士，张荐这一躲，躲成了会稽郡第一名士，几百年留名。唐人写诗还提到张荐："欲驱五马寻真隐，谁是当年入竹人？"五马指太守车驾。

而王羲之和张荐相比，倒更像真隐士。"欲隐则隐，欲仕则仕"，毫无做作和勉强。张荐躲进竹林的这件事，使他担心民间的人才流失，写信给朋友说："深忧，深忧！"

乐其所乐，忧其所忧，一切听从内心的召唤。作为当地最大的官员，他拒绝了很多应酬，"笃不喜见客，笃不堪烦事"，他得罪了不少人，包括寓居会稽的大族权贵，却为个人独处、精研书法艺术赢得了宝贵的时间。

为人，为学，为书法，天命之年的王羲之一派天然。

羲之为官，同样是一流人物，朝廷对他的评价是"善理郡"。他所具有的政治和军事眼光，为史家所称道。他思索时局，总不忘给首脑们写信，提建议多被采纳。他的忘年至交谢安后来成为杰出的政治家、军事家。而官居太尉的殷浩不听他的苦劝，贸然举兵北伐，导致惨败……

王右军心里始终装着天下风云，并且，他计较他认为值得计较的每一件事，对重振家族雄风的大事则不甚计较。他从年轻时起，就清楚自己该干什么、该朝着哪个方向发力。

心系政局而又超然于官场，右军身上显然有王导的影子。

作为名满天下的书法大师，王右军的角色意识远不止于书法家。儒风，玄风，书风，是后人总结的东晋"三风"，右军强于其他名士的，至少还有"二风"：家风，文风。他不纳妾，一腔深情爱着郗子房，而当时的大族风气，以纳妾蓄妓为时尚，比如谢安携妓畅游的风流韵事传遍了江南。右军一辈子崇拜嵇康，嵇康也是不纳妾的。他的七个儿子和一个女儿皆是健康成长,有才德,没有吊儿郎当的富家子作派,更没有败家子。

另外,羲之文章甚佳。这一点稍后谈。

所有这些"风"作用于王羲之,使他的修炼有可能达到最佳境界。笔端流动的,纸上铺陈的,岂止是文字线条?岂止是真书、行书、草书?书圣胸中有大关怀,大情绪,于是落笔构字,布局谋篇,渐入化境。

王右军写书法,一般是两种情形:提笔凝神片刻,估计有十来分钟吧,他撰文说"夫欲书者,先于研墨,凝神静思,预想字形,大小偃仰,平直振动,令筋脉相连,意在笔先,然后作字。"右军讲的意,既是书法之意,更是交汇于心中的混合型意绪。右军铺纸运笔,有个口头禅:"不待急,不待急。"可能身边常有人催他落笔吧;

第二种情形是提笔便写,如写给朋友的信笺、便条。随意落笔,情绪直泻,往往有佳作。而情绪激烈时,佳作天赐,可遇而不可求,比如《姨母帖》、《丧乱帖》。

右军居山阴,几年间不断造访浙东的佳山水,惊奇此地之妩媚妖娆冠绝江南,与江州风光又不同。鉴湖的名气比西湖还大,袁宏道《山阴道上》云:"钱塘艳若花,山阴芊如草。六朝以上人,不闻西湖好。"

处处青山碧水绕,山阴道上无穷好。山阴道是古道,蜿蜒而悠远,两边古树参天,繁花似锦。小桥流水人家,古道春风肥马。

右军视察会稽十个县,又代理过永嘉(今温州)太守,公务忙而不乱,风光不请自来。文人与山水的交流,此为最佳方式:心里总是牵挂着几多人事,忽然抬首"看见"自然。宛委山,石帆山,香炉山,秦望山,若耶山,天姥峰,金庭山……曹娥江,浦阳江,剡溪,浣纱溪,若耶溪……

佳山水都有佳名字。而欧洲的山脉与河流,哪有这许多名字。海明威的名作《丧钟为谁而鸣》,写西班牙的山,石头就是石头。

"踏遍青山人未老,风景这边独好。"

右军爱鹅,山阴有个老太婆养了一只怪鹅,"善鸣",其声大而婉转。右军听说了,忙拉郗璇去听鹅叫,并打算花大价钱买下。"姥闻羲之将至,烹以待之,羲之叹惜弥日。"

右军散步,时抱一鹅。这形象多么民间。男女老少亲近他。

有个山阴城里的道士,到街市上宣传他的好鹅,鹅冠红于三月花,鹅毛白如腊月雪,鹅颈转动,人莫敢近。"羲之往观焉,意甚悦,固求市之。"道士不要钱,只求羲之为他写老子的《道德经》。那可是五千字的大文章,羲之虽然笔快,还是悬腕写了半天。写完了,右军的右腕如鹅头低垂。"羲之欣然写毕,笼鹅而归,甚以为乐。"郗璿替他做按摩,鹅笼放在旁边。

又有一天,右军闲步去了一个门生的家,"见棐几滑净,因书之,真草相半。"那门生的老爹偏不识字,竟用刀子刮去了书圣墨宝。"门生惊懊者累日。"

右军游山时,"见一老姥持六角竹扇卖之,羲之书其扇,各为五字。"老姥大怒,要他赔扇子。右军对她说:"但言是王右军书,以求百钱邪。"老太婆半信半疑,拿着扇子去叫卖,"人竞买之。"这太婆乐得合不拢嘴,得寸进尺了,"他日,姥又持扇来,羲之笑而不答。"

右军字,哪能有求必应呢?山里的老姥不识分寸,卖了一回想卖二回,亦属正常。

书画卖钱,始于魏晋。

时至今日,如果日本皇室于唐朝收藏的《丧乱帖》是右军真迹的话,那市场价值就是天文数字。有学者认为是鉴真和尚东渡,把《丧乱帖》作为礼物带到了日本。日本皇室对此讳莫如深……

右军买鹅、写《道德经》换鹅、书老姥竹扇等小故事,是唐太宗李世民写下的,民间流传甚广。李世民是王右军的超级粉丝,犹如南宋孝宗皇帝、清代乾隆皇帝是苏东坡的超级粉丝。《晋书·王羲之传》出自李世民的御笔,历朝罕见。这皇帝驾崩,还把《兰亭序》带入他的地下寝宫,做鬼也要欣赏。

古人相信灵魂不灭,灵魂大部分时间在墓室中飘浮,忙着呢,偶尔飘向夜幕下的野地。

王右军辉煌的会稽岁月,留下了几幅顶级墨宝,《姨母帖》是他听到卫夫人噩耗时写给表哥李充的信:"十一月十三日,羲之顿首顿首!顷遭姨母哀,哀痛摧剥,情不自胜,奈何奈何!因反惨塞不次。王羲之顿首顿首!"

寥寥几行字，四次顿首。

摧肝裂肺之作，后世大书法家，临摹也艰难。

王羲之对卫夫人，兼有学生对老师、儿子对母亲的至爱之情。卫夫人可能活过了七十岁。

《丧乱帖》则是临沂王家祖坟遭劫、右军闻讯后所书，同样字字是血。

王国维先生谈艺术，推崇"以血书者"，他举李煜为例。而右军书法，筋骨血肉俱在焉。

李煜的词作血泪斑斑，他的书法苍劲虬曲，五代十国称第一。可惜南唐灭，李煜将许多墨宝付之一炬，包括他自己的所有作品。他和王右军一样推崇嵇康。

李煜写《书述》，纵谈晋唐大书家对王羲之书法艺术的传承与缺失：

"虞世南得其美蕴而失其俊迈，欧阳询得其力而失其温秀，褚遂良得其意而失于变化，颜真卿得其筋而失于粗鲁，柳公权得其骨而失于生犷，徐浩得其肉而失于俗，李邕得其气而失于体格，张旭得其法而失于狂独，献之俱得之，而失于惊急，无蕴藉态度。"

李煜这段话，堪称右军书法之定评。李煜对王献之的评价高于唐代各大家，却认为献之书法惊急，无蕴藉态度，可谓一针见血。

李煜本人风流蕴藉，古今俱为凤毛麟角。恐怕唯有像他这样的人，才能看见王献之的"无蕴藉态度"。李煜被俘后写过词作《嵇康》，南宋犹存，元代失传。

嵇康，右军，李煜，三个旷代美男子，神形何其相似。

据说王献之长得比他父亲还要漂亮，他娶了表姐郗道茂为妻，晋室的一位公主始终惦记着他，想方设法挤走可怜的郗道茂，嫁入王家……王献之风度翩翩到了极致，终不如乃父的"骨鲠"情貌。

献之幼年也木讷。这事儿有点怪。莫非羲之的"涩讷基因"越过了几个儿子，传到献之身上？

王羲之写《兰亭序》时，献之十岁，俨然美少年。他的漂亮毫不奇怪，谁让他父母都是"容止"一流的人物呢。

永和九年(353)的兰亭雅集，将东晋的书事、文事、风流事推向了巅峰。

# 11

《兰亭序》全文如下：

　　永和九年，岁在癸丑，暮春之初，会于会稽山阴之兰亭，修禊事也。群贤毕至，少长咸集。此地有崇山峻岭，茂林修竹；又有清流湍急，映带左右，引以为流觞曲水，列坐其次。虽无丝竹管弦之盛，一觞一咏，亦足以畅叙幽情。是日矣，天朗气清，惠风和畅，仰观宇宙之大，俯察品类之盛，所以游目骋怀，足以极视听之娱，信可乐也！

　　夫人之相与，俯仰一世，或取诸怀抱，悟言一室之内；或因所寄托，放浪形骸之外。虽取舍万殊，静噪不同，当其欣于所遇，暂得于己，快然自足，不知老之将至。及其所之既倦，情随事迁，感慨系之矣！

　　向之所欲，俯仰之间，已为陈迹，犹不能不以之兴怀。况修短随化，终期于尽。古人云："死生亦大矣。"岂不痛哉！

　　每见昔人兴感之由，若合一契，未尝不临文嗟悼，不能喻之于怀。固知一死生为荒诞，齐彭殇为妄作。后之视今，亦犹今之视昔。悲夫！故列序时人，录其所述，虽世殊世异，所以兴怀，其致一也！

　　后之览者，亦将有感于斯文。

两晋风度，尽显于这书法、文字双绝的《兰亭序》。

羲之这人，他最快乐的时候也有会悲哀款款而来。人生无非是这样。乐极所生之悲，悲却不能掩乐。

"向之所欲，俯仰之间，已为陈迹。犹不能不以之兴怀。"

这话能打动任何时代的人。人生在世，总有一天会失去所有辛苦得来的美好之物，不过……也就这样吧。要保持兴怀的能力。要有一双热情而又沉稳的目光打量着周遭，要对美好之物保持着敏感。

三月春风里，远山近水中，死亡意识随风飘来："死生亦大矣！"王羲之这五十年,经历了多少欢乐与疼痛,他爱过多少人,又失去了多少至爱亲朋。

二十世纪五十年代,有个知名人物以兰亭雅集为乐事、不宜发悲声为理由,认为《兰亭序》并非王羲之所作。此人读不懂书圣的内心。

羲之一唱而三叹,我们能听到他巨大的叹息。古人称浩叹。

有浩然之正气者,方有如此之叹息。

兰亭位于会稽(今绍兴)城南郊,在虎扑岭之下。越王勾践曾经种兰于此,并筑兰亭。

兰是高贵的象征物,孔子说:"兰当为王者香。"屈原《离骚》云:"既滋兰之九畹兮,又树蕙之百亩。"

王羲之配得上这王者之香。他姓王,复于兰亭举千年之盛事,书旷代之墨宝,让墨的浓香与兰的幽香飘到了今天,飘向后世千万年。

参与兰亭雅集者,共四十二人,有谢安、谢万、支遁、孙绰、许珣、郗昙、庾蕴、司马虞说等,俱为当时名流,也多为高官或世族、皇族子弟。三月上巳节修禊,"官民皆洁于东流水上,曰洗濯祓除,去宿垢,为大洁。"

民间的修禊事,与三月踏青、摘香草、戏流水一并流行。漫山遍野男呼女叫。

曲水流觞,是借弯曲流淌的溪水传递羽觞,羽觞飘浮,或流或止。飘到谁的脚下,谁就饮酒并赋诗。四十二个男人沿着溪水散列,衣饰各异,面目光鲜,表情散淡,身姿随意。

羲之官阶最高,又是雅集的发起者,他率先饮酒,登高赋诗曰:

代谢鳞次,忽焉以周。欣此暮春,和气载柔。
咏彼舞雩,异世同流。乃携齐契,散怀一丘。

其他文人相继赋诗。年轻的谢安英姿勃勃,"寄傲林丘"十几年,早已名满士林。他眼前所呈现的是:"森森连岭,茫茫原畴。"谢安的山水情怀波及后来的谢家子孙,如谢灵运,谢混,谢晦。谢氏风流,不减王家。

东晋百余年，王谢两家各占风光一半。

四十二个人当中，羲之与谢安的风度遥遥领先。

"是日矣，天朗气清，惠风和畅……"

日影向西时，王右军大醉，拿了鼠须笔，铺开蚕茧纸，于兰亭中醉书《兰亭序》。指间气流呼啸而出：席地，悬腕，挥毫，文不加点，气不稍歇。谢安在他身后看傻了眼。

谢安亲眼目睹了兰亭中这神奇的一幕，后来对谁的书法都看低三分。王献之三十多岁时，书法的名气盖过了自己的父亲，但谢安总不以为然。以致宋代狂追献之书风的米芾，对谢安耿耿于怀……

右军写毕，那324个字一气呵成，各于纸上舞，宛如小精灵。他扔笔便睡，仿佛全身的筋骨血肉已离他而去。兰亭中朋友们的欢呼声，他听成了钱塘江上一浪赶一浪的潮水。

翌日酒醒，右军看这幅行书，大觉惊奇。

学书四十多年，未见如此佳作。

伟大的艺术品，确实是可遇而不可求。

赵孟頫《兰亭十三跋》曰："右军字势，古法一变。其雄秀之气，出于天然。故古今以为师法。"

右军"引草入行"，完全摆脱了隶书笔意，布局精严，妙相天成。比如：全篇二十个"之"字各呈姿态，纸上生命跃跃如也。明代书家解缙说："右军之叙《兰亭》，字既尽美，尤善布置，所谓增一分太长，减一分太短。"

唐太宗李世民对《兰亭序》爱入了骨髓，《兰亭序》真迹作为李世民的殉葬品葬入昭陵。昭陵于中唐被盗，真迹不知去向。

李世民生前，命褚遂良、冯承素等顶级书法家临摹，使《兰亭序》有多种临本、摹本传世。

羲之写《兰亭序》后，他自己的行书，不复达到此帖境界。

羲之草书，则以《十七帖》为最。宋人黄伯思说："此帖逸少书中之龙。"

羲之晚年的代表作《丧乱帖》，字随情绪流动，激荡而多姿，由行书到草书，与"痛贯心肝"的文字高度合拍。

王羲之五十三岁离开官场,长居剡中之"金庭",游历吴中佳山水的同时,悉心培养几个儿子,尤其是七郎王献之。

羲之作《书论》,开篇云:"夫书者,玄妙之伎矣,若非通人志士,无以学之。大抵书须存思,余览李斯等论笔势,及钟繇书,骨甚是不轻。恐子孙不记,故叙而论之。"

又说:"凡书贵乎沉静,令意在笔前,字居心后,未作之始,结思成矣。"

书圣强调"书须存思",存什么样的思呢?

他大约指玄思。魏晋通人,皆有玄思。志士仁人,且能玄思者,方能够学习书法。书法艺术中的筋骨血肉,非志士不可拥有。这应该是学书者的最高境界了。王献之这样的天才人物也未能抵达。

献之生于豪门,自幼备受宠爱,没受过多少折磨。他十来岁就认为自己的书法与父亲各有千秋。他写字才气纵横,穷尽笔墨之潇洒,羲之赞曰:"咄咄逼人。"

《晋书·王献之传》载:献之"尝书壁为方丈大字,羲之甚以为能,观者数百人。"

做父亲的高调赞赏,做母亲的有所保留。有一次,献之写了一个"大"字,颇得意,拿去给父亲看。羲之顺手添了一点,变成"太"字。献之复请母亲评价,不提父亲看过。郗璿看了看说:那个点写得不错。献之郁闷了,怏怏而出。

献之小小年纪也开始与宾客谈玄,招架不住时,二嫂谢道韫"出场"帮他。

献之有时整天不说话。他随父回建康小住,独自去秦淮河上朱雀桥边徘徊,俨然小羲之。郗璿对此颇不解。乌衣巷中的王谢两家少年,唯献之寡言语。

郗璿叫三个儿子去拜访谢安,徽之,操之,献之,俱受谢安款待。三兄弟于谢安处待了半天,各露性情。"二兄多言俗事,献之寒温而已。既出,客问王氏兄弟优劣,安曰:'小者佳。'客问其故,安曰:'吉人之辞寡,以其少言,故知之。'"

这事见于《晋书·王献之传》。

献之辞寡,羲之早年涩讷。

二王父子,纸上心思多,嘴上言语少。

晋人盛行点评之风,起于汉末中原的"月旦评"之类,现在又流行到了江南。谢安是何等人物?东晋王朝一流的政治家、军事家、玄谈家,仅次于王羲之的大名士,乃是公认的点评大师。他点评王献之"小者佳",小官奴兴奋了很多年,后有得意之作如《鸭头丸帖》、《地黄汤帖》、《中秋帖》,专请谢大将军点评,谢安也点头,却总是把话题转向王羲之的书法。

献之诣谢安,怏怏而出的时候多。

也许谢安深知,年少得志未必是件好事情。羲之几十年"骨鲠",老来自嘲曰王骨鲠,骨鲠王,不肯趋附大将军桓温,不理睬王述、王坦之父子,宁愿自放于丘山,于是,他笔下的"骨书"、"筋书"仿佛随手拈来。

谢安所忧者,是献之的书法胜于妍丽、失于古拙。

右军于楷书、行书、草书,均为中国书法开源,为万世法。也许这一层,谢安有洞察。他自己是著名书家,后来写佛经,赠送给早已名满天下的王献之。

谢安一面称赞献之的"辞寡",不说一句废话;另一面,又长期对献之的作品拒绝高调赞誉,应该说,这对献之的成长有益。

不过,修养这种东西,通常从两三岁就开始了。儿童期至为关键。这还不包括在娘胎里获得的遗传天性。

提笔写文章,泼墨作书画,如果单凭借意志的努力,通常难入化境。意志所能成就的,多为二三流艺术家。而近年来那些流水线上的形形色色的"艺术"产品,堪与末流争高下。

反观书圣的生存,真可谓一环紧扣一环,那大关怀,那紧张度,那撕裂感,那痛苦的再三挤压与山水美人的无穷释放,那五十年苦苦琢磨书画事,咬定张芝钟繇,旁收卫夫人、卫恒、庾翼、王廙之长处,卓然而起,"升玉山"而为百代偶像。

譬如李白或苏轼的文字,皆为命运所铸造。命运怎么去学呢?欣赏王羲之的书法,应当从命运的高度去理解他。

王献之与生俱来的长处是风流。

乌衣巷中美少年,"风流为一世之冠。"连皇宫里的新安公主都对他心生爱慕。但献之在父亲的亲自安排下,娶漂亮多情的表姐郗道茂。男女俱美,满城称颂,就像三十多年前羲之和郗璇的爱情重演。道茂生一女,取名润玉。女儿未满周岁夭亡,羲之大含悲,写《延期,官奴小女疾不救帖》《润玉帖》……

王家悲声未息,皇家的逼婚使者又上门了。献之"炙足以违诏",宁愿自残,不娶那艳冶而霸道的新安公主。他抗皇命,又怕牵连家族。那公主迷他迷得死去活来,别说他烧烂右足,炙伤左脚,就是他削去了一条腿,砍掉了一只胳膊,她也要走进乌衣巷,嫁到王家!

皇帝的女儿没心没肺。

王家没辙了,献之勉强娶公主,皱着眉头做了驸王爷。郗道茂黯然离开了乌衣巷,未几,郁郁而终。献之因强烈自责而捶胸顿足。心疼与足疼,有如父亲的"摧裂肝肠"。

其时,羲之已在天堂,注视着儿子的婚姻悲剧。

二王父子,性格有相似处。

献之做了驸马都尉后,升官有如父亲升山。后官至宰辅。

献之与新安公主生一女,取名王神爱。

献之性善,对公主也好,但心里的疙瘩始终解不开。他和公主的侍婢桃叶好上了,互相写情诗,作《桃叶歌》,在江南广为流传。

献之诗云:"桃叶复桃叶,渡江不用楫,但渡无所苦,我自迎接汝。"从此诗看,桃叶怕公主察觉她和献之的缠绵私情,越河约会,战栗张望,为情所苦。

桃叶答诗云:"青青林中竹,可作白团扇。动摇郎玉手,因风托方便。"桃叶一口气写了三首情诗,持团扇遮羞颜,情状撩人:"羞与郎相见。"

新安公主还算大度,她佯装不知,任凭那二人长期幽渡,没有打压这桩动人的情事。

后来,秦淮河上的桃叶渡,得于桃叶之名。

献之为男女情事所苦、被温柔缠绕,当于书事有裨益。

他有个名帖叫《保母志》,受到当时及后世的广泛推崇。唐代一度失传,南宋诗人姜夔偶从农家得残碑,欣喜若狂。这保母(姆)名叫李意如,大献之七岁,原是郗璇从娘家带来的侍女,自幼向郗璇学书法,

"知及文章,事事有意……能草书。"保母到王家专门伺候献之,干家务,辅导献之,几乎是王家的第二个卫夫人。献之依恋保母,后来亲自为"李母"作墓志,爱母之情不加掩饰。宋代苏东坡也为乳娘任采莲写墓志,而当时的王公贵族,重金请东坡写墓志,请不动的。

文化大师们大都平等待人,孕育着民主情怀。

献之受点折磨,对艺术有好处。

他变古法,出新意,笔势汪洋,异峰凸起。沈尹默先生《书法论丛》引古人评语:"献之幼学父书,次习于张芝,后改制度,别创其法……变右军体为今体。"

献之今体中的今草,与唐代张旭、怀素的狂草不同。献之讲究"笔断意连",而不是一味放纵。姜夔评价:"自唐以前多是独草,不过二字属连。累数十字而不断,号曰连绵游丝,虽出于古人,不足为奇,更成大病。"

献之练字极用功,受父母之教多矣。他书写的小楷《洛神赋》(曹植名篇),与羲之的小楷法帖《黄庭经》、《乐毅论》,俱为"小楷之极则"。

书法大评家张怀瓘《书断》云:献之"能极小真书,可谓穷微入圣。筋骨连密,不减乃父。"

王献之被尊为亚圣,不是偶然的,更不是儿子沾了老子的光。东晋后期至南北朝,他的名气盖过了父亲,士林争购,大族珍藏,一幅字值千金,稀松平常。

总的说来,王献之少年得志风流倜傥,书风怪异奔突而不失法度,倒是新创法度。他对弟子羊欣有言:"学我者活,仿我者死。"他于父亲的艺术传承,恰似此言,善学而出新。风流极致处,"妍丽"、"奇诡"的书风亦天成,"尚奇之门开也"。

而东晋中后期,男子尚美之风越刮越厉害,以致贵族子弟化妆穿艳服,衍成风气。谢灵运便是一例。献之书法胜过羲之,盖因时代风尚的影响。

到唐朝,由于唐太宗、武则天及书家们的大力推崇,王羲之的书圣地位得以确立。褚遂良摹写《兰亭序》,多达十九种。

宋代又有反弹。米芾求购一幅献之墨宝《王略帖》,未能如愿,居然跳水自杀,吓坏了船上的蔡攸(蔡京的儿子),赶紧将献之宝帖卖给他。

米芾绰号米颠,狂傲不羁,他崇拜"尚奇大师"王献之,也大抵属于"生存向度决定意识向度"。

李煜看出献之书法的缺点:"失之惊急,故少蕴藉态度",这目光显然强于米芾。

书圣王羲之,亚圣王献之。二王俱圣,墨浪滚滚,至今传于大江南北,都市、小城、乡野,习之者何止千万。

现当代大书法家,吴昌硕,林散之,于右任,毛泽东,沈尹默,李叔同,赵朴初,沙孟海,启功等,留下许多临摹二王帖以及受二王书法影响的墨宝。

## 12

王羲之的身体素质原本极好,从山东、江苏、江西、浙江,到重返中原疾走五千里,几十年间"穷诸名山",徒步登临,称得上优秀的登山运动者。他也是美食家,每迁一地,不忘寻那些有特色的好吃物。他和郗璇一块儿研究养生,各有侧重,羲之服"五石散"有年,这石药散剂有毒,含石钟乳,石硫磺,紫石英,白石英,赤石脂,服用时拿捏分寸极难。据张仲景称,善服者寿过百岁。魏晋士人吃五石散成风,何晏等人尝到了甜头;数百年不绝,可见石药强体也不假。唐人学葛洪炼丹,受此影响大。李白是典型:"五岳寻仙不辞远";"吾将营丹砂,永与世人别。"他搬运矿石,炼丹四十九天,一张脸炼成了非洲人,服"九转丹"又狂拉肚子……

王羲之曾写信给朋友:"服足下五石膏散,身轻,行动如飞也。"

这表明,羲之服石散有过奇效。他晚年追随吴中道士频频冒险试药,加大剂量,还与许询跑到千里外采石药。五十多岁,身体每况愈下。郗璇苦苦相劝,羲之才停服五石散。而郗璇偏重药性温和的草药养生,如长期用茯苓丸、胡麻散、黄精、灵芝,酌量服虫草等,年过半百犹唇红齿白、乌发照人。

羲之在爱妻与良友的呵护下,长居剡溪金庭,体质渐渐恢复。大约五十六岁时,他一度从金庭返回建康城乌衣巷,张罗献之与郗道茂的婚事。道茂生润玉,羲之夫妇爱如掌上珠。岂知润玉未满周岁而一病夭折,羲之大恸伤身。不久,另一个孙女儿也病死了,羲之哀伤不已,致信友人说:"羲之顿首!二孙女夭伤,悼痛切心,岂意一旬之内,二孙至此,伤惋之情,不能已已。可复如何?羲之顿首!"

爱人至深者,伤痛不能消。

羲之身上旧毒复发,卧床不起。一代伟男子倒下了。

东晋升平五年(361),王羲之升天堂,享年五十九岁。

遗嘱要家人将他薄葬于金庭,"以身亲土"而已,不要朝廷的任何封号、谥号。这在当时,有犯于朝廷。

大师一生之所重,唯亲情、爱情、友情、艺术而已。

大师走了,郗子房从头回忆他波澜壮阔的一生,讲给儿孙辈听,她的语气平和冲淡,如叙家常。

谢氏、庾氏、桓氏、郗氏……大族子弟传二王轶事,广袤的民间盛传二王故事。至唐朝,王羲之大名垂宇宙。

今日,王羲之和王献之的绝代风流,为华夏子孙所共仰,亦为日本、朝鲜、韩国的书法爱好者们所尊崇。

# 谢灵运
（东晋 385—433）

谢灵运的独创性在于他的山水情怀。他扑向故乡，抓紧泥土，朝廷又将他拽回去……这种生存的二元结构是如此典型，所以他被唐朝的大诗人反复眺望。生存的悖论固定了山水这一审美符号。谢灵运开了一个头，王维、孟浩然、李白等发扬光大。官场与丘山之间所形成的历史性张力区，唐宋诗人们活跃于其中，显现并拓展这个张力区，消耗它的审美可能性。贵族才子谢灵运生逢乱世，被阴险而残忍的皇帝送上了断头台。

# 谢灵运

中国古代的山水诗，在三国时代曹植等人的笔下趋于成型。曹植存诗八十首，寄情于自然风物的不少。曹氏父子、建安七子的山水情怀都值得研究。曹植贵为魏国的王子，受到曹操的宠爱，封陈思王，却郁郁不得志。兄长曹丕老想杀他，逼他七步写诗。曹植给人的印象，是个忧郁多思的美少年。他曾经跟随曹操远征乌恒，能骑马射箭。他有政治抱负，希望能为国家效力。于是曹丕防着他，想杀他，如同南唐李煜的太子哥哥想杀李煜。历代皇宫里，这类杀机司空见惯。隋炀帝杨广不仅杀哥哥，他把父皇杨坚也杀了，江山美人双占，将一代佳丽宣华夫人抱到怀里。宣华夫人是陈叔宝的妹妹，艳而典雅，胜过陈国的头号美女张丽华。

古代多战乱，乃是因为权力总有无限膨胀的空间。而现代社会，必定压缩这空间。权力有各种变式，比如：资本和技术的权力，媒体的权力。指认这些变式，才能压缩形形色色的权力之越界扩张，催生它的制衡元素，维护生活世界的完整性。

曹植寄情于山水，盖由于不得志。他才华奇高，俊美而善良，待人平和："性易简，不治威仪。"才高使他受迫害，善良让他无限忧伤：善良者希望远离腥风血雨、骨肉相残。岂知他人品越好，越招来皇帝哥哥的猜忌。

曹子建纵情于中原大地，林木鱼鸟，湖海神怪，皆为他的情感所笼罩。名篇如《赠王粲》、《赠白马王彪》等，皆有忧郁、忧愤之山水扑面而来。

中国幅员辽阔,奇山异水无数,蕴藏着美的丰富矿藏。不过,山水之美并不会自动呈现。屈原、宋玉、贾谊也不得意,他们尚未揭示出山水诗这样的审美符号。庄子有这意向,却不写诗。

人世千年纷扰,山水永远自在。二者的巨大反差形成张力。而古代皇权覆盖两千年,这股张力周而复始。山水之美妙、拙朴、雄浑、勃然,对应着权力场之扭曲、诡谲、凶险、无奈。

这是中国古代诗歌的独特性。外国诗人可没有那么多山水诗,他们赞美神,歌颂爱情,沉思人性……

如果山水诗从建安时代算起,那么到宋代,好诗大抵已经写完。山水诗词作为一种审美符号,将自身消耗殆尽。为时大约一千年。

山水之美乃是古代"入世"意志的投影。道家讲出世,其对应物也是皇权。道家并没有完成自身的独立性。老庄的思考在今天亮出了它的古代边界。它在今天全球化背景下的强劲生发又当别论。

古代山水的无限朴拙,是在官场的百般扭曲中得以显现的。诗人们都是官员。歪官也写山水诗、田园诗,诗瘾还不小,虽然歪官通常写歪诗。

魏晋一度儒教不兴,道教盛行,玄言诗成百年风尚。玄言诗偏重玄理,却已蕴涵着可观的山水元素。东晋王导、王羲之、孙绰、谢安、许询、庾亮、庾翼等人,每聚会,不发几句玄言诗是不过瘾的,这些人又多是政坛、军界的大人物。

举谢安为例,这人颇有趣,他先隐于会稽(今绍兴)上虞东山二十年,携妓谈玄,名播士林了,然后带一身山林气走进官场,看人专看有没有山水气。孙绰更妙,他看某官员不顺眼,鄙夷说:"此人神情都不关山水。"孙绰的文章当时称第一,他是王羲之、谢安的好朋友,山阴兰亭雅集的活跃分子。孙绰的这句名言在士林中流传了几百年。南宋姜夔的山水诗写得好,朋友对姜夔开玩笑说:"处处山川怕见君。"而唐代,有王维和孟浩然的山水诗派。

东晋的山水符号比西晋更大,原因可能是:东晋王朝偏安于江左,七八个累世大族之间的关系错综复杂,官场之翻云覆雨更厉害,弄权高手们长期恶斗不休。厌倦官场成了"人之常情",再经玄风一刮,遂成"山水神情"之大观。顾恺之的山水画,谢灵运、谢朓的山水诗,陶渊明的田园诗,应运而生,佳作纷呈。

山水之能呈现为山水,乃是对应异质性的官场。这话听上去并不令人愉快,却很可能是真相。而古典文学研究,对山水诗、田园诗的追问尚未抵达这一层。

诗人们不去奔官场,青山绿水便沉默着,一如它亘古以来的那个样子。山就是山,水就是水,树就是树,石头就是石头,"一只鞋子就是一只鞋子"(法国超现实主义画家语)。然而,从来就没有一座绝对沉默的山,它在动物眼中也会呈现出某种情状,何况遭遇到人的眼睛。一切自然物对应着人的生存,远到星系云团,近到身边的蚂蚁。

山山水水向汉语艺术"蜂拥",始于魏晋,盛于唐宋。

田园诗则例外,陶渊明横空出世,把田园诗写绝了,他几乎垄断了中国一千五百多年的田园之美、乡野之美。唐朝不乏渊明的追随者,未能形成可观的田园诗派,盖由于无人能超过渊明。比如诗圣杜甫写乡村,诗句那么美,散发出来的还是"渊明气味"。宋代大诗人,从欧阳修到苏轼、黄庭坚、李清照、辛弃疾、陆游……个个对渊明顶礼膜拜。

今天,陶渊明的意义显然更大:人与自然的对峙局面若持续下去,将导致不可测量的灾难性后果,迫切需要一种渊明式的投向大地和天空的温和目光、审美情怀。人对自然的战争,远比人对人的战争更可怕,后果更不堪设想。

谢灵运和陶渊明是同时代的人,谢氏、陶氏都是东晋大族。东晋初年的征西大将军陶侃,是陶渊明的曾祖父。陶氏几代下来,渐成小族,到陶渊明,已走到贫困的边缘,需下地耕种,辗转于田畴,与乡下诸多"素心人"相伴到老。这反而成全了大师:"文化基因"在广袤的大地上生根发芽。

谢氏一族则日趋兴旺,高官频出,到谢安、谢玄两代进入鼎盛期,有数十年光景。谢玄是谢安的侄子、谢灵运的祖父。

东晋后期的谢家,其显赫的程度,和东晋前期的王家相似。王谢两家长期通婚。谢灵运的母亲刘氏,是王献之的外甥女。

谢灵运生长于东晋末,灵运二字,并不灵运。他出生后一个多月,谢安去世。谢安不仅支撑着谢家,更支撑着司马氏的晋室。谢安倒下了，东晋王朝风雨飘摇。后四年，谢玄死。

谢安晚年曾指挥著名的淝水战役，以八万晋军击败中原秦军八十万，阻止了北敌南犯。秦王苻坚吐血而亡。这人是氐族，称雄于中原。

战争打得最激烈的时候，谢安率领幕僚和一群歌伎饮酒赋诗，惹得朝野哗然。前线有谢玄的战报传来时，谢安正在建康（南京）的乌衣巷中与客人下围棋。他把文书略看了看，放到一边，继续与客人下棋，落子不乱，神情淡然。客人心想，前线传来的恐怕不是好消息吧？他哪里还有心思下棋，惴惴问主帅：淝水之战如何？谢安不答。当时朝廷舆论，持悲观论调者甚多，以中军将军桓冲的杂音为最。那秦王苻坚号称率兵百万，投下马鞭可以切断长江水。而谢安竟在千里之外饮酒下棋……室中棋客色变，再问时，谢安轻松地说：小儿辈破贼矣。来，吾二人下完这盘棋。

小儿辈指晋军前锋都督谢玄。

不过，谢安那一天送客时，由于步子急促，木屐撞断一齿，跛行多时而全然未觉。这表明，他刚才下完围棋，是有意展示风度。名士遇事不乱，处惊不变。大名士接到前线大捷的战报仍专心下棋，落子闲雅，这风度，要传遍天下并载之史册的。北方胡寇闻之胆寒。

谢安的风度，谢玄、谢石的赫赫战功，晋人几十年传颂。

而镇守荆州的桓冲，由于战前对谢安说了不少风凉话，深觉内疚，没脸见人，竟一病而亡。

谢安听说后，叹曰：知耻莫如桓将军！

谢安战前以风流造势，其实也是做给秦军看的，他深知苻坚骄横不可一世，引诱苻坚轻敌冒进。苻坚一武夫，有勇无谋，八十万人被八万晋军打得大败，兵败如山倒。草木皆兵、风声鹤唳的成语，就源于苻坚的八十万秦军淝水之败。

京城建康保住了，晋军还打过长江去，晋室似乎从此无忧。

谢安功成身退，欲回会稽东山度余年，却在途中病倒。他接到快马送来的家书，得知谢玄的孙子谢灵运降生于会稽郡始宁县（今上虞县西南），十分欣慰。他很想回去看看重侄孙，但已经力不从心了，几天后去世，享年六十六岁。谢安生前为太保，朝廷追赠，冥衔升一级，为太傅。太傅是帝王师。史称谢安为谢太傅。

谢灵运生于太元十年(385)的八月,降生十余日,便见满屋子飘荡着白色的东西,他后来才知道,那叫招魂灵幡。

谢安的东山别墅,灵幡百日招魂,道士巫婆各施法术。

谢灵运尚在婴儿期,周遭弥漫着死亡的色彩、气味、声音。

数月后,他父亲谢瑍也死了。家中设灵堂,又是那些白色的东西随风乱飘。有个穿戴整齐的人躺在灵床上,寿衣随风而动,身子一动不动……

谢家有人说,不该给这男孩儿起名起个灵字,这人立刻被族叔狠狠地扇了一记耳光。

灵运,是要带给谢家灵光和家运的。

灵运三岁,祖父谢玄告老还乡,朝廷念他功高,加官晋爵,并以会稽内史的身份闲居东山别墅。这个职务,王羲之曾经担任过。

谢玄居东山一年,也去世了。

谢灵运是谢玄唯一的孙子,服丧三年后,袭封康乐县公,食邑二千户。这是个可观的数字,二千户人家要向康乐县公缴纳赋税,并服从劳役。

谢灵运落到了一个超级富贵窝中,小小年纪已是大贵族,大富豪,所获遗产丰厚,食邑岁入巨万。他头上顶着家族的大光环,无论走到哪儿,人们都对他礼数有加,避退三尺。他首先是康乐公,其次才是谢灵运。会稽郡风景如画,他坐画船,乘安车(一种两匹肥马拉的有宽敞座位的马车),游山玩水,前呼后拥的。母亲刘氏说,不必如此兴师动众,当年王右军在会稽郡做内史(太守),并不张扬。谢灵运笑道:王家风度过时了,现在天下士子追随谢家。谢太傅居东山时,不亦是兴师动众畅游浙东么?

少年谢灵运登山利索,一蹿几百丈。会稽郡内稍有名气的山他都去爬。王谢风流,爬山是必不可少的功课。登山临水,极目天地间,"仰观宇宙之大,俯察品类之盛……"

谢灵运站在天姥峰上,朗诵《兰亭序》。

他自幼入学馆受名师指导,读书用功。当时,江南以至中原士子们所仰慕的王谢风流,学问第一,官位第二。王谢两家,更有一整套严格的、行之有效的家学。王谢几代子弟,入仕者甚多,既能建功立业,又能悠游于官场,为其他大族所叹服、仿效。东晋贵族对文化的传承显而易见。

"山阴道上桂花初,王谢风流满晋书。"

蜿蜒绵长的山阴青石古道,紧挨着烟波浩淼的鉴湖,道旁古木森森,奇鸟翔集,桂花成阵,大画师顾恺之曾作画,带去建康城,皇帝老儿为之倾倒。王献之又赞美说:"从山阴道上行,山川自相映发,使人应接不暇。若秋冬之际,尤难为怀。"

谢灵运喜欢走这条山阴古道。他自幼读诗书,览书画,追慕魏晋高士,对培养山川美感显然有帮助。

这一天他又轻车上路了。途中,他停车爬上古树,高翘腿,微闭目。他认为名士风流就要高翘腿,必要时跳将下去,脱光衣裳裸奔一回。西晋大名士刘伶不就是这么干的吗?

时为七月末,古道上吹着鉴湖的凉风,舒服极了。谢灵运身穿华服也罢了,还拖着长长的裙裾,平时显摆颇得意,几个仆人跟在他的身后,各执一端裙裾,走大街穿小巷,路人纷纷称奇。谢家子弟要风流,谢灵运的风流乃是自创新招。

这会儿,他下车走了一段古道,忽然称热,动手脱衣裳,什么带子坠子扇子,一并扔了,抬脚甩木屐,大半个身子已裸出去,吓得路上的越女惊叫,山阴汉子怒目而视。当然,没人敢对谢家少爷动手,谢灵运的仆从个个善拳脚,能使几种兵器。

仆从好说歹说,哄着谢公子把衣裳穿上,为他前后打扇。

谢灵运说:早晚我要裸奔一回。我是当今刘伶!

一个随行清客提醒他说:公子比那刘伶漂亮多了。

谢灵运笑道:我要刘伶的放浪,嵇康的容止,王戎的智谋,山涛的官位。

清客笑问:还有那位醉酒六十天、拒绝做司马昭女婿的阮步兵呢,你要他什么?

谢灵运吟阮籍诗曰:我欲"郁然思妖姬"!

这少年摸摸自己脸上挺直的"王氏鼻子",又说:邻家若有美少妇,我每天都去套近乎。军中死了漂亮女兵,我连滚带爬去哭她,哭她三天三夜！

清客捋须道：堂堂康乐公，何须套近乎。普天下的妖姬，觅之有何难？

谢灵运说：这个你就不懂啦。魏晋风骨，王谢风流，二百年来本是一家。

清客惊叹：康乐公出奇语矣，少年有此识见，他日名震士林！

谢灵运受了夸，心下舒坦，赏给清客一把有谢玄题字的扇子。他今日去山阴城的会稽郡府，拜见内史王凝之，也是走亲戚。王凝之是王羲之的次子，他的夫人谢道韫，是谢玄的姐姐、谢灵运的姑奶奶。

谢道韫已是白发苍苍，精神却好，风度犹佳。她写咏物诗，有个形容雪花的名句，别人形容雪花，"撒盐空中差可比"，她说："未若柳絮因风起。"族人戏称她"谢柳絮"，她欣然接受。

谢道韫年轻时才貌俱佳，曾经看不起王凝之。书圣的七个儿子中，小儿子王献之才气超然，"风流为一时之冠"。谢道韫的弟弟谢安，更是貌比潘安、才比诸葛亮。谢道韫小瞧王凝之也不奇怪。但夫妇相处若干年，道韫看凝之渐渐顺眼了。

谢道韫不仅写诗，她还练长剑。秋风里，冬雪中，人影、剑影舞成团，入冬更有雪影⋯⋯

谢灵运到山阴城住了三十多天。姑奶奶教他写诗，带他练剑，给他讲解"二王"书法的妙处，夸他既有灵性，又有学习的劲头。灵运偏着脑袋对姑奶奶说：谢太傅不正是这样的人吗？

谢道韫"大奇"，她一把搂过可爱的小侄孙，想念去世的谢安、谢玄、谢瑍，泪湿罗衫。

谢灵运小小年纪，已知追随谢安的风度，真是谢家之灵运。灵运初生时，谢氏家族连丧英才的悲惨光景，将一去不复返。

王凝之、谢道韫夫妇，深信着这一点。王谢两家，百年内的前后两大"首望"之族，族运必定长远！

王氏一族，从秦汉到魏晋长盛不衰，族运胜过刘邦、曹操、司马氏的国运。谢氏家族能有这般荣耀吗？

王家人和谢家人，都对天资不凡的谢灵运寄予厚望。

山阴好玩，英俊少年不想走。

姑奶奶家里有个小侍女,叫做辛奴儿,在谢灵运看来是生得极好,容貌体态初显"妖姬"情状,举步屁股要扭,哼曲脖子要转。谢灵运拿眼睛连瞅她三次,她会羞涩地回望他一次。

有一次,辛奴儿给谢灵运奉茶,无端打碎了茶碗,滚烫的茶水溅到谢灵运的手上,他自己疼得哎哟一声,倒去关心辛奴儿,拿绢帕擦拭她腿上的茶叶。辛奴儿只不动弹,小脸儿羞得通红……

姑奶奶在堂上,心明眼亮呢,却只当没看见。

毕竟灵运年幼,这孩子若是情色发动过早,对将来的文化修养、政治智慧均有不利。士族培养"佳子弟",有代代相传的经验。而一般暴发户纵容儿子,往往出纨绔……

谢灵运带着一群仆从回始宁,辛奴儿躲在厢房门后,美目送他上路。他登车回首,与辛奴儿含苞欲放的目光接上了。

这一年(396)的九月上旬,东晋的京城建康出了大事:孝武帝司马昌明死在一个姓张的美姬手上。

东晋几个皇帝当中,司马昌明是比较出色的,他和胞弟司马道子都是强势人物,扭转了晋室衰弱、权臣当道的局面。他重用的谢安、谢玄皆为忠臣,淝水之战打掉了北方秦国的威风,使其一蹶不振。南方对北方形成了军事重压,晋军北伐,有望收复中原。

然而天有不测风云,国有旦夕祸福。

时近重阳节,皇帝设便宴款待官员,张美姬坐在司马昌明的身边,占据着本该属于皇后的位置,满面春风接受群臣的朝拜。这女人快满三十岁了,不乏驻颜术和心术,能媚惑君主,却处于宫中宠姬的敏感期,地位上不去,容貌要衰败。席间,司马昌明半开玩笑对她说:张姬啊,你快老啦,朕对宫中的小妖姬感兴趣,你看这事儿咋办?

张姬顿时不乐。

官员中有几个属于皇后派系的,同声哂笑,举酒相属,似乎是在预祝张美姬早日成"废姬"。

张姬此刻醉颜通红,旁人也看不出她是气得脸红筋胀。她恨恨地嘀咕:你嫌我老,我要你死!

司马昌明扭头问她:说啥呢?

张姬随口回答:山阴贡酒好香。

司马昌明本是豪饮,听她称赞山阴贡酒,不禁一笑,举觞喝下去,复与司马道子等人说话。

过了好一会儿,张姬还在嘀咕:你嫌我老,你嫌我老……

皇帝喝醉了,是夜,仍与张姬同寝于夏宫清暑殿。他席间说的那句话,也许真是开玩笑,但张姬酒后辗转于枕席,越想越生气。她连年侍寝的"专宠龙床",眼看要被宫中那些个小妖姬占去,与皇上情话绵绵,颠龙倒凤,生下许多皇子。十几岁的小妖姬个个神气,"艳力持久",她张美姬转眼成废姬,宫里宫外受人欺,家人族人遭遗弃……张姬有她自己的"历史观"。她耳闻目睹的宫闱事件,形成了她的"历史经验",加上酒力一逼,妒心膨胀,恶念横生,这女人,竟然用夏天的薄被褥把皇帝闷死在龙床上。

侍婢听到了张美姬的嚎叫:你要我老……

司马昌明喝酒过量,人已进入浅昏迷状态,张姬臂长力大,哼哼唧唧出恶气,拿被子闷他,把他闷成了深度昏迷。可怜的孝武帝两腿一蹬,死在爱姬的两条玉臂之下。过分宠爱女人是他犯下的一个错误:皇帝爱美姬,美姬同样爱皇帝,这爱,在她可能失宠的时候转变成了恨。

至尊男人出言不慎,遭此横祸。

张姬见帝死,吓一大跳。

席间一念起,天下祸乱生。

张姬串通心腹侍婢、太监,对外称孝武帝痰火攻心而"暴崩"。

她急中生智:向会稽王司马道子报丧时,一身素服,暗施脂粉,面白而唇红,玉齿闪闪烁烁,哀容不掩艳色。也许司马道子多年来对这位大艳姬印象鲜明,对她编的故事一概相信。

翌日重阳节,太子司马德宗迅速登基,称安帝。这男人却是白痴,司马道子举他做傀儡,改组政府,重用一班活蹦乱跳的"速进之臣",同时削减几个大州刺史的兵权。不料,削兵权捅了马蜂窝。年底,州刺史、郡太守纷纷以清君侧的名义,调兵遣将,剑指京城。

司马道子抓兵权太急,其智商也有限。

张姬弑帝,瞒天过海保得一条性命,却让晋王朝再一次陷入乱局。这女人活在她自己的视界内,不可能倒转视线掂量种种严重后果。情心生妒意,左右了她的意识向度。她只是酒后醋意大暴发,意外闷杀了和她同床共枕若干年的老男人。

司马昌明死,谢家高度紧张了。

谢安的孙子谢混,是谢玄之后的家族头领,他的官最大,娶晋陵公主为妻,是孝武帝司马昌明的驸马。白痴安帝立,司马道子专权,谢混为保全家族的地位而调整依附对象,转投司马道子的麾下。

乌衣巷中的谢家暂得无事,会稽郡的王谢两家却遭殃了。

新安太守孙泰,也是三吴之地五斗米教的教主,他暗中兴兵反晋,被司马道子发现了,派兵缉拿,满门抄斩,只逃了一个侄子孙恩。孙恩到海岛上聚集了孙泰的大量信徒,弃耜操戈,攻打会稽郡。太守王凝之抵挡不住,和他的两个儿子一同被杀。谢道韫挥剑连砍数人后,也被擒,但孙恩没杀她。

次年,晋军从建康杀来,一度夺回山阴。孙恩聚兵再攻,把城池夺了回去。谢氏家族的四个年轻军官死于血战中。

山阴大战期间,谢灵运跟随母亲躲到钱塘去了。

孙恩反晋,三吴八郡大乱。世居荆楚的桓玄趁机拥兵自重,威逼朝廷。他的大军从荆州出发,旌旗蔽空,浩浩荡荡开进了石头城,驻扎在秦淮河畔。他还想驻军乌衣巷,受谢混一顿抢白,才打消了进占乌衣巷的念头。

桓氏家族,几代人对乌衣巷羡慕得无以复加。桓玄是个大军阀,对艺术品有嗜好,尤爱二王书帖,不惜重金收购。他父亲桓温,就从王羲之的手中讨过几件墨宝。

桓玄带兵雄踞建康,他想当皇帝,根本不把司马皇族放在眼里。即使是司马道子这样的霸道人物,在他面前也只能忍气吞声。然而有个将军不买桓玄的账,此人是驻镇京口的刘裕。

庶族出身的刘裕,后来终结了晋朝。

刘裕早年是个穷孩子,刚出生母亲就去世了,父亲扔掉他,婶婶闻讯赶来,在荒野草丛中把他找回,以乳汁喂养,宁愿让她自己的婴儿饿得哭叫。刘裕长大了,自学了几个字,像刘备一样以编织草鞋为业,像刘邦一样结交村里的泼皮无赖。

孙恩反晋之初,晋大将刘牢之到京口(今江苏镇江市)征兵,刘裕应征入伍,迎战孙恩部卒,勇猛异常,很快成了刘牢之帐下的一员虎将。桓玄大军入建康,夺了刘牢之的兵权。刘裕避其锐,退居京口观望。他劝失掉兵权的刘牢之随他往京口,牢之不从。这位淝水之战的功勋大将,在建康昼夜奔走,联络一些军人,密谋推翻桓玄。不料密谋泄漏,刘牢之反被桓玄捉拿,斩首弃市,头悬于秦淮河上的朱雀桥。

刘裕长居京口,不慌不忙地培植势力。他受命与孙恩战,收编了孙恩的大量人马。孙恩数年间聚兵数十万,与晋军苦战,终于不敌,跳海自杀。他的信徒和妻妾几百人也跃入大海的波涛,时人称之为"水仙"。

几年内发生的所有这一切,皆由于皇权旁落。从汉末董卓乱,到魏晋南北朝的数百年间,想当皇帝的人,数都数不清。

公元四世纪末,一个张妖姬闷死了晋武帝,重新拉开了乱世的老戏大幕。谢灵运的命运将被如何书写?

谢灵运十六岁迁居乌衣巷,依然过着锦衣玉食、肥马轻裘的日子。他仰慕晋陵公主的仪态,追随从叔谢混。谢混也是"美姿仪",文采风流冠绝一时,有王献之再世的美誉,晋陵公主满心欢喜地嫁入乌衣巷的谢家。而当年的新安公主不惜以逼婚的手段,把已有妻室的王献之抢到手。

王谢风流到极致了。

自晋室南渡以来,百年间一代又一代的王谢佳子弟,其生存向度,乃是艺术与爱情。权力欲退居次要。这也是必然趋势:艺术、爱情的份额增大,权力欲会收缩它的地盘。王谢两家大抵是"保皇派":王家出过一个逼宫的大将军王敦,被丞相王导以武力剿除;谢安做丞相时,军政两摄,未曾萌生过代晋的阴谋。这种智慧耐人寻味。保家族兴旺的前提是拥护司马氏。如果王氏或谢氏取代了司马氏,那后果,将重演司马氏取代曹氏的历史悲剧。当初诸葛亮忠于蜀国后主刘禅,嵇康、阮籍鄙视司马昭的篡魏之心,他们的心境,盖与王导、谢安同。

值得注意的是,上面提到的几个人,都有极好的文化修养。

文化究竟是什么东西?软实力之"软"究竟软在何处?

文化无非是：看事物更广泛、更深入一些，能多方掂量人性。而软实力的发力，乃是弱化权力意志，强化生活智慧。

书圣王羲之拒绝做宰辅大臣，沉醉于汉字的书写艺术、与郗璇琴瑟和谐几十年，生活智慧上升，权力意志下降。王羲之的家族意志也要服从他的生活及美学向往。

可惜漫长的古代，这种智慧没有推广的空间。目光长远的文化精英也寥寥。尽管历史惨剧一再上演，还是有很多人绞尽脑汁想做皇帝，想当"头霸王"。

谢家子弟生活在著名的乌衣巷，谢灵运和他的一帮堂兄从弟，华服出游诗酒留连，安车与肥马来去如风。这些贵族子弟，一个个英俊潇洒，目如朗星，面如敷粉。有些少年要敷粉的，说是追随三国时的何晏，他们的举止也趋于女性化。荣华富贵几代人了，以家学、家教为炫耀，以才华风度知名于世。谢混带领下的谢瞻、谢晦、谢灵运、谢弘微、谢惠连、谢方明……皆是诗人，棋手，书画好手，美食家，美饰家，玩耍戏谑的行家。没人举止粗暴，甚或目露凶光。精致生活几十年，器皿的光泽和女性的美目交映生辉。这种老贵族家庭的生活常态，这些温和而有教养的佳子弟，要他们在短时间内换成一副凶相，"虎行狼步"，杀人如麻，无疑是天方夜谭。

盛唐，南唐，北宋，百姓生活好，哪能识干戈？

冷兵器时代，野性兽性不能充分调动并长期保持，则幸福家园难保。生活世界的智慧无力面对突然逼近的刀枪。

皇权一旦失控，明里暗里的刀枪都竖起来了。

乌衣巷的好时光已经屈指可数。

眼下还好，晋陵公主还住在这儿。司马德宗还在皇位上。

桓玄的荆楚兵驻扎在秦淮河边，耀武扬威，马队全城奔突。而桓玄本人优哉游哉，今日入宫吓皇帝，明日到乌衣巷拜访谢家。他喜欢清谈，崇拜谢安，几乎逢人便问：我比谢太傅如何？王羲之的外孙刘瑾当面嘲讽他。这桓玄多年练书法，草书有些功底，于是又屡问别人："我何如王献之？"王谢家人讽刺他，他打个哈哈罢了。他拿走了顾恺之画会稽山水的几幅名画，邀请谢混、谢灵运同赏。他点评名画不到位，谢灵运要纠正他。桓玄并不生气，伸出大手摸摸谢灵运的头，称赞十七岁的谢灵运"貌好才高"。

桓玄是与谢安、王献之同时代的人,生得高大威猛,有桓氏家族的体貌特征,却染了不少文墨气,对谢家人礼数周到。

当年的太尉或大将军庾亮、庾翼、郗鉴、谢安,谁不是一流的艺术家呀。

有一天在朱雀桥上,谢灵运问桓玄:将军拥有荆楚,占国土一大半了,为何还要学王敦逼宫、抢龙廷?

桓玄一愣,竟然无言以对。谢混在旁边,忙做手势阻止谢灵运。这少年瞪圆眼,再问:刘牢之将军打败符坚有大功,为何要把他枭首、把他的头挂在这朱雀桥上?

桓玄说:他降我又反我,故诛之。未灭他三族,已是念他有功了。

谢灵运喊道:秦淮河甚是妩媚,朱雀桥如此漂亮,为何桥上偏偏要悬挂血淋淋的人头?!

桓玄面有愧色,掩饰说:这桥上行人多嘛。

朱雀桥宽二丈余,走得驷马高车,日行数千人。

夕阳照在秦淮河上。桓玄伸手抚摸谢灵运的肩膀,谢灵运厌恶地躲开了。

桓玄注视河面的金波良久,徐徐道:我不会难为王谢子弟的。


不久,桓玄进位丞相,加九锡。

他一步步将京师的各种势力摆平。逼安帝禅让皇位给他,耍了不少花招。有学者称,这类禅让把戏的始作俑者是曹操。

403年十一月,桓玄要正式当皇帝了,跑到安徽当涂的九井山去筑坛,祭祀天地。

京口的刘裕也在等着这一天。日后他举兵讨伐桓玄,就是师出有名。他找了一个文武双全的搭档名叫刘毅。刘裕、刘毅情同兄弟,夜里畅谈时,往往抵足而眠。他俩暗中准备合力攻打建康。

刘裕入京参加桓玄的登基大典。二人十分亲密,搭着肩膀说话,脸颊相挨如同热恋情侣。桓玄对群臣夸赞刘裕说:"裕风骨不常,盖人杰矣!"刘裕则称颂新皇帝的圣德,献上了奇珍异宝。

刘裕在京城待了半个月,每日与新皇帝欢宴,大醉而不忘臣礼。桓玄暗喜，寻思这江山是坐稳了。他与桓氏族人举酒同庆。岂知刘裕回京口，立刻发动庞大的军事机器。刘裕的好兄弟刘毅，此间已将军力部署完毕。

于是，打起来了。

谁跟谁打不重要，要紧的是：双方拉开架式大打。犹如近年来的那些个打架"作品"：武林中人随便找个理由，拉开招式打将起来。

刘裕的军队打得艰苦，打到建康城外时，犹未分出胜负。刘裕本人赤膊上阵，狂舞长刀，差一点死于桓玄的大将皇甫敷的戟下。论武艺他不敌皇甫。他身受几处伤，气喘吁吁背靠大树，闭目等死。在他即将被长戟刺穿咽喉之际，部下发箭射倒皇甫。刘裕这才负痛挥刀，鼓足最后一口气，砍下了对方的人头。建康守军士气大减。

桓玄连损几员大将，抛下了龙座，放楼船逃向浔阳。他和儿子桓昇在船上抱头痛哭。顿顿咽不下米饭，每吞一口饭，需要儿子使劲抹他的胸口。江行数日，夜月如轮，清波有声。父子抱头哭够了，开始思念荆楚大地的好时光……

何苦争帝王！然而，悔之晚矣。

当年，大将军桓温就想当皇帝。现在儿子干成了父亲想干的事，却落得千里大逃亡。

终于未能逃脱。刘裕将他捉拿，"慢刀"枭首。

桓氏家族俱灭，几百颗人头落地。"重量级"的人头再次挂到了朱雀桥上，小民万人往观，嗟叹不已。仅仅数月前，那桓玄骑宝马金盔银甲，何等的威风……

谢灵运每日徘徊于秦淮河畔，不愿走近桓玄人头。

夜来做梦，梦回山阴道上的佳山水。醒来泪湿枕头。人间多少事，谢家少年想不通！为什么、为什么呀，老是要杀、杀了又杀？

谢灵运把桓玄送给他的几幅草书藏起来了。

谢混彻夜不眠，紧张思考对策。乌衣巷边的秦淮河，吹来阵阵血腥的风。他必须千方百计保全谢氏家族渡过难关。他对晋陵公主叹息说：桓玄尚知文墨，那刘裕只是一介武夫！

公主默然。司马皇族尚且难保……

刘裕带兵进京，一月之内，把晋安帝处理成儿皇帝。

他权倾朝野。昔日的好兄弟刘毅,对他侧目而视了。

兄弟俩都瞅上了建康宫中的皇位。暗里提防对方,当众友情如故:坐同席,出同车,互夸才德,互赠良驹……

谢混决定:将几个谢家子弟分别送到刘裕和刘毅的幕府中。家族欲自保,须走两条路。夏末秋初,谢混将带着谢灵运跟随刘毅去江州。

这一年,谢灵运二十一岁。已娶妻,大约他并不满意,后来写诗为文,没有一个字提到她。

谢灵运从钱塘来到乌衣巷,已有五、六年。现在将要离开了,他有一种说不出道不明的伤心预感。谢家居乌衣巷近百年,画栋雕梁,精美庭院,一代又一代谢家子弟俊彦辈出……谢灵运徘徊于深巷,低着头,暮春小雨随风扑面。

远处有个寺庙,和尚们的诵经之声隐约可闻。

谢灵运近来忽然对佛学有感觉。尘世血腥一浪盖一浪,撞击着年轻人的心。透过层层血光,他看见了祥云之上救苦救难的慈悲佛祖。他开始学习梵文……

这个暮春的下午,谢灵运失魂落魄走在乌衣巷。谢家的门,王家的门,有过多少欢快的身影两边穿梭,子弟切磋诗文,男女约会黄昏,小孩儿整天疯玩……

雨丝飘在天地间。情绪激荡于方寸间。

此时的谢灵运,隐隐约约渴求着什么,但并不知道自己究竟想要什么。和尚的诵经声并不能带给他全部的慰藉。

久违会稽佳山水,此去江州看庐山。

山川拨动了谢灵运的心弦。

如此强烈的震颤,令他殊觉意外。山阴道上的记忆向他扑来,他仰面吸一口长气,缓缓吐出去。这个神奇的下午,这恐怖生存的间隙与停顿,绵长的沉思接上无边的雨丝。

他快要走到乌衣巷口了,巷口的那棵老槐树,据说王羲之少年时常去伫望夕阳,浑身上下裹着层层忧伤。这会儿已是黄昏,树下有个修长人影,莫非是王羲之的幽灵故地重游?

谢灵运走近去,才发现树下站着的是个布裙女子。这女子头发淋湿了,她抹一把脸上的雨水,表情奇怪,直直地望他,嘴唇嗫嚅,想说不说的样子。

谢灵运仔细打量她,忽然叫道:辛奴儿!

果然是姑奶奶谢道韫的侍女辛奴儿。当初谢灵运去山阴城时,她才十一岁,俨然丽人坯子。谢灵运十二岁。男孩儿女孩儿那飘出去的情丝,时隔八九年又飘了回来。这可有点怪。

谢灵运问辛奴儿,何故站在这树下？辛奴儿抬起头望望雨天,说是躲雨。她的情状却说着另一回事,也许到这树下不止一回两回了。谢道韫去世后,父母接她回家,要她远嫁余姚乡下的一个老地主。她逃婚,揣了一些钱孤身跑到建康城,住进乌衣巷附近的一家客栈,打算花光钱后再找一户人家做侍女。其实以她的"身份",满可以直接敲开谢家的门。她畏缩,只于巷口的老树下观望。今天下午,她淋着小雨站立多时了,依稀觉得巷中的男子像她熟悉的谢公子,可她又不敢走进乌衣巷。京城百姓,把这乌衣巷中的百年豪门说得有些吓人。

谢灵运去了辛奴儿的小客栈,听她讲了许多,深夜方归。

第二天,辛奴儿焕然一新了,衣饰,发型,配环,香囊,团扇,全是很花钱的。辛奴儿容光照人。客栈老板瞠目结舌。

她提裙裾,登安车,步态身姿都变了。这些动作她原本熟悉,居山阴的王家,暗里模仿过。安车直驱乌衣巷,进入谢家朱门。几天后的吉日良辰,谢灵运正式纳辛奴儿为侍妾。多年的谢家侍女,如今也有了丫环伺候,一时幸福得云里雾里。

谢灵运让她的艳光给照得,几乎怯于"直视媚目",后来对谢晦感慨:二十几岁方才懂得,阮籍所思之"妖姬",原来藏在寻常巷陌间。

洞房夜又有一喜:辛奴儿还是女儿身,这些年简直是为他谢灵运守身如玉。

七月,谢灵运携娇妾去了江州,双双沉醉,公务之余不辨天日。庐山下别墅中的红男绿女,根本不知庐山在何处。

不知庐山真面目,只缘身在情浪中。

谢灵运这个人,爱起来昏天黑地。谢混狠狠地批评过他几次,他沉醉如故。学梵文也中断了。江州刺史刘毅,倒对他的放浪形骸表示赞许,说他有阮籍的风度。这一来他更起劲,觉得自己追随着当年的谢安,抱艳拥美,隐于青山绿水。

两情若得久长时,要珍惜朝朝暮暮。

一晃三年过去了。谢灵运大致待在江州,任职于刘毅的府中,嗜酒、痴情、畅游,不废公务。他决定好好干,不负"刘江州"。

谢混跟随刘毅复回建康任职,当上了大官,为刘毅左膀右臂。谢灵运带辛奴儿游临川,谒羲之墨池,居水帘深洞,近观瀑布三千尺。山水清音渗入了潜意识,犹如十几年前,谢灵运与辛奴儿萌生的那一点爱意,制造了今日之情爱大观。

辛奴儿受宠过速,伏下了若干年后的悲惨……

刘裕和刘毅明和暗斗,上演经典剧目"兄弟阋于墙"。二人各出阴招,先搞对方的得力手下。

谢混官至尚书仆射,位列宰辅大臣。皇帝这么安排,有制衡刘裕的考虑。皇帝司马德宗形同智障,弟弟司马德文替他打理朝政。刘裕势大,掌握着兵权,渐渐露出几年前桓玄的那副凶猛样子。刘裕不大识字,跻身权力斗兽场,看上去比桓玄更可怕。司马兄弟常常躬身迎他,有时候还仰他鼻息。

谢混是晋室重臣,与晋陵公主居于乌衣巷。他位高而待人谦和,官员们都乐于和他交往。乌衣巷颇热闹,冠盖如云,高官们进进出出。这个现象引起了刘裕的注意。而谢混对二刘的暗中争斗掂量不够。艺术家的气质使这位谢家顶梁柱的心地趋于单纯,他也思考政局,所思有限。

刘裕找个理由将他下狱,复以安帝的名义将他赐死。

大权臣杀谢仆射,动作简单。

晋陵公主和她的两个小女儿痛哭连日,谢家的悲声弥漫了乌衣巷。

皇权风雨飘摇,大族老树折断。

刘裕叫安帝下旨,命晋陵公主改嫁。公主宁死不从,只身搬出了乌衣巷,把女儿托付给谢混的侄子谢弘微。

乌衣巷变得一片死寂。夜里,冷月照着。

有胆子大的建康市民夜走乌衣巷,翌日散布说,听得谢家王家的新旧冤魂俱呜咽……

谢灵运在江州得到从叔的噩耗,已是半个月以后。他连抚棺的机会都没有。于是自设谢混的灵位,七日哭跪,膝盖生茧。后来他写诗给谢晦,回忆乌衣巷中的美好时光:

"伊昔昆弟,敦好闾里。我暨我友,均尚同耻。仰仪前修,绸缪儒史。亦有暇日,啸歌宴喜……"

具有文化修养和政治理想的谢氏家族,横遭原始形态的权力争斗,悲剧难免。谢晦、谢瞻、谢弘微等人,还得依附于头号军阀刘裕。

刘裕除掉谢混威慑百官。刘毅受到莫大的刺激,在荆州江陵城加紧备战。

两个共同起事推翻桓玄的"好兄弟"打起来了,刘裕先下手,挥戈直取江陵。刘毅苦战不敌,自缢身亡。他的兄弟、子侄辈悉数被诛,被斩首弃市二十余人,幼者仅三岁。

谢灵运的另一个从叔谢纯,在刘毅府中任卫军长史,拒绝逃亡,死于乱军之中。

刘毅虽死,但刘裕不让他全身入土,下令割其首级,回船抵建康,把刘毅及其子侄、党羽的头挂到朱雀桥上。谢纯参与谋反,死前还嘴硬,他的头也被悬起来了,恰遇大雨,雨水冲得冷面如白纸……

刘裕招降谢灵运,谢灵运别无选择,这一年他二十七岁。谢混生前讲过:要保存家族的种子!

两个叔叔惨死,均在不惑之年,未及知天命而去了天堂。

有一天,谢灵运忽然对辛奴儿说:我恐怕活不到五十岁。

辛奴儿惶恐莫名。

这些年的谢家子弟,能活到四十岁就算不错了。

不久,谢瞻病死,年仅三十七岁。后四年余,晋宋易代,居高位的谢晦追随刘义真,兴兵反叛皇帝刘义隆,复被朝廷诛杀,年三十八。他弟弟谢㬭、谢遯,同时被诛,枭首示众。朝廷的血腥斗争中,这些贵族子弟稍不留意,或留意过度,跟错了主子,刀就架到脖子上了。

入朝为官的谢家子弟,于东晋末年,刘宋初年,差不多要死光了。

东晋义符八年(412),二十八岁的谢灵运回京城,请求调任秘书丞,掌管秘籍图书,刘裕同意了。这位头号权臣忙着两件事:打压司马兄弟,部署北伐事宜。

谢灵运埋首于典籍,时常躲在书堆后哭泣。他本不是柔弱男儿,一般不哭鼻子。但他现在,动不动就拿图书遮面啜泣,双肩抽动很厉害,能达几个时辰。

回转乌衣巷,望天大号啕。

妻妾都不能劝慰他了。伤心男人再次捧上了佛典,学梵文、佐卢文,拜谒高僧,聆听佛法。他撰写梵汉对照的专著《十四音训叙》。

被血腥味儿逼得透不过气来的谢灵运,转向佛境求安宁。

杀戮太多。人事无常。心似已灰之木,身如不系之舟。刘裕北伐,也是意在扩大他的势力范围,掌控浔阳、武昌、京口等军事重镇,时机成熟,代晋自立。

刘裕之心,路人皆知。

皇宫里的晋安帝度日如年。忽一日,有人送来了毒酒。安帝司马德宗拒绝自杀,即被士卒用被褥闷死,那窒息的感觉大大强于当年喝醉酒的孝武帝司马昌明。

刘裕安排司马德文当皇帝。这个皇帝越发谨慎恭谦,后世称他晋恭帝。他自己支祸煮饭,免遭饭毒、菜毒,并以体弱为借口戒了酒。家人偷偷送酒来,他才偷偷喝几口……

谢灵运听这些事,一脸木然。他现在形同木人,连辛奴儿的美色也不大看得见。爱妾撒娇,懊恼,他视若无睹。佛主教诲要远离色欲、绮念。

这两年,佛身广大,丽影缥缈……

刘裕率军过长江,打到中原去,一度收复洛阳、长安。谢灵运受命到彭城(今江苏徐州市)劳军,一去近两年。后勤军务极为繁杂,谢灵运倒成了工作狂,受上司嘉奖时,他露出高兴的模样。他是谢家的"种子官员",心里再苦也要装笑脸,寻机升官,"死灰复燃"。回宿舍写诗叹息:"明月照积雪,朔风劲可哀。"

在彭城,他与著名诗人颜延之一见如故。二人痛饮,颜延之飞笔题诗于壁上:"阴风振凉野,飞雪瞀穷天。"

两个有文化的官员,心声何相似。

人在仕途已久,转身也艰难。谢灵运还肩负复兴家族的使命。颜延之提到浔阳的一位高人,穷困潦倒而意态悠远,勤农事,饮劣酒,抱膝长吟。

谢灵运颇不以为然,说:意态悠远、抱膝长吟?先生言过了吧。隆中诸葛亮,东山谢太傅,方可配这八个字。

颜延之笑道:依我看,此人风度,当在诸葛丞相和谢太傅之上。

谢灵运"素有拗劲",举酒摆手曰:差,差,差。喝,喝,喝!

颜延之说:我吟他几句旧诗,佐康乐公酒兴吧。

灵运点头:颜公但诵无妨。别搅我酒兴就好。

颜延之吟道:"少无适俗韵,性本爱丘山。误落尘网中,一去三十年……"

谢灵运抬起了头。

颜延之再念:"结庐在人境,而无车马喧。问君何能尔?心远地自偏。采菊东篱下,悠然见南山……"

谢灵运震撼了,平淡诗句直入灵魂深处。孔明谢安,哪有这境界!可是他不想再听了,他的生存轨迹,与这高人相去太远。颜延之素喜戏谑,微笑着,抱膝再吟:

长啸掩柴门,聊为陇亩民。

谢灵运几乎要捂耳朵了。一股眼泪夺眶而出。

颜延之笑道:不念了不念了。这高人的曾祖父,你知道是谁?晋室大功臣、征西大将军陶侃!

谢灵运忙道:小子不才,敢问浔阳高人名字号?

颜延之说:陶潜,字渊明,号五柳先生。

又说:我去年过浔阳,给他留过一些酒钱,留在栗里的酒肆。他也不问缘故,饮酒自去。

谢灵运说:我要去访五柳先生,一定去!旷古高士,焉能不去朝拜。

颜延之说:别忘了给先生留点酒钱。记住,栗里小酒肆。天下只此一家,别无分店……

谢灵运从彭城返回建康的途中,京城又出大事了。刘裕终于称帝,改国号为宋。晋恭帝司马德文逊位,称零陵王,退居六十里外的小县城,布衣粗食,希望能活下去。刘裕派人去毒死他。这怀揣毒药的人名叫张伟,是个好心人,走到半路上,越走越伤心,仰望苍天喃喃自语:"弑君而求生,不如死。"张伟自饮毒酒倒下了,横尸荒野。刘裕大怒,派人割他首级,尸身抛给野兽。如果野兽有知,闻刘裕辈之名而胆寒矣。

刘裕再施计杀恭帝,买通了褚皇后的亲哥哥,也是送毒酒。这褚皇后此前连生二子,生一个刘裕就溺死一个。王妃拼命护丈夫,不料趁她不备,亲哥哥送来了毒酒。恭帝是佛教信徒,也想死后留全身,被士卒先勒后闷,闷死在简陋的木床上。

安帝、恭帝死,都只有三十几岁。

刘裕下旨朝野举哀。他一连三日率领百官,哀悼琅玡王司马德文于朝堂。悲风出朝堂就变成了恶风,刮遍江南几千里,小族大族,唯念佛祖保佑他们的小命,不敢乞求法力无边的佛祖降妖伏魔。

谢灵运为恭帝、为长达152年的晋朝伤心不已。

岂料他自己更倒霉:国事忧未已,家丑又曝光。

谢灵运匆匆回建康,身心格外疲惫了,走进乌衣巷顿感亲切,虽然这繁华地,如今是大不如前了。恰是三月暮春时,细雨蒙蒙,飞絮重重,巷口那棵老榆树下,依稀有个倩影俏立于漫天雨丝。辛奴儿!"两年不见伊,魂魄俱相依。"

守门的老仆陡见主人回家,不禁神色慌张起来。另一个门人桂兴,未见人影。

谢灵运此时尚未生疑,过庭院时还在哼唱:"未睹姝子久,两鬓二毛生。"

走到辛奴儿的房间外,已听得房内男女"动静剧喘"。谢灵运一脚踹开门,那床上一丝不挂的女人正是辛奴儿。男裸者正是门人桂兴。二人大慌急,辛奴儿光屁股滚下地来。

谢灵运背靠房门,双唇颤抖,脸色发青,"叹息言语俱无。"

那门人桂兴的年纪与主人差不多,自恃有体力,跳下床,一脚踢开辛奴儿，侧身站定要进击，还双手奋力比划着，吐个什么门户，表明他是武林中人。

谢灵运拔剑，将桂兴一剑刺死。

辛奴儿爬过来，抱着谢灵运的腿，浑身发抖。

谢灵运一声长叹：你不用怕，我不杀你。

他后来对朋友说：奴儿的风流是我惹发的，我转而信佛，冷落她，害她如此。

辛奴儿的侍妾身份被取消，她却死活不肯离开谢家，宁愿一辈子做侍女。这一年她三十出头，默默拣粗活干，赎罪似的。谢灵运吩咐管家仍给她侍妾待遇，钱帛依旧例。二人有时在屋檐下或花园中碰了面，辛奴儿触电似的抖上了，头埋得很低，泪流成串，挪不动脚。这是后话。

桂兴的尸体被谢家的仆人抛入江中。本以为尸身会冲走，不料夜里涨海潮，又将尸身冲了回来。这事暴露了，谢灵运遭到大臣弹劾："力人桂兴淫其嬖妾，杀兴江涘，弃尸洪流。事发京畿，播闻遐迩。"

刘裕早想整治前朝的老贵族，现在有了借口，将谢灵运免官降爵，由食邑二千户的康乐县公，降为食邑五百户的康乐县侯。其他几个大族的郡侯县侯，包括早已去世的王导、陶侃、谢安、谢玄等，也被降爵。

谢灵运伤心伤透了。

过了一段时间，由于谢晦、颜延之在朝廷活动，谢灵运出任永嘉太守。

伤心男人扑向山水。

白居易有一首《读谢灵运》，其中说：

　　谢公才廓落，与世不相遇。壮士郁不用，须有所泄处。
　　泄为山水诗，逸韵谐奇趣。大必笼沧海，细不遗草树。
　　岂惟玩景物，亦欲摅心素……因知康乐作，不独在章句。

白居易称谢灵运为壮士，是指他壮怀激烈，空有一腔抱负。

谢灵运所经历的这二十年，建康、会稽、江州，一直杀来杀去：张姬闷死孝武帝，白痴登基，司马道子专权，孙恩起义军反晋；桓玄却从荆州提大军进京,逼走安帝,自己披上龙袍;刘裕和刘毅联手又击杀桓玄,灭族,弃市,桥上挂满人头;然后,刘裕诛杀"好兄弟"刘毅,逼死安帝、恭帝,改司马氏的晋朝为刘宋。

刘裕本人多年来猛如狮虎,到如今,终于露出了一副病歪歪的模样,失神走态,他身边美女多,冤魂更多。夜里躺在镶满宝石的龙床上,那宝石闪烁着吓人的"五色幽光"。刘裕的寝宫必须灯火通明,他必须剑不离身,床边稍有动静就要挥剑砍人,内侍宫女不敢靠近……

谢家男人为了保持家族兴旺,分别依司马、从桓玄、靠二刘,却死了多少佳子弟。谢安传下来的家族智慧,抵挡不住兽性陡起的滔滔洪水。

谢灵运揖别乌衣巷,远离建康城。

辛奴儿悄悄送他,他并不知道。后来若干年,乌衣巷口老槐树下,有个妇人的孤零零的身影,常常立尽黄昏……

谢灵运走马上任,顺路踏入始宁故乡,扑通跪下,双手紧抓东山泥土。《过始宁墅》:

> 束发怀耿介,逐物遂推迁。违志似如昨,二纪及兹年……
> 剖竹守沧海,枉帆过旧山。山行穷登顿,水涉尽回沿。
> 岩峭岭稠叠,州萦渚连绵。白云抱幽石,绿筱媚清涟……

谢灵运自称耿介之人,和白居易对他的评价是吻合的。末世、乱世的有志者,通常有耿介情态。这个词初显于嵇康《与山巨源绝交书》,而嵇康前后千百年,因耿介而绝世者,没人数得清。谢灵运为官十几年,身处恐怖乱局而未有恶行。

怀耿介者,绝望于非人间,盖因他固执向往着美好的世界。

今有学者拿官场术衡量谢灵运,差矣。

谢朓、王维、李白、杜甫等,很理解谢灵运的耿介。

对于耿介者,诸多人事记忆自动关闭,无穷山水蜂拥而来。

不过,关闭也属于意识呈报的假象。潜意识活跃,把浙江好湖山推向了谢灵运。大诗人三十八岁始亮相,过会稽,过富阳,"宵济鱼浦潭,旦及富春郭。"也许他喜欢在夜色中出发,将星月与朝阳尽收眼底。

富春江一带的景色,有古人这么描绘:"自富阳至桐庐一百里许,奇山异水，天下独绝。水皆缥碧，千丈见底，游鱼细石，直视无碍。夹岸高山，皆生寒树……争高直指，千百成峰。"

谢太守初上任，望秋日山林怦然心动。《晚出西射堂》云：

> 步出西城门，遥望城西岑。连鄣叠巘崿，青翠杳深沉。
> 晓霜枫叶丹，夕曛岚气阴。节往戚不浅，感来念已深。
> 羁雌恋旧侣，迷鸟怀故林。含情尚劳爱，如何离赏心？
> ……

羁雌一句，出自陶潜"羁鸟恋旧林，池鱼思故渊。"陶潜大谢灵运二十一岁。后数年，谢灵运过庐山，专程去栗里拜谒先生时，唯见萧萧白杨下的渊明新冢，"幽室一已闭，千年不复朝……死去何所道，托体同山阿。"

而眼下，受到佳山水包围的谢太守，"裹粮杖轻策"，带上几十个"山友"，进深山一般都要盘桓多日，喝泉水，吃野果，听猿声，猎狐獾；他们以植物汁水涂身，防蚊虫避蛇蝎。夜宿山洞或山里人家，升火烤野味大享口福，冲着浩瀚夜空中的星月唱歌，击节而舞。这是一支专业的登山队和打猎队，谢灵运发明了能转动展齿的登山鞋，下山稳如上山，后人誉为"谢公屐"。李太白登峨眉山，"脚著谢公屐，身登青云梯。"

晋人登山厉害，王羲之登山，身子飘飘然，那叫"升山"。

真隐士、半真隐士和假隐士都要登山。南北士人带头爬山，庶民会仿效。

秦皇汉武养道士，道士入山找神仙。魏晋唐宋的艺术家们，登山另寻美感，或者说，创造美感。

可以断言的是，秦皇汉武不知山水之美为何物，虽然他们不懂装懂。司马相如搜索枯肠铺排章句，鼓吹皇家猎苑，文风吓人而已。

由此可知，名缰利锁之辈，亦也不知山川之美为何物。山之朴拙、雄浑，水之清澈、妩媚，它们拒绝显现。

耿介者，质朴者，能与山水中美的元素照面。

而利欲熏心的人，当他厌倦人世恶斗时，山水也会抚慰他。山水不计前嫌。

人在何处停止折腾,大地还他勃勃生机。

谢灵运留给后人行走山河的优美姿态。他是一个中等身材的男人,面容清瘦,双目炯然。入朝堂愁眉紧锁,见青山载欣载奔。

"昔余游京华,未尝废丘壑……"

当初长居石头城,他游览过许多地方,华服上钟山,画船顺江流。眼下他是郡守,不再那么穿戴夸张了。他目光内敛,打量着周遭:

"池塘生春草,园柳变鸣琴……"

过了一千年,元好问赞赏说:"池塘春草谢家春,万古千秋五字新。"

谢灵运从永嘉城北码头下水,船行九十里,发现岸边的碎石细沙全是白色的,《过白沙岸》云:"拂衣遵沙渚,缓步入茅屋。近涧涓密石,远山映疏木……"

他登上永嘉江中的一座孤岛,盘腿坐在青石头上,思绪进入冥想状态,半天一动不动,看上去像和尚打坐。忽然有佳句,佳人般携手而来:"乱流趋正绝,孤屿媚中川。云日相辉映,空水共澄鲜。"

北宋欧阳修携妓泛舟于颍州西湖时,写到:"空水澄鲜,俯仰流连,疑是湖中别有天。"

谢灵运在永嘉,和一个种桑养蚕的村姑好上了。他号召郡民种桑,推广缫丝业,旨在富民。下乡视察时,正逢阳春三月,春风,春江,春山……壮年男人的春情有如春蚕蠕动。那村姑正挎着竹筐在道旁摘桑叶,谢太守走上前去询问她,养蚕缫丝织锦,收入如何?能销多远?村姑姓颜,十六七岁的模样,"低眉悄语"回答太守的问题,那情状颇似当年的辛奴儿。谢灵运心中一动,好感顿生。这颜姑娘令他想起《陌上桑》中的罗敷。"使君从南来,五马立踟蹰。"先秦诸侯的马车用五匹马,谢灵运的"安车"用三匹肥马。当天他并未唐突颜姑娘,回府后,托人去颜家打听情况,得知姑娘尚未许配人家。让他感到高兴的,是颜姑娘对他的印象蛮好。

谢灵运眉清目秀,举止潇洒。华服豪车更不在话下。一般村姑哪曾见过这样的男人?更别说与他结缘。颜姑娘乐意,父母更是乐颠了:攀上康乐公,全家人吃穿用度不用愁。村里人好羡慕,热议了许多年。

谢灵运携美妾赏佳山水,忙得不亦乐乎。他不想为刘宋朝廷卖力了,于是上表辞职,要回老家始宁县,依石壁而筑精舍、禅房、讲堂。朝廷由着他。吏民送他依依不舍,他动情写下《初去郡》、《北亭与吏民别》。从永嘉郡到会稽郡,有高山,有大海,有千尺深涧,谢灵运详细记录着,攀上高达三百丈、绵延千余里的缙云山,考察地形地貌、动植物、历史传说。他有个打算,想花上几年时间写一部江南山水志。

谢灵运不仅是体验自然很细腻的诗人,他同时具有学者的激情与素养。

康乐公回故乡的隐居生活,是留连女色与山色,研究梵文,接待高僧和文士,婉拒权臣的访问。刘裕死了,消息传到始宁,谢灵运佯装不知,进东山打猎去了,一个多月不回别墅,不问谁当皇帝。他还教颜姑娘骑马射箭,追寻狐兔巢穴。二人月下泡长汤(温泉),赤身嬉戏,水花四溅,惊动宿鸟。谢灵运对颜姑娘解释说,这叫"任诞",当初的竹林七贤,就是以这类行为鄙视篡魏的司马昭。颜姑娘不大懂,只说村里的后生也于溪涧中戏水……

刘裕的两个儿子为争皇位,搞斗争。谢晦卷进去了。他在朝廷居高位,身不由己。

而谢灵运畅游会稽郡十县,沿途记录,写诗:

春事日已歇,池塘旷幽寻。残红被径坠,初绿杂浅深。

他宿县衙,住民宅,回忆着谢安、谢玄的盖世功绩,感慨自己虽然生不逢时,却能畅游造化安排的风物:"高揖七州外,拂衣五湖里……遗情舍尘物,贞观丘壑美。"

谢灵运精研佛学有年,体验渐深。昙隆大法师名动南北,不远千里来访他,讨教梵文佛典,盘桓精舍十余日。而颜姑娘盛妆向高僧献香茶,高僧笑纳,戏灵运曰:居士尘缘,老衲幡动矣。颜姑娘听不懂,望着谢灵运启齿一笑。

这昙隆法师也曾为贵族子弟,从红尘中走过来的。

谢灵运写《维摩诘经中十譬赞》,于泡沫、电、焰、梦、芭蕉、浮云等物象中寻觅禅机,昙隆大师含笑认可,僧袍携去传播四方……

公元425年的春天,谢灵运又从石壁精舍出发了,《于南山往北山经湖中瞻眺》:"朝旦发阳崖,景落憩阴峰。舍舟眺迥渚,停策倚茂松。侧径既窈窕,环州亦玲珑。俯视乔木杪,仰聆大壑淙。石横水分流,林密蹊绝踪……"

描写山景很细,草木石头皆含情。拿窈窕比弯曲的幽径,和女子的身姿与情曲相通。山川风物,原本就是生存诸环节的倒影。谢灵运四十岁前后山水诗情大暴发,有二十年的人世伤怀作铺垫。他进入野地这么深,对唐朝诗人影响甚大。

只难为了颜姑娘,随他踏遍周遭数百里。她生长在乡下,体健,很快成了跋山涉水的勇敢姑娘。她暂时未怀身孕,大约专为跟随谢公远足。当年谢安也如此,"首唱高情",子孙遵循。

《石壁精舍还湖中作》:

>　　昏旦变气候,山水含清晖。清晖能娱人,游子淡忘归。
>　　出谷日尚早,入舟阳已微。林壑敛暝色,云霞收夕霏。
>　　披拂趋南径,愉悦偃东扉……

诗境一派宁静祥和。如果不是痴情于自然的人,断难有此佳作。谢朓、王维、孟浩然的精神脉络和谢灵运相近。谢灵运不愧是山水诗的开派宗师。

当代的国学大师袁行霈先生,在他主编的《中国文学史》中说:"谢灵运所开创的山水诗,把自然界的美景引进诗中,使山水成为独立的审美对象。他的创作,不仅把诗歌从'淡乎寡味'的玄理中解救了出来,而且加强了艺术技巧和表现力,并影响了一代诗风。"

公元426年,四十几岁的谢灵运被召回朝廷,担任秘书监。谢晦正谋划以武力抗衡宋文帝刘义隆。谢灵运为家族利益考虑,从始宁启程了,刚回建康就听到噩耗:谢晦和他的两个弟弟兵败被杀,斩首,弃市。

谢灵运复出月余,便大伤心,不久,称疾不朝,隐于乌衣巷日趋凋零破败的老宅,埋头写《晋书》。儿子谢凤长大了,倒是对他的一种安慰。

辛奴儿像以前一样默默伺候他。他离开老家时,料知京城会有腥风血雨,把颜姑娘留在了始宁。等乱局平复,再派人去接她……

这一年,从兄谢方明也死了。

谢灵运在天子脚下实在是待不下去了,次年秋驱车上路,不辞而别,回转始宁山居。刚走到山阴,感慨着鉴湖上的好风光,"山阴道上桂花初",却接到驿卒送来的朝廷免职文书。

他撕碎文书,撒入秋风。

老家还有谢惠连,谢灵运和这个小堂弟诗酒唱和:

"分离别西川,回景归东山。别时悲已甚,别后情更延。倾想迟嘉音,果枉济江篇。辛勤风波事,款曲州渚言。"

故乡唯知风波事,唯听州渚言,哪有京城那些个争斗拼杀。

谢灵运居石壁精舍数年,颜姑娘为他生一女。

他登石门山,留下名篇《石门岩上宿》:

朝搴苑中兰,畏彼霜下歇。暝还云际宿,弄此石上月。
鸟鸣识夜栖,木落知风发。异音同时至,珠响俱清越。
妙物莫为赏,芳醑谁与伐?美人竟不来,阳阿徒晞发。

醑:美酒。伐:赞赏。晞发:沐浴后晒干头发。

谢灵运在石门山的半山腰上盖了一座精舍,听猿声,观溪流:"俯濯石下潭,仰看条上猿。朝闻夕飙急,晚见朝日暾。崖倾光难留,林深响易奔……"

石门山上有一片竹林,面积大到千亩,谢灵运在竹林深处读书弹琴,低吟长啸。冬日晒太阳,夏秋听雨眠。享受美食与妖姬。

总的说来,几年山居日子挺舒服。谢灵运希望这么过到老,过到死,"以身亲土"。单看他写诗的题目,已见欣然情怀:《石门新营住所,四面高山,回溪石濑,茂林修竹》

然而偌大竹林藏他不住。命运像鬼爪子似的,要来抓他。

431年,御座上的那个家伙又要用他,诏命他为临川太守。他很不情愿地上任,不带眷属只身远走,到浔阳转道栗里,再拜陶渊明墓,为渊明的五个儿子留下了一笔钱。他游庐山,登上了最高的汉阳峰,南望彭蠡湖,东观五老峰、太乙峰,北看滚滚大江。

汉阳峰上的谢灵运,感到自己快要成为神仙了:"习习和风起,采采彤云浮。"

谢灵运于临川郡南城县,写过一首小诗《初发入南城》:

弄波不辍手,玩景岂停目?虽未登云峰,且以戏水宿。

谢公玩景不停目。朝廷那些破事儿离他越远越好。去他妈的你方唱罢我登场,直把鬼域作故乡。

西方诗人唱道:"我要走了,在你们看不见的地方,支起九行云豆架,一排蜜蜂巢。我在树荫下架着腿儿放声歌唱。"

谢灵运在临川府故意不理政事。他邀约几个人光天化日大跳裸体舞,口诵晋人名篇《酒德赋》。他终于做了一回刘伶。《南史·谢灵运传》记载:谢灵运"又与王弘之诸人出千秋亭饮酒,倮身大呼。"倮通裸。

他盼着早日回会稽,回他的始宁山庄,过他非常想过的那种日子:踏遍山山水水,写无数的诗,撰厚厚的《江南山水志》。

控告他的信件雪片般飞向建康。朝廷大怒,派专使带兵缉拿谢灵运。灵运正与客人痛饮美酒,闻朝廷兵至,怒不可遏,一时昏了头,命府卒武力拒捕。兵败,被擒,押送广州。数月后斩首弃市。

在押赴广州的途中,谢灵运已知重罪难逃,写下《岭表赋》、《岭表诗》,由衷地赞美南方著名的大庾岭。他画五岭草图,交给押送他的士卒,请他们转交儿子谢凤或堂弟谢惠连。

433年秋,辛奴儿、颜氏(颜姑娘)和谢凤夫妇千里迢迢地赶到广州时,谢灵运已被问斩,身首分离,血溅七尺。

山水诗人归于山水间。享年四十九岁。他曾对辛奴儿讲过这个数字,竟一语成谶。他的死亡事件,不无荒诞成分。

谢灵运曾写下后世广为流传的"反诗":

韩亡子房奋,秦帝鲁连耻。本自江海人,忠义感君子。

秦灭六国时,韩国贵族子弟张良,愤而伏击秦始皇的车驾。后来,张良辅佐刘邦推翻了暴秦。鲁仲连是战国时代的赵国人,赵国受秦军威胁,鲁仲连奋不顾身向秦将陈说厉害,秦兵退,鲁仲连断然拒绝秦王的封赏,掉头回赵都邯郸城。

谢灵运的内心深处,抗宋之志昭然若揭。

他逃官,拒官,反刘宋朝廷,是由他的性格所决定的。他可能没料到,兴兵拒捕,朝廷会杀他。这些年他见得太多,憋得太苦,来一次总暴发,却送了性命。

这一年,谢弘微、谢惠连也死了。

次年,谢灵运的独生子谢凤忧病而亡,未满三十岁。所幸他已结婚生子……

"山阴道上桂花初,王谢风流满晋书。"

谢氏一族,从谢安到谢灵运,众多佳子弟,身居官场而向往艺术,留连青山绿水。在这些贵族男人的生存姿态中,文化显然不是可有可无的东西,而是家族的根系之所在。谢氏家族自有依附皇权、保全族运的权谋术,但其文化的指向,有生活、艺术、思想三大领域。综观魏晋,这三个领域中所繁衍出来的东西,越出了权力的掌控。这是中国历史上的重大事件,思想与艺术强有力的生发,有利于个体的生长,生活世界的丰富。两晋一百五十年,"人的自觉",生活的多元超过先秦时代。皇帝,军阀,通常也要读书修炼。不过,两晋的司马皇族,几百个男人,没有一个名垂史册的学者或艺术家,这个现象倒是值得文史专家们玩味。皇族以下的显赫世族,多以文化传家。像桓玄这样的大军阀,也以大书法家自诩,向往谢安的风度。

魏晋士人的命运走向,从曹植、建安七子、竹林七贤到"二王父子"、"二谢一鲍",对唐代诗人和艺术家具有深远的影响。

五世纪末,诗风紧紧追随着谢灵运的谢朓,也因卷入权力争斗,蒙冤下狱而亡,年仅三十七岁。另一个大诗人鲍照,英年死于乱军中。二谢是贵族,鲍照是庶族。他们宿命般进入复杂的官场,不约而同地留下两种结果:一是发现了山川风物之美,二是死于非命。这两种结果应该是有联系的。

谢灵运表面上行事乖张,但内心有大疼痛。他所领教的权力场,始终弥漫着血腥气:博冠峨带者,面目多狰狞。作为谢家的"末世"子孙,谢灵运确实运气不灵。这名字像个反讽意义上的隐喻。他携带良好的文化修养屡入官场,命运已经注定。他又半蒙在鼓里,于是伏下种种悲剧。东晋末年,早已不是王羲之、庾亮、谢安等人文墨竞风流的那个时代了。皇权崩盘,军阀混战,御座上换了几张脸,姓恒的,姓刘的,杀得乌烟瘴气。而谢灵运活得异常固执。文化精英有此特征:文脉不知不觉变成了血脉。要他学会翻手云覆手雨,摇旗呐喊,做狗头军师、政治打手,很艰难。为什么?因为贵族本高傲,文化基因又强化这种高傲。他有自己的价值体系,有做人的原则。所谓艰难,正源于此。古代知识精英入仕,具有结构性矛盾,这矛盾从北方的孔子、南方的屈子就开始了。

谢灵运的独创性在于他的山水情怀。他扑向故乡,抓紧泥土,朝廷又将他拽回去……这种生存的二元结构是如此典型,所以他被唐朝大诗人反复眺望。生存的悖论固定了山水这一审美符号。谢灵运开了一个头,王维、孟浩然、李白等发扬光大。官场与丘山之间所形成的历史性张力区,唐宋诗人们活跃于其中,显现并拓展这个张力区,消耗它的审美可能性。

谢灵运曾经说:天下之才有八斗,其中曹植占七斗,他占一斗。他并未意识到,这八斗将催生八十斗。

也许由于他身为贵族,对语言的运用也有毛病:不够民间化、日常化。他体验山水颇细腻,诉诸笔端却往往"有句无篇",虽然唐人对他的阅读不同于宋人,更不同于今人。

谢灵运背向官场亲近丘山的符号意义,大于他的艺术创造。

他写诗,谈玄,向佛,锦衣玉食,大建豪华山居,对王维、李白、白居易具有极大的吸引力。在唐朝,康乐公三个字比谢灵运更响亮。

今天,谢灵运的另一个启示在于:日渐富起来的中国人,能否对文化、对精神的轨迹有足够的尊敬与洞察?

# 王　维
（盛唐 699？—761）

王维活向禅境，乃是禅境的引力使然。王维并不是受了现实生活的挫折，然后单纯地、浅表性地、吹糠见米似地寻找心灵慰藉。若如是，则不能解释：他的作品打动人为何如此之深。他所抵达的宁静，令人怦然心动。他向世人证明了：宁静有魔力。这魔力直接源于尘世的无穷喧嚣。宁静的深度，取决于喧嚣的强度。

金圣叹点评王维诗："洋溢着浓密密、香喷喷的禅意。"唐代杰出的艺术家们懂得了以退为进，以虚静总揽实有，以背向尘世的姿态赢得了尘世。

# 王维

## 1

　　王维字摩诘,这名字取自佛教典籍《维摩诘经》。维摩诘是印度人,曾经大富大贵,妻妾子女众多,却能修大乘佛典而成正果,成大居士,设坛传经于僧众。他和普贤菩萨争议佛法的故事,在佛门中流传甚广。

　　王维与禅宗六祖惠能是同时代的人,写过《能禅师碑》,是关于惠能的第一篇碑文。惠能禅师的首席大弟子神会,和王维有私交。

　　中国的文人当中,王维是离佛门最近的一个人。

　　作为南禅宗的俗家弟子,王维家里辟有禅房,每日要坐禅。南禅宗讲究顿悟,王维并不苦修。他是山西望族子弟,做着官,享受俗世的若干乐趣,音乐造诣很高,绘画独步盛唐。他对爱情有过伤感的体验,写下五言绝句《相思子》:

　　"红豆生南国,春来发几枝?愿君多采撷,此物最相思。"

　　又有惜别朋友的名篇《渭城曲》:

　　"渭城朝雨浥轻尘,客舍青青柳色新。劝君更进一杯酒,西出阳关无故人。"

　　王维牵挂着几多人事,并不能做到万念皆空。禅宗也不苛求这个。俗家弟子更随意。入禅的妙处,正在这随意二字。有些禅宗和尚甚至到了肆意妄为的地步,比如对佛祖出言不逊,或将寺庙中的木佛烧了烤火……禅宗和尚们的怪异言行,其实别有考虑,意在通过怪诞之举引发信众的禅心。

音乐,绘画,诗歌,都要求有一颗滚烫的入世之心。不过,滚烫有变式,有些人的滚烫,反以冷静来表现。从古到今,这类例子无数。鲁迅发现了"火的冰"、"出离愤怒","为了忘却的纪念",盖由于先生对滚烫的变式有很深的体验。现成的汉语词汇难以抵达的人生情态,鲁迅先生就生造词语。犹如哲学家进入思想的幽深地带,要不断生造令人头疼的哲学概念。

王维作为古今公认的艺术大师,他的独创性在何处?他为什么会在一系列的诗歌及绘画杰作中显得如此宁静?他的宁静,又为何能打动唐代以来的所有读者?这种宁静非常独特吗?

苏轼说:"静故了群动,空故纳万境。"

苏轼具有强大的生命冲动,毫无保留地投入生存的万顷波涛,亦弄潮,亦窒息,高峰体验和低谷沉迷交错,其喜怒哀乐,远比一般人来得广大而深沉。苏轼一生向佛,与和尚道士频繁交往,其精神轨迹,与王维相似。

和尚们住在山上,云霭松风之间吃斋念佛,谈空说无,六根清净,仿佛离喧嚣的尘世十分遥远。需知这种遥远,也还是两者间的一种虽远犹近的联系。寺庙里的晨钟暮鼓,敲出一个静字,这静,对应尘世的万般躁动。人境与空门具有同构关系。山下如果没有芸芸众生,寺庙里的和尚也待不住。

空门之所谓空,并不能以自身为根据。失掉对立面,空门将从它自身脱落。

尘世永驻,空门永续。

佛门的广大慈悲对应着人间的无边苦海。佛教于东晋传入中国,很快在南北扎根,和当时的时代氛围有关。两晋多杀伐,祸及皇族、士族与庶族,血腥气中透出无常,弥漫着命运的不可捉摸之感,"朝福夕祸";另一方面,牢牢掌握着话语权的士人们,百余年沉醉于老庄玄学,玄风如炽。玄学与佛学一拍即合。东晋已有高僧如玄远、昙隆等,云游四海传佛法。南北朝,佛教大盛,如北魏僧侣,竟占了北魏人口的十分之一,佛像遍及全国,至今留下山西大同著名的云冈石窟。

佛教扎根于劫难频生的中国古代社会,对文人产生了巨大的影响。东晋以后的文豪身边,几乎都有大和尚的身影。

王维被尊为"诗佛",与诗仙李白、诗圣杜甫鼎足而三。

在叙述王维的故事之前,我们先来看他的一首流传极广的小诗《竹里馆》:

独坐幽篁里,弹琴复长啸。林深人不知,明月来相照。

虽然是林深人不知,但诗人心中挥之不去的,正好是人的身影。幽篁里弹琴长啸的王维,和五百年前的"竹林七贤"已有不同,他显得更安静,进入竹林更幽深。为什么会这样呢?是文化精英与朝廷权贵打交道的智慧上升了么?王维的长啸又因何而发?长啸有个前提:胸中郁积着令人不啸不痛快的某些东西。

王维另有小诗《辛夷坞》:

木末芙蓉花,山中发红萼。涧户寂无人,纷纷开且落。

古代学者胡应麟点评说:这首绝句是"入禅"之作,"读之身世两忘,万念皆寂。"

这岂不是要把血肉之躯冷却成石头?

诗佛王维,仅仅是一尊远离了生命冲动的石佛么?

现在,我们进入王维的生平事迹。

公元699年,王维生于太原祁县,家中颇富有,祖上几代做官的多,家祠里有东晋高官王述、王坦之的牌位。太原祁县的王家是望族,几重大宅门,房子百十间,有专供伶人表演的高台。王维的爷爷做过朝廷的协律郎,致仕后,在祁县城招收弟子,平时排练和节日演出,丝竹声响彻十里,围观者爬树上墙。王维自幼熟悉各类乐器,尤喜琵琶,对琵琶的外形和音色充满了好奇。节庆或祝寿时,各路亲朋聚于王家,伶人鼓瑟吹笙,主客猜拳行令,热闹景儿要持续多日。热闹过后,王维独去了小河边的空旷处,似乎啥也不看,却能一待半天。翌日再去空旷地,野花初开,春水欢畅,王维不摘花不戏水,或走或蹲,或坐于大石头上,望望远处,瞧瞧近处。而王家高门外,爷爷、父母都对这小孩儿的举止有些困惑。

丝竹声过后,寂静奏响了它的乐章,与广袤而苍茫的旷野形成合奏。

王维八九岁,并不知道情绪的起伏有此规律。家里小孩儿多,没人像他这样,所以他对自己也不理解。年年家中大热闹,几重院子满是笑脸,协律郎爷爷,指挥他的弟子舞妓手舞足蹈哩,再现了他在长安兴庆宫中值得骄傲的美好时光。

母亲站在屋檐下,微笑着。

父亲总是忙碌,招呼各路客人,饮酒、咳嗽,走到墙角吐痰……

王维演奏琵琶,博得掌声如雷。

这是王家设宴乐的压轴戏,爷爷常常夸耀于人,很自豪的。

而王维放下家传的宝贝琵琶,一溜烟就去了茫茫旷野,爷爷捋须思忖,搞不懂这乖孙子。王维长得也乖,皮肤白、眼睛亮、鼻子挺,据说这是百年传下来的"王氏鼻子",有祠堂的祖宗画像为证。太原王氏,和当年著名的山东临沂王羲之的家族或有"挂角亲"。

一年四季,王家有庆典。

王维溜出城门去了,二弟王缙跟着他,有时还有三弟四弟五弟,还有咿呀学语的小妹妹。王维的弟妹们高高矮矮的一支队伍,其中可能有庶出,同父异母的。王维属猪,他带头"猪拱草",穿过草垛躲进另一丛草垛,兄弟争拱,九月丰收的田野上一片欢乐。

王维闹过了,时有安静光景。

母亲崔氏教他画画。崔氏来自博陵(今河北定县)的大户崔家,识文断字,颇知丹青事。丈夫身体不好,她在家里供奉佛祖,每日祈祷。她笔下的草木山石,浮着一层淡淡的忧伤。

王维九岁,父亲去世。

家里庆典不再,人人面带戚容。不久,爷爷又走了。离去数月的和尚们复回王家大院,念经超度亡灵,带领披麻戴孝的王家人,缓缓绕棺四十九周。崔氏在大半年内,两度抚棺痛哭,悲唱亡夫和公公的身前功德,她泪干了,嗓子哑了,昏过去了。

崔氏醒来,一把抱住了长子王维……

历代大文人,类似的情形多。孔子,屈原,嵇康,王羲之,陶渊明,谢灵运,王维,岑参,白居易,欧阳修,柳永,陆游,鲁迅,都是早年丧父,格外受到母亲的怜爱。而杜甫、李煜、苏轼和曹雪芹的青少年,更是备受女性的温柔呵护。也许还有一些例子。这现象说明什么呢?文豪们做官,对百姓多有仁慈之心,很可能与早年的经历有关。孩子老跟着父亲屁股后头奔波的例子是王安石,而安石成人后,心肠比较硬。

此后数年,崔氏跪菩萨,拜禅师,转为儿女们祈祷。

经卷,木鱼,念珠,香火,释迦庄严,观音慈祥,和尚们的身影,寺庙的法事,放生的活动……王维对佛门气味的体悟,有点像少年李煜。李煜受母后钟氏的影响,笃信佛祖。

王维温习功课很用心的,不劳母亲催入书房。朝廷开科取士,主要考诗赋。

累了,他到旷野里走走。通常漫无目的走上十几里,朝着天边火红的云霞。夜幕四垂,他变成地平线尽头的一个小黑点。

开元元年(714),王家搬到了蒲州(今山西永济),蒲州在洛阳和长安之间。王维"裹饭携饼",几次远足去看黄河,听涛声,观远山,闻黄土的气息。

孤独的兴奋始于少年……

## 2

十七岁,王维上路,带了仆从去长安应考。抵京城后,找个中等客栈住下来。科举"场屋"附近的大小客栈,住满各地赶来的考生。

长安大得奇怪,有几条街宽达三十丈。高官的驷马高车,十几辆能并驰。酒楼多得很,市场排列成"井"字形,分割成九块,所以叫市井。住宅称坊,市场曰市,坊与市有明确分界。按唐律,五品以上高官不能去市场。"市井之徒"这类词,通常含贬义。坊间,市井,街道,面目衣饰语音各异的人们,熙熙攘攘。娱乐场所叫做平康里,妓女们来自洛阳、宋州、凤翔、成都……

王维偶尔出去转转,步行,或坐马车。

入夜书窗静,蜡烛亮着。

王维去看过城北的巍峨皇城,回客栈什么也没说。

他在灯下思忖,发现思绪展不开。像他这样的富家子弟,还得进京考进士,走仕途,拿俸禄。家里有可观的田产,吃穿不愁。可是父亲生前讲过,不做官,单靠田产是不能支撑日益庞大的家族的。做官好处多,王家能享受种种特权,比如免徭役,免抽壮丁,家族受人高看。而一般的商家、地主,没有这些特权。做官做到一定品级后,荫及子子孙孙。子孙即使考不上进士,也能靠门荫制度踏上仕途。

王维依稀觉得,自己的一生,将被一只看不见的大手拿走。

他不情愿。可也没办法。

这"不情愿"就像种子,将来要开花结果。

王维对鼎鼎大名的长安印象一般,对他来说,长安是过于繁杂了,据说人口一百多万。嘈杂的市声,王维听而不闻。驷马高车上的王公贵族,他偶尔拿眼去瞧,瞧过也就罢了,搁不到心里去的。

重阳节到了,他写《九月九日忆山东兄弟》:

独在异乡为异客,每逢佳节倍思亲。
遥知兄弟登高处,遍插茱萸少一人。

这首诗,待考的士子们拿去传抄。有个荆南(湖北江陵)人綦毋潜,敲开了王维时常关闭着的房门。二人言语对路,做了朋友。

次年,两个年轻人都没有考上,继续住客栈,花家里送来的钱。长安兴旺的旅馆业、餐饮业、娱乐业,受益于从各地涌入京城的待考士子。住客栈十年八年的,不算稀奇。想家想断肠。王维忆山东兄弟的小诗,年复一年盛传。有人含泪写成条幅,挂在客栈斑驳的墙上……

綦毋潜拉王维逛长安的名胜,慈恩寺,大雁塔,兴国寺,西市,曲江,灞桥等,王维陪他去过几次后,不想出门了。实在是温书疲倦了,他喝下几盅酒,大白天蒙头睡觉。梦中才有他朝思夜念的兄弟姐妹。

母亲病了。秋末,一纸书信到长安,王维匆匆打马回家,顶着长安城外的鹅毛雪。

他居家九个月,伺候母亲无微不至。来年春,母亲的病渐渐有了起色,感念佛祖的恩德,体察到王维的孝心。崔氏对她的娘家人说,维儿话不多,一句句熨帖她;每日床前侍汤药,喂小米粥,一匙又一匙的,毫无怠色。

崔氏这次病得不轻,自忖难起,才写信让王维回家。从大儿子沉静的眼神中她知道,儿爱母有多深。

王维把母亲的病"央"(慢慢将息)好了。连蒲洲城的名医都有些惊讶。

王维是家里的老大,兄弟们向他看齐。

王维返回长安待考,仍住城东南的那家小客栈。綦毋潜还在那儿。这个好朋友给王维出主意,鼓励他去干谒宁王、岐王,此二人好文艺。

考进士,有权贵或名流的举荐,效果会不同。干谒是唐代读书人挂在嘴边的流行词。

王维去干谒,木着一张脸。

安兴坊的岐王府,看门的士卒持戟而立,板着几张脸。

王维把自己的"名刺"递进去了,犹如泥牛入海。太原王氏,做过朝廷协律郎的爷爷,在岐王府看门人的眼中似乎一钱不值。

干谒有细节的。王维"朝叩富儿门",尚须解决一些技术难题。綦毋潜点拨他,夜半灯下,煞有介事地指出他不够机灵,是干谒的外行,跑岐王府若干次,进不得朱门,真是榆木脑袋不开窍啊。

王维听进去了。他始终牢记着母亲和弟妹们送他上路时的言语和表情。

对他来说,干谒技术也简单:打点门吏银子;呈上他的名篇《九月九日忆山东兄弟》。王维书法不错,学过孙过庭、李邕。

开元四年,十八岁的王维终于成了岐王李范的座上宾。

中唐的白居易,在他十六岁的那一年,把诗作《赋得原上草》呈给高官诗人顾况,得以留居"米贵"的长安……

王维以一首二十八个字的小诗,赢得了王爷的青睐。他弹奏琵琶,岐王眼睛睁大了,耳朵竖高了。王维指间流出的音乐,既有宫廷调的典雅细腻,又有民间曲的清新奔放。

岐王叹曰:好个协律郎的孙子!

天才少年碰上了知音。

初唐盛唐号称"野无遗贤",才华横溢者,出人头地的概率比较高。从太宗、高宗、武则天到玄宗李隆基,这些人全是艺术的内行。王公贵族自不甘落后,他们如果不懂诗,不礼佛,不知翰墨丹青及丝竹事,那是很有些羞于见人的。这股子文脉,是由魏晋南北朝奠定了坚实的基础。汉末皇权崩盘,礼教松动,人的面目终于露出来,个体得以伸展。文学、艺术各门类,几百年接力猛进,形成了巨大的历史惯性。隋唐科举以诗赋取士,盖由这惯性所致。

艺术的嬗变自行其是。文学是人学,不是别的什么学。

魏晋风度与唐宋文化,有着内在的紧密联系。不过,这种联系尚未得到充分的考察。人性的轨迹,精神的图谱,尚有待描绘。唐宋六百年间,蔡邕、曹植、嵇康、阮籍、二王父子、陶潜、"二谢一鲍"……这些名字是光彩夺目的。应该说,王维、李白、杜甫、苏轼等人的出现,更多的是受益于魏晋式的"人的自觉"。艺术,乃是精神力量绵延喷发的产物。不是艺术家受惠于唐太宗、唐玄宗或是宋仁宗,而是相反。

## 3

王维二十一岁高中进士,有资料说是录为第一名"解头",相当于后来的状元,可以做京官了。他受到礼部、吏部高官的接见;又披红戴花打马游街,去右园吃了专为上榜进士设的鹿鸣宴。宴罢,其他进士依依不舍地散去,王维却于众目之下,荣登岐王府的专用马车,径直去了王府,接受岐王赠银数百两。

开元年间物价便宜,斗米才卖十钱,几百两银子是很大一笔钱了。岐王的僚属对新科进士王维各有所赠。王维家本不缺钱,但受到岐王如此礼遇,他心里确实非常感激。他考中进士,和岐王、薛王的举荐是分不开的。

岐王又把王维介绍给宁王李宪。李宪是唐玄宗李隆基的哥哥。两个王府只隔一堵墙。有时王维还在这边欢宴呢,那边的管家就来递上请柬了。

《旧唐书·王维传》云:"诸王、驸马、豪右、贵势之门,无不拂席迎之。宁王、薛王视为师友。"

王维的弟弟王缙也中了进士,虽然排名不及哥哥。兄弟同时扬名于京师,颇似宋朝的苏轼、苏辙。

王缙快马回蒲城报喜,对母亲和弟妹细述京城里场屋应试的细节,哥哥如何风光之类。王家大欢喜,族人奔走相告。王缙居家月后返回长安。

綦毋潜落第了,十分沮丧,每日借酒浇愁。他给王维支招成功,自己倒名落孙山。王维想在岐王府给他谋个差事,以便在长安住下去,以后再考。岐王没有答应。王维无奈,只给了好朋友许多银子,鼓励他满城游荡尽情花销。

綦毋潜出入平康里,"忍把浮名,换了浅斟低唱。"花光银子他就卷铺盖回老家……

王维则出入岐王府、宁王府、薛王府,如入寻常人家。长安举子传王摩诘的大名和诗篇。这两年他新作不断。

宁王李宪看人才向来挑剔,听琴观诗画,一般面无表情。但王维指间笔下的功夫着实让他钦佩。这宁王三十多岁,有个穿道服的小妹妹叫玉真公主,兄妹二简直有点迷上王维了。王维自谱琵琶曲,曲名曰《郁轮袍》,玉真公主听得痴了,忘了她的高贵身份,下座,几欲盈盈一拜,要王维收她做女弟子。

玉真公主行事率性,比如她不顾众多皇室成员的反对,做了女道士。她身上所具有的"虚静",和王维与生俱来的安静性格颇相投。静与静要照面的,道静、佛静本相邻。若干年后,玉真公主迷上了狂饮于皇家翰林院的李太白……

三个王爷一个公主,都把年轻的王摩诘列为座上嘉宾。

王维获殊宠而情态举止如常,"无矜色",这让当时奔走豪门的各色人等都感到纳闷,想半天想不通。

王维仍住客栈,陪着情绪低落的綦毋潜。他本可以入住王府,岐王、宁王都正式向他发出了邀请。

綦毋潜感激他,他笑笑而已。

二人连日醉酒肆。綦毋潜带王维"参观"平康里,夸耀长安的歌舞伎。王维细听名妓师顺儿弹琴,微微点头。

朝廷的任命发表了，任王维为太乐丞，他和当年的爷爷一样做了朝廷的乐官，品秩更高。綦毋潜黯然离京。

王维送他到长安东郊的灞桥。这座名桥是春秋五霸之一的秦穆公下令修建的，桥长380米，宽7米，桥柱408根。桥下灞水滔滔，桥头酒肆相连，原野上的春花、秋树、冬雪、夏阳，都是离别的好景色。

王维赋诗《送綦毋潜落第还乡》："圣代无隐者，英灵尽来归……置酒临长道，同心与我违。行当浮桂棹，未几拂荆扉。远树带行客，孤城当落晖……"

二十出头的王维，写诗宣称"圣代无隐者"。乱世隐，盛世出。民间的英才都会冒出来为朝廷做事。这也是鼓励綦毋潜，他年再试于竞争激烈的科举场屋。

落第才子挥泪而别。这灞桥上，伤心何止綦毋潜……

王维在桥上独自徘徊良久。试问东流水，别意谁短长？

这个太原青年重情谊。


王摩诘春风得意，夏天随岐王去了凤翔境内的九成宫，这九成宫是唐太宗建的避暑离宫，周遭青山据说刚好九层，符合皇帝喜欢的数字。欧阳询在此地留过墨宝，丞相魏征撰写的碑文。现今传为《欧体九成宫标准习字帖》。

文人墨客奔帝王之所，乃是汉唐之常态。"葵藿倾太阳，物性固难夺。"杜甫是这么写的。

唐玄宗要来九成宫避暑了，岐王命王维写诗。年轻的诗人为皇帝写诗，那兴奋劲儿可以理解。

《敕借岐王九成宫避暑应教》：

帝子远辞丹凤阙，天书遥借翠微宫。
隔窗云雾生衣上，卷幔山泉入镜中。
林下水声喧笑语，岩间树色隐房栊。
仙家未必能胜此，何事吹笙向碧空。

献给帝王的诗，这算第一流了。尤其是中间四句，写日常山居之情景交融,颇为别致,今日名山旅舍,不妨书为对联。

唐玄宗对此诗的反应,史料无记载。估计他会高兴,赏赐王维金帛若干。

王维在凤翔九成宫为岐王李范出了风头,长安的宁王李宪听说了。夏末,王维的车驾跟随岐王回转京城,宁王的属下立刻送上玉制的请柬。玉真公主也叫人传话……

王维去了宁王府。不须请示岐王。

三王一帝一公主,宠得王维梦也甜。

令人诧异的倒是,王维还是王维。

王维写《息夫人》干预王府的事情,惹怒了宁王。

王府里有个伤心故事,经由王维的大胆诗笔传遍了长安。宁王非常生气。

故事得从头说起。

宁王近年宠爱的一个女人叫甄氏,甄氏来自荆州襄阳,貌美,婀娜,性子爽直,具有典型的荆楚女人风韵。她原是王府管理厨具、祭器的下人周干的妻子,到府中探望丈夫,过庭院时不巧碰上了宁王,"美色泄露"。宁王立定看她,直到她走过厢房的拐角。这李宪本来看看也就罢了,惊一回艳,并无夺美之心。然而王府管家多事,他发现了这一幕,眼珠子立刻骨碌碌打转,认为自己应该把握好这个讨王爷欢心的机会。当天下午,他把周干支开,叫甄氏去宁王的书斋献茶。于是,美色再度泄露。那宁王接了香茶,只嗅着,连低头品都顾不得,一味瞧那情态特殊的美娘,觉得她香艳袭人,胜过书窗外的满园子春花。

当晚,甄氏想离开王府,也不告诉丈夫周干是何缘故。周干不高兴。两口子正说着,一直瞧着甄氏动静的管家又出现了。他做这种"大事",可不能废于中途。管家是介于主仆之间的人物,他帮周干挽留甄氏,说话有分量。甄氏隐约知他肚子里的那个鬼主意,却碍于羞涩不便戳破。

次日一早,管家给周干派了个外出的差事……

宁王对甄氏动念头了。夜里他竟然睡不着,中夜起徘徊,张望下人的居所。宁王对管家开了"金口",管家得令,一溜烟去下房,向周干宣布了王爷的"恩宠"。

周干傻了。违拗王爷根本不可能,除非他丢掉饭碗。

甄氏不得已成了李宪的女人,侍茶、侍宴、侍寝,转眼成贵妇,金钗银饰满头,玉玩珍珠在手,走路佩环声动,转身裙裾生辉。那周干从早到晚闷头干活,手拿祭器默念甄氏的名字,只当她是亡妻。有一天他实在忍不住,"麻着胆子"去了后花园,痴望甄氏穿着薄衫儿荡秋千,那宁王爷笑嘻嘻推她向碧空。

弱势男人拨开树枝,"恶目"向王爷。

管家又来发现了,及时化解主仆矛盾,对周干恩威并施。

王维到宁王府走动,有时一住数日,管家对这位年轻的贵客毕恭毕敬。王维和甄氏打过几次照面,感到她的神情与王府中的其他女人有异。一日黄昏,宁王未归,王维凭窗吹洞箫,远远看见甄氏立在池塘边抹眼泪。他也不细想,开门直去池塘。甄氏见他来了,并不闪避。二人在黄昏里待了多时。甄氏将自己的遭遇和盘托出,泪洒池塘如小雨。

那个夜晚,王维睡不着了。甄氏做宁王宠妾大半年,不羡富贵荣华,犹思"拙夫"周干,真是令他敬重!他决定干预这件事,不过,要选择时机。夏天,王维随歧王李范去了凤翔的九成宫,写诗感动圣颜,孟秋回长安,接到宁王的玉制请柬。

王维再到宁王府,瞅时机与甄氏在池塘边碰了一次头,设计了一个方案。王维复找周干谈话,让这郁闷人明白"前妻"的苦心。即使事败,对周干庶几是个安慰。

中秋节,宁王府夜宴赏月,李宪率先赋诗,赞美圆圆的大月亮,希望长安的百姓沐浴皇恩,享受盛世,阖家团圆。一帮清客得了主题,纷纷拿团圆做诗。王维暗喜,望望李宪身边捧盏侍桂花酒的甄氏。甄氏暗暗会意。

轮到王维做诗了,这个大才子将做什么诗呢?他在九成宫让玄宗开颜,今夜定能使宁王欢心。

王维却写下《息夫人》,诗云:莫以今时宠,能忘旧日恩。看花满眼泪,不共楚王言。

王维不仅写诗,还讲了春秋时期息夫人的故事。

春秋时代,南方有个息国,息国君王的夫人叫息夫人,美貌惊动楚国大王。楚王发兵灭了息国,将息夫人抢到郢都的楚宫,并让息夫人生了两个儿子。但是几年过去了,息夫人始终不笑,不说话,还面带戚容,垂头行走。而当年在息国,息夫人的笑容是出了名的,玉齿一开,羞花闭月。楚王很是郁闷,有一次他问息夫人:你都为本王生下两个儿子了,为何老是愁眉苦脸?息夫人回答:我作为一个女人,侍奉两个丈夫,不能守节已经很痛苦了,大王还能让我说什么呢?

息夫人的故事,颇似汉末被掳去匈奴、替左贤王生下两个儿子的蔡文姬。

王维讲完这故事,甄氏早已泪流满面。她也是南国女人哪!宁王听明白了,板起脸孔。众清客纷纷摇头,有人已开始"观察形势",试着对红遍诸王府的王维怒目而视。

宁王转问甄氏:本王待你不薄,你还想念你那前夫吗?

甄氏答:拙夫周干无过错,贱妾离开他,实属不得已。王爷恕罪!

宁王作色而起,拂袖而去。

清客们斥责王维说:摩诘啊,你惹祸了!赶快收回你的馊主意,向王爷赔礼道歉!

王维木着面孔。

诸清客大摇其头,有人甚至大甩指头。

此后数日,宁王仍叫甄氏侍寝。甄氏不言语,宁王劈头就问:你想做本朝的息夫人吗?甄氏躬身答:是。

宁王怒道:王摩诘坏我好事!

看来他对甄氏已是割舍艰难。王维去劝他,他摔了名贵茶碗。王维蹲下将碎片拾起来,用绢帕裹好。宁王的鼻孔呼呼出气,却也不便对王维下逐客令。这事儿传出去了,玉真公主亲自过来替王维说情,怜悯甄氏的处境。薛王李业也来了,送给宁王两个绝色丫头。薛王说:此事可别让皇上知道。

甄氏蒙王维相助,得以讨回她的自由身,和周干搬出了金碧辉煌的宁王府,过上了寻常人家的好日子。那宁王顾面子,赏他夫妻许多金子做本钱,去市井开个像样的铺子……

让王维意想不到的是,这故事传遍了长安。民间的版本说:新科解头虎口夺美娘,才高胆大加妙算,宁王爷也只能干瞪眼!

王缙向哥哥传递这些信息的时候,王维淡淡一笑。

过几日,王维几乎把这事给忘了。向佛之人行善,不居功,不图回报。一生积善积德,此间还早呢,仅仅开了个头。

王缙不大懂这些佛啊道的,他快马加鞭,满城宣传哥哥去了……

王维入朝,和乐工伶人舞娘设计宫中的各类庆典、祭祀活动。下班他挑灯研究汉晋乐谱,琢磨胡夷曲调。艺术家按照自己对音乐舞蹈的理解,展开自由的想象。

开元初年的新科进士,各方面感觉良好。

常常夜深了,王维独坐庭院,据胡床,寻思章句或旋律。诗中有画境,有音色,有秋日落英缤纷,有夏季瀑布高悬……

王维一个人待上两三个时辰,恍如一时半刻。人事纷扰散为云烟。他学着母亲打坐了。盘腿,直身,微闭目,双手搁在腿上。

万念向空之际,甄氏姣好的面容不请自来。

# 4

过年了,周干夫妇给王维送来礼物,千恩万谢的。他们开在西市的铺子生意火红,很多顾客是慕名而来:《息夫人》传到了寻常人家。王维打心里眼里为他们高兴,欣然赴周干家宴。曲水旁的周干老家,如今有了扩建的两进院子,屋子考究,陈设典雅,俨然是个京城上等户了。王维挥笔题匾,书法敦厚而沉静。

王维在周干家待了几个时辰,无意间惹发了一桩恋情。

甄氏的妹子小甄氏,未满十七岁,殷勤捧玉盅,拼却醉颜红,却不知怎么搞的,横竖不与王维对视。她开口涩涩的,只在喉头颤。这情状是亮在光天化日下了。王维嗅到这浓情味,先是吃惊,随后辨认着,向小甄氏投向探询的一眼。周干夫妇只装作没看见。他们并没有向这位恩公提亲的盘算。攀不上,差得远呢。

而王维回客栈失眠,难熬。自己也搞不懂。

他夜里起床打坐,念念向空无,却忽然来了一道彩光似的,有什么物件照得满屋生辉。他再一思忖,"启目内视",竟发现自己满脑子闪着小甄氏。小伙子不禁想:小甄氏举手投足,比大甄氏还有韵味儿哩。他迷登登想到天亮,坐禅变成了"坐馋",眨眼便是大半夜。这可是有点儿玄。

窗外下着鹅毛雪呢,王维裹衣出客栈,一头去了十几里外的周干家,进门便问:小甄氏有无婚配?

王维冒雪奔小甄氏,后来长安人传为美谈。

周干、大甄氏犯难了。堂堂王解头,焉能娶民女?

可是青年男女皆有情,那一天小甄氏的眼睛格外明亮,只不肯出她的闺房,隔着雕花窗子,拿颤颤眼儿去瞧王维,又回身扑向绣床,以被蒙头,凭谁也拉不开。她"以面蹭被",爱得醉了。先前就老听姐姐讲王府中发生的事,她对王维真是又感激又好奇。姐姐描绘王维的相貌风度、在王爷面前的"凛凛风骨",妹妹脸热气紧鼻息浓耶。及至见了人,爱意竟横生!

大过年的一大早,那王维在小甄氏的闺房外"呆伫雪花"。

庭院中红梅初绽。周干夫妇静悄悄⋯⋯

甄氏父母双亡,且无兄长,妹妹的婚事是由她作主的。

恋爱中的男女恋爱起来了。王维感到,冬季的长安是如此之美,曲江雪花大如席,灞水夕照浪涌金,登大雁塔观终南山脉,临九孔桥望商旅舟船。诗人一旦兴起,不管三七二十一。上元节赏月亮,看狮舞,观灯笼,宽阔的长街人山人海,王维与小甄氏就难免"手手相亲"了,还须攥得紧紧的,汗与汗流到一块儿,温柔地湿润对方,人潮中忽东忽西,碰了腰腿贴了脸,唉,这两张恋爱脸儿如何闪避得开⋯⋯从皇城东大街到皇城西大街,到朱雀门,十里人浪更是滔滔,三尺之地至少九人争挤,金钗玉饰散了一地,有奋力排开人众"蹲寻"的,有自称失主胡乱高叫的;人观百种灯,灯照千万人。那城门楼上有玉真公主、宁王李宪及一群大臣,指点茫茫人海。公主发现了王维,忙指给宁王看,宁王朝楼下的人群中连呼"摩诘,摩诘"。

王维没听见。小甄氏往城楼望了一望。

人潮将他们卷走了。

上元节朱雀门这一带,人是站不住脚的。

节日期间,王维但凡去了宫廷,小甄氏就到宫外远远地守候。姐姐陪着她。终身大事定了七八成。南国女儿魂不守舍,姐姐说什么,她一句都听不清。情目只是向宫门。"情耳"倾听着宫墙柳。可怜的小甄氏，神经质地绞着她那双红酥手……

三月，三月！曲江流淌艳波，贵妇民女皆美，华服布裙都迎着春日暖阳。江边开阔的草地上，丽人们的车盖、帐篷迤逦几百丈。脂粉香浓，割腥啖肉，玉杯斗酒，追逐争欢。

夜幕下古柳旁，情侣们厮搂厮抱。官府不允许，可是民间男女火热的情怀，历朝历代按捺不住。

王维与小甄氏在长安郊外普救寺的围墙下，有过忘情相拥的时刻。北方汉子拥抱南国女儿，两颗心跳成一颗心。

不知不觉就紧搂上了。浑身战栗。销魂一时半刻，终生回味不尽。薄薄的暮色中那寺庙里节奏分明的鼓声，倒像王、甄二人强烈的心声。过了很多年，王维居终南山别业，一听寺鼓人就沉醉。"满山枫叶丹，伊人何处泪？"

小甄氏到王维的官舍新居盘桓，入夜总要归去，即使她双颊如火，每一个体细胞都跃跃欲试，渴望灯下守情郎守到天亮。

王维送她。二人偏走长安的小巷，黑暗中缠绵不肯分手。

王维已写了信，等弟弟王缙五月回蒲城时捎给母亲。母亲会同意这桩亲事的。甄姑娘虽然是小户人家的女儿，在王维眼中却胜过长安的名门闺秀。岐王李范本想给他提亲，见他近来"情貌殊异"，王府里待不住，便料知他有男女情事，打消了提亲的念头。

王维想：弟弟回转长安时，他就可以带着小甄氏到岐王府走动了。

甄姑娘满心期待着定亲的那一天。姐姐已为她置办嫁妆，被褥枕头首饰之类，还定了一只昂贵的紫檀木柜子。

她认定自己是王维的女人了：两情缱绻百余日，牵过手儿搂过腰……

然而王维的母亲崔氏，忽有一封亲笔书信送到长安，王维看信，脸上直冒汗。母亲给他定了一门亲事，那姑娘也姓崔，大约是母亲的族人。崔姑娘十八岁，她父亲做过蒲州长史，人称崔长史。蒲州长史是仅次于刺史的六品官员。崔姑娘本人"品貌俱佳，能文能琴"，与王维十分般配。母亲已为大儿子向崔家正式下了聘礼。信中还说，"蒲城缙绅称佳"云云。

王维叫道：苦矣！

这个孝顺儿子,如何能违拗体弱多病的慈母?

看那信上署的日期,已是一个多月之前。这期间,王、崔两家定是往还紧密,官绅同贺,满城皆知了。唯有他王维蒙在京城,一门子的心思,只想娶南国女儿小甄氏。

王维对弟弟王缙说:苦矣,苦矣!

如果王维早知有今日,过年时就奔回蒲州去了,向母亲通报他与甄姑娘的"恋爱事件"。可他官居太乐丞,逢节庆要加班,为朝廷和王府做事。当时唯一的机会,是叫弟弟快马回家通消息。事实上却不大可能。蒲州距长安山高水远,他又坠入爱河身心痴迷……

这事还不须细想。他别无选择,没有犹豫的空间。看母亲书信时的第一念头,已属"本质直观":事情的全部结构,孰轻孰重,一目了然。

苦矣,苦矣……

苦了王摩诘,更苦了甄姑娘。

甄氏姐妹都看了王维母亲的亲笔信。妹妹脸色苍白,嘴唇颤抖说不出话。姐姐泪流满面。

几天后,小甄氏离开京城回荆州,姐姐和周干送她到老家住个一年半载,疗养好"情伤",再作计较。她不向王维道别,只因爱怨太深。情丝千万缕,有几缕是唤作"怨艾"的,她疑心自己和王维不能成眷属,是由于双方门第悬殊。那崔长史家"能文能琴"的金枝玉叶,使她横生醋意。

周干将小甄氏的这层心思讲给王维听了。王维"五内翻卷",一夜无眠。

王维去送伤心恋人,并不多说,只呈上写于三尺绢帛的五言绝句《相思子》:

红豆生南国,春来发几枝?愿君多采撷,此物最相思。

红豆形状扁圆,色泽殷红,南方的女孩儿常拿红豆镶嵌首饰。而王维写下这首诗,是想表达他对小甄氏由衷的爱意。

长亭一别天各一方。此后数十年,这对热恋了百余日的情侣再未见面。而初恋通常要入骨髓。古人尤其如此。王维的这首《相思子》,

被宫廷的头号作曲家李龟年谱成歌曲,缠绵悱恻,在中原、山东和江南广为传唱。朋友送别,唱王维的"渭城朝雨浥轻尘……";恋人分离,则唱这首《相思子》。安史之乱后,情诗复又衍生了许多亲朋离别的伤感之情。

诗人表达自己的情感,这情感覆盖了全社会,人不分贵贱,地不分南北。

唐诗中,男女情诗所占比例太少,乃是皇权以礼教掌控社会所致。热烈而平等的情爱体验本不多,表达体验出色者更是凤毛麟角。王维写下"最相思",意外地赢得了唐诗的相思之最。

时至今日,《相思子》依然盛传。

小甄氏居南国,嫁人生子,却在她那只弥漫着特殊记忆的檀木柜子里,珍藏着王维写给她的"绢诗"。从满头青丝到苍苍白发,小甄氏将用她的一生去回味。

# 5

王维居长安自弹《相思子》,逾月唯一曲,弦弦寄相思。也消耗着相思的能量。

数月后他迎娶蒲州的崔姑娘,闷头闷脑去做新郎,到身临其境之时,郁闷几乎一扫而光。原来,包办婚姻也能令人满意。当初母亲在信中所谈的崔姓女子"品貌俱佳",并无夸张。

王维赴老家偶见崔姑娘,惊异于对方眼里闪烁的企盼之光。这近一年的光景,待嫁于大宅门深闺中的崔姑娘,定是想象过他无数次,凭借某些线索勾勒过他的容貌举止,憧憬洞房花烛夜、婚后美好的夫妻生活。她是那么欣喜而又急切,白嫩面孔阵阵羞红,双眸比长庚星还亮。王维暗自感慨:这崔氏系于他的那颗心,并不亚于小甄氏啊。

山西女孩儿情切切意绵绵,何尝低于南国女子?

蒲城崔姑娘,亦是最相思。

王维重情愫。他是先"看见"崔氏的心,然后才注意到她的容貌体态。"巧笑倩兮,美目盼兮。"未入王家门,她已是一副王家媳妇的举止情态。先过门后成婚,古代有此风俗。

王维"观入心灵",仿佛具有特异功能。他的这种能耐,当肇端于他的漫长而又丰富的童年经历。十几年来,注重千丝万缕的内心体验,于是能"直观"别人的内心。

进入自己的意绪有多深,通常意味着,进入别人的意绪就有多深。

婚后一切满意。小两口在蒲州度过三十多天,后人是称作度蜜月的。然后,双双登车向长安。

王维在京城西北角买了地,盖了房子,三进院子,连同数亩后花园。要在这儿生儿育女,光大太原王氏的门楣。眼下是仲春,他打算过些日子把母亲和弟妹们都迁过来。

房子尚未完全竣工,后园子还在凿池塘、立巨石、栽松竹、砌青石板路。宁王和一些同科进士闻讯后,各有赠金。

新娘子崔氏忙着布置新家,置家具,挑下人,试帷幔……她真真满心欢喜,每日忙碌着,眼角眉梢掩不住的幸福样儿。

王维时常放下书卷或经卷,移目去看她。她的笑容,她的侧影,她的步态,叫人赏心悦目啊。

禅房里待一会他就出去了。进卧室则不辨晨昏。小两口从山西缠绵到陕西,怎么爱也爱不够。玉肤云发的浓香中,亦有佛陀之光笼罩否?西方(印度)的维摩诘大菩萨,当初究竟经历过多少男欢女爱、儿女绕膝的好时光?

"色空"者,无色焉能有空?

"虚无"者,不去体验"有",何处赢得"无"?

王维坐馋、卧馋、行也馋。居庙堂之高矣,心思却环绕在年轻漂亮的娘子身边。绮念情思绵绵无尽。这还像个佛家俗弟子吗?王维有些疑惑。去年三春多美妙,他与南国小甄氏也是那般情好……

初夏这一日午后,摩诘入禅房打坐时,眼观鼻鼻观心,宁静生也,幡自动也。可是外院的回廊间或庭井旁,响起了十九岁的"崔姑娘"银铃般的笑语声,王维便要"心猿意马"。

心魔现身处,佛境亦暂消。

王维微笑。起身向娘子的井台语声处走去了。

他从不刻意"向空"的。情思爱意任它绵绵。

中国文人之向佛，走火入魔者少。香山居士，莲峰居士（李煜），东坡居士，易安居士，皆与空门结下善缘，而自由行走于俗世间。这种几百年不约而同的"边缘状态"，凸显出某些可能尚未探寻过的学术空间。

文人信奉道教，炼丹服食寻仙，倒有不少走火入魔的例子，比如晚年的王羲之和中年的李太白。

王维的精神皈依禅宗，是再好不过了。他二十来岁有此向度，与幼年随母拜佛以及山西和长安随处可见的佛寺有关。

他定位于人境，身心朝着佛境。所谓边缘状态，可作如是观。人境处处有欲，欲望情景中又始终眺望着无欲，方有诗人之异乎寻常的宁静。这一层后面细说。

王维与崔氏夫妻恩爱。热烈，缠绵，细腻，娴静，祥和。

家中有丫环，无侍妾。崔氏喜出望外，她写信给娘家人说，嫁王郎真不知几世修来的福！

一日欢娱胜百日。每一刻都晶莹如玉……

王维下班就回家，拒绝官场的种种应酬，不去平康里。而一般官员要去烟花巷。这可是大唐时尚。王维对花钱买笑、掷金寻欢那一套不感兴趣。居长安数年，偶尔被朋友拉去瞧瞧罢了。妓女们弄丝竹，倒有可观处，职业要求她们熟悉各式乐谱，以满足不同层次的客人。

王维向来留意着民间流传的音乐。

崔氏能琴。她从许配给王维那天起，就越发勤练指上功夫，包括琢磨佛门乐。音乐使她添了素静娴雅之美，不经意地渗入肌肤。难怪王维一见她，便被她身上的某些东西所打动。

崔长史的千金女儿，出闺前已在努力。

王维对此，默记于心。

禅房里焚香默坐，他发现，空与色并不是水火难容。

安静的男人走在长安繁华的大街上。喧嚣的市声涨潮般涌来，退潮般散去。而王维式的面孔，时或有之，他们穿袈裟、道服、官袍、布衣，分散在生活的各个角落。所不同者，是诗人要吟唱，给后人留下宁静的诗篇。

宁静的生发尽管微妙，却仍是有迹可寻。

长安温馨的家园，娘子红润的面影，读书，弹琴，交游，泼墨，打坐，悠闲漫步于街市，谨慎行走于朝堂，注视着一朵花的盛开、一棵草的枯萎……王维动手组建的生活世界初见成效。他和二弟王缙商量，把蒲城的母亲和弟妹们迁到长安。

一切都令人高兴。

可是出了意外事件。

岐王李范在他的王府中观黄狮子舞，惹怒唐玄宗。玄宗降罪于太乐令，太乐丞王维受到牵连。

黄狮子舞是皇宫里才能有的节目，岐王入宫陪玄宗看了两回，大觉兴奋，便想在王府中编排黄狮子舞。太乐令刘贶投其所好。王维认为不妥，力劝岐王打消此念，但岐王哪里听得进去。于是，府中弄起来了，对外秘而不宣，关起门来大舞特舞，中秋节，重阳节，九只黄狮子表演各种动作，与宫中无异，且有创新的看点。岐王看舒服了。王维倒了楣。

岐王府连日折腾，消息传到了龙座前。李隆基因"太平公主之乱"，几年来阴影未消，总担心诸王暗中造反。这皇帝怒而下诏，贬王维到两千多里外的济州（今山东聊城市茌平县）。

长安的生活计划，一夜之间泡汤。这对王维是个沉重打击。

王维希望岐王能为他求情，岐王却是溜肩膀，不肯担当责任。王维去安兴坊的岐王府，吃了闭门羹。看门的士卒对他没有好脸色。脸色比天色还变得快。

王维呆仁。他忽然明白了，岐王不想同他这个罪臣再有任何瓜葛。王爷爱贤才，原来是这么个爱法的。

二十二岁的王维很伤心。

尽孝受阻；帮助几个弟弟入仕的可能性大打折扣；罪臣二字，将使母亲和弟妹在蒲城颜面扫尽；盖京城这院子，花了家里多少银子……

王维心思细，禅房里想着这些事。向来沉静的男人，胸脯剧烈起伏着，入夜一盏孤灯，将他的影子投到墙上。

面壁也艰难。达摩祖师不能帮他。

崔氏倚门多时，怜爱地瞧着自己清瘦的丈夫。

这些天她微笑着收拾行李，请人看好房子、园子，她相信过几年就会回来的。远走济州她丝毫不抱怨。和丈夫守在一起，无论走到哪儿，她都是一个幸福的女人。

恩爱小夫妻,哪有偏远地。

走就走吧。

崔氏尽她之所能,安慰着心情沉重的夫君。

王维察觉了,整顿情绪,收拾愁容。崔氏嫁入王门未久,他可不能让她的快乐心境打折扣。

他们驱车上路。几个朋友来相送,岐王、薛王和宁王毫无动静。王维遥望皇城,发出一声叹息。

权贵嘴脸,人情冷暖,领教了。

# 6

济州小,仅辖五县,有东阿、阳谷等,州衙门设在卢县。王维的官职是司库参军,管理州府的仓储、庖厨。州刺史原系武将,嗜酒,升堂断狱也是醉醺醺的;总拿斜眼瞧王维,宣称读圣贤书管个屁用。王维对上级尽量尊重,陪他喝酒,听他吹嘘,闭口不谈自己在长安诸王府、凤翔九成宫经历过的那些事。

对眼下的王维来说,那些事也不算事。虽然他知道,大多数官员要以此作炫耀的。

王维单纯。看周遭物事,服从内心的指令。而这内心的形成已有若干年,主干分明,枝蔓不多。圣贤书一直在读,并且,消化到血液中去。区区济州醉刺史,焉能撼动王摩诘日趋坚实的内心?

居所简陋到了寒伧的地步,与长安营造的精舍、庭院相去甚远。但王维几天就习惯了。犹如适应低能的州刺史、州长史。这能耐,连他自己都感到吃惊。古之大贤如庄周,做漆园小吏,以傲慢举止著称。"傲吏"一词广泛流传于士林。文化精英入仕途,要有点骨气。

王维的骨气何在?且看他的五言绝句《漆园》:

古人非傲吏,自阙经世务。偶寄一微官,婆娑数株树。

阙通缺。经世务:经邦济世的才能。

王维不缺这种才能,他缺的是机会。四卷本《王维集校注》中的许多文字,表明他对美政、对良吏有持续的向往。

王维从长安贬济州,对官场留下了恶劣的印象。

不过,他的外在反应并不激烈。上司的平庸好像与他无关。他干好分内事,服从领导的调遣。换了李白会嚷嚷,换成杜甫会沉郁,可是王维显然不同于李杜。李白梦想着"大道济天下",杜甫发宏愿:"致君尧舜上,再使风俗淳。"他们抱负大,落差也大。王维走的是另一条路。人境,禅境,诗境,画境,连同音乐中的妙境,五境混为一境。其中产生的能量不可测,足够他百年消受。

"偶寄一微官,婆娑数株树。"

王维的居所有个小院子,院中有梨树、枣树。他又亲手栽下一棵梧桐,对妻子说:梧桐是见风长,三年可以遮阴了。

他做好了长居济州的准备。

梨花正开着呢。三月阳光照着。妩媚的娘子与满树梨花。情绪饱满的王维望望远山。"只研朱墨着春山。"

崔氏学当地人做煎饼,系围裙,挽衣袖,脸儿红红的。她走过小院时,淡紫色裙裾裹一身春风。王维的目光将她镶入连绵起伏的青山。

煎饼真香啊。济州野味下酒,恣恣的。王维唯一的下属赵化,朴实得像农民,他只身匹马进山狩猎,驮回野物送王维。

王维吃肉,面目加丰。刺史叫他陪宴,吃熊掌和狍子肉,他也去,席间话不多,认真品佳肴。有一次,醉刺史呼他"王解头",揶揄说,解头恐怕有些来头,到济州二百天,不请上司啖肉。

数日后,王维请刺史、长史在卢县城的酒肆啖肉,大醉而归。刺史满意了,次日召集衙门里的人开会,表彰王参军管理州县仓储、庖厨的工作。

醉刺史希望曾经名噪京师的王维献诗一首,称颂他在济州任上的功业。王维搪塞说:"戒诗久矣。"过半年,刺史又想让王维写一通"遗爱碑",王维虚与委蛇。

在王维看来,官员任职一州,遗爱于百姓者,才配得上长留州府厅的遗爱碑。醉刺史算啥呢?为济州百姓做了几件事?

济州刺史想利用王维的妙笔和名声,未能得逞。他又不好把王维咋的。他表彰过王维的工作,还得继续表彰……

王维与济州的崔录事、成文学交上了朋友。此二人在武则天时期做过京官,一为录事,一为文学侍从。称呼官名具有悠久的历史,比如眼下称某些局长为赵局、李局之类。

王维在济州,人称王参军。

崔录事、成文学都是耿介之人,素心人,有文化修养的人,虽然早已离开官场,但王维为他们赋诗。

《崔录事》:"解印归田里,贤哉此丈夫。少年曾任侠,晚节更为儒……"

《成文学》:"宝剑千金装,登君白玉堂。身为平原客,家有邯郸倡……中年不得志,谢病客游梁。"

王维又写《济州过赵叟家宴》:"虽与人境接,闭门成隐居。道言庄叟事,儒行鲁人余。深巷斜晖静,闲门高柳疏。荷锄修药圃,散帙曝农书……"

王维和济州刺史、长史(相当于副长官)处了三年,未写一首诗。济州的刺史长史姓甚名谁,被历史淹没掉了。

值得注意的是,王维二十几岁已有隐居的倾向。"虽与人境接,闭门成隐居。"这两句诗耐人寻味,可以看作王维一生的写照。门虽然被关上了,但人境就在门外,市井之声可闻。隐居者需要尘世的喧哗与骚动。这也是获诺贝尔文学奖的美国大作家福克纳的主题:"人生如一场梦,充满喧嚣与骚动,却没有任何意义。"

王维借助般若(佛门智慧),想寻找这种意义。寻找也艰辛。他牵挂尘世太多。后十余年,随着阅世和出世的双重深入,王维在禅门与人境的连接点上,准确地找到了属于自己的位置。

这个连接点是至关重要的,一切"宁静"的生发,都显现于接点上的张力区。

换句话说,唯有这个接点,方能生发具有强烈艺术感染力的宁静之意境。陶渊明的"浑身静穆",王摩诘的禅门寂静,显然来自静的对立面:尘世的万千骚动。

针对这个接点,我们尚须追问:接点上的风暴是如何成形的?晋唐宋一千年,浑浊的权力场与保持操守的强大个体之间的价值观对峙、双方的"强对流",如何制造出中国经典艺术品的张力区?而王维或陶潜的精神轨迹、心理结构,为何与唐宋文豪们的生命律动如此合拍?

解开文化密码,此处可见端倪。

安静、宁静、静穆、寂静,情绪有递进,也会有循环。市井男女也知安静,有时候察知宁静,不过,宁静在城市与乡村的发生率都是比较低的。浑身静穆,当为生存境域中的稀有情态。杰出的艺术家,用诗歌语言、笔墨线条、音符旋律,为各式稀有情态赋形,创造审美空间,把生存带向更高。

王维十八岁就进入长安诸王府,二十一岁考进士又拿了解头,做了京官,见识过皇家排场,领略了男欢女爱。因岐王僭越观黄狮子舞,贬到两千里外的济州小城,遭遇了他的"生存落差"。

王维悟性高,开悟早。

当年他母亲拜大照和尚为师,大照和尚是开元年间的禅宗高僧之一。高僧影响母亲,母亲影响儿子。

济州的日子不错。王维并不羡慕京师繁华,也就无所谓穷乡僻壤。青山绿水挺好,野地里的鲜花几乎经年开不败。他造访朋友,敲开一扇扇柴门,欣见一张张笑脸;巡查各县仓储,纵马夕阳古道。冬天走雪溪,夏日入林深。家里时有客人来,少则二三子,多则七八人。

客人尽兴而去,王维独坐庭院。

厨房厢房卧房,穿梭着妻子俏丽而灵动的身影。

王维也会念及南国的小甄氏,默默祝福她。

他出门向野地深处走去,踏着野草,绕开野花,尝尝野果。这情形,宛如十几岁在太原老家……

造化钟神秀。无论中原还是齐鲁,天地万物,处处显神奇。

般若智看一花为一世界。王维观周遭风物,与常人迥异。此间初绘《雪溪图》,场面开阔,景物宁静,禅意只在若有若无间。后来长居终南山别业,他重绘山中雪景,也称《雪溪图》。

雪的洁白,雪落无声,或许隐喻拒绝与小人同流合污、凸显人格独立的尊严。不过画家落笔,往往只顾抒发胸臆,不管隐喻。这里没有主题先行。喜欢就是一切。画家钟情于雪景,肯定有某种原因。但知道

"有"就够了,不能展开理性分析。

艺术家是捕捉感觉的高手。而感觉往往自行其是,仿佛它要瞄准什么是它自己的事情。艺术家与感觉层面涌现出来的东西有打不完的交道。思想知觉化了。

理性散入杯中,画家一口吞下。

王维笔下的洁白与宁静,有人境的七彩光环、自然界的勃勃生机。

济州冬季好大雪,画家闲坐观玉龙。

雪啊,雪啊,扬雪自古称素君,裹得天地神奇,蕴藏勃勃生机。远山莽莽苍苍⋯⋯

绢本《雪溪图》现存"台湾故宫博物院",右上角有宋徽宗赵佶的题字。画卷上的几座雪山夺人眼目,而雪山下的村舍、河面、老树、木拱桥,处处见古朴,透露出人世间的无穷温馨。

画家如此构图,乃是心境使然。画面上的景物结构,完全与内心同构。

人境亦即禅境。艺术将二者化而为一。

宁静的深处,方有动感纷呈。所以苏轼会说:"静故了群动,空故纳万境。"众所周知的是,苏轼对王维的诗与画非常推崇。

后人眺望前辈,隔代气味相投。

苏轼深知陶潜、王维。

深知是说,苏轼入世深,他纵身跃入生存的万顷大海,在动与静的接点上辨认了陶王二人的精神轨迹。

古代艺术家,绝不轻易提笔。除非方寸间有宁静缠绕,"绕出"了形式感,否则,他是不会铺纸蘸墨的。

贬济州的王维到了二十四五岁,把自己包裹在一派祥和的气氛中,有点洋洋得意。他是要外表有外表,要内心有内心;工作有业绩,并与平庸的领导相安无事;和小城的一群素心人相处甚洽,崔录事,成文学,赵化,赵叟,以及"郑霍二山人"。

王维在诗中写道:"郑公老泉石,霍子安丘樊。卖药不二价,著书盈万言。息阴无恶木,饮水必清源。吾贱不及议,斯人竟谁论?"

老泉石:终老于泉石。老字作动词。安丘樊的安字亦然。

王维用诗笔,为民间的素心人树碑立传。

王维是年轻的著名诗人,待在济州写诗,长安洛阳会流传。州刺史又不高兴了,转而向王维讨画。王维画一幅童戏图献给他。

显而易见的是,王维五年多的济州时光,"闭门成隐居",渐渐成为他发自内心的一种渴望。通行的文学史阐释王维思想艺术,以其四十岁前后作为分界线,恐怕对王维察之未详。

王维的心是热的,这不成问题。禅心的特点是外冷内热。

比如佛门慈悲,牵挂普天下的受苦受难人,以因果轮回说警示恶毒之辈,哪里是万念皆空。向空倒是意味着:为了赢得更大的心智空间,包容更广阔。佛陀慧眼,遥观三界……

唐代"诗佛"成形的过程,尚须细看。

禅宗化腐朽为神奇。王维视逆境为化境。"此心安处是吾乡。"这个心理模式贯穿了晋唐宋,波及元明清。

王维身处历史的惯性之中。

"婆娑数株树",颇似陶潜的"悠然见南山"。王维《与魏居士书》,说陶潜弃官后乞讨度日,是"一惭之不忍",以至弄得"屡乞而多惭"。王维即使弃官,也不会饿肚子。他手头从不缺钱。另外,陶潜生活在东晋末年,当时门阀制度盛行,军阀混战,官场的风气远不如盛唐。

# 7

开元十二年(724),醉刺史终于调走了,济州府迎来了新刺史。王维拭目以待。新刺史名叫裴耀卿,四十多岁,做过长安县令,有些政声。

裴耀卿处理州县事务干净利落,对部属赏罚分明。上任月余,府衙整肃,州县两级官风大变。济州几个县令,变戏法似的变出了几张崭新的面孔,个个勤政爱民,工作一丝不苟。

王维不禁想:裴刺史号称干吏,果然名不虚传!

唐玄宗带领大队人马封禅泰山,裴耀卿部署济州境内的接驾事宜,绞尽脑汁。他定下的原则是:既要让皇帝满意,又不能使百姓遭殃。州县官绅要吃点亏,出钱出力。济州穷,人口仅三四万,赋税有限。裴刺史干接驾的大事,却是铁了心不打小民的主意。他筹划了多种预案,应对那些随銮驾而来的众多京官、太监们的巧取豪夺。当初做长安令,他熟悉京官刮州县地皮的各种招数。如果他媚上邀宠，现在是个机会。可他毫不经意地作出了相反的选择。

王维对妻子感慨说：古之君子爱民深厚，我是亲眼看见了！

王维负责仓储和庖厨的事务，工作积极性空前高涨，为迎接圣驾、力避扰民，想了很多实用的巧点子。裴刺史巡视各县，每每带着他。二人纵马于黄河之畔，言语投机，忙公务的同时游山玩水，凭吊古迹。东阿县有曹植的墓地。

裴耀卿系马垂柳，路边也"断案听讼"，给王维留下了很深的印象。他后来对卢县令房琯说：裴刺史真是潇洒之至啊！

王维谈起裴耀卿，总是要动感情。

房琯也是唐代名臣，后为丞相，与杜甫交厚。王维居济州，为他写过诗。

王维自己是君子，所以对君子抱着感情。

送走了唐玄宗，济州遭遇了大洪水。七月暴雨不停，黄河泛滥浊浪连天。"天灾流行，河水决溢……薄暮雷吼，百姓巢居。"济州治所成了重灾区，城内积水难排，城外洪水凶猛，"昼夜扑城墙。"裴刺史率领军民抗洪，几天几夜不合眼，"御衣假寐，对案辍食，不候驾而星迈，不入门而雨行，议堤防也。"

候驾：等候刺史的专车。星迈：星夜奔行。裴耀卿治洪水，真有大禹风范。

王维始终力挺裴刺史，年轻而英武的身影活跃在危险的地方，上堤坝，下洼地，扛沙袋，挥锄头。他组织后勤支援，保证了抗洪大军的饭食和伤病救助。吏民纷纷传颂：伟哉裴刺史，好个王解头！

抗洪四十多天，济州城安然无恙。

裴刺史累趴下了，王解头还在忙碌：调查城内所有的屯粮户，平价买粮，充实官仓，以备灾后的饥荒……

从迎驾到抗洪，王维协助裴耀卿，表现了极大的热情和受人称道的才干。赵化、成文学、崔录事等当地人，为王维的工作提供了支撑。

这一年，王维沉静的双目一反常态，炯炯有神，闪闪发光。

可见他在醉刺史手下干，一直憋着。

来了好领导,隐士成干吏。

次年,裴耀卿调任宣州(今安徽宣城)刺史,全城百姓哭送,王维后来追忆那场景,满怀深情地写道:"噫!公之视人也如子,人之去公也如父。"

去了一个父亲般的好领导,老幼皆哭。这也表明好领导不好碰,好领导总是可遇而不可求。济州人还算运气好,大灾之年遇上了裴耀卿。然而裴公待了一年多调往富裕的大州,继任的刺史将是何等货色,真是鬼才知道。

这是盛唐开元年间,中国历史上最好的时期之一。从朝廷到州县,好官不少,庸官坏官亦多。裴耀卿后来做了丞相,政绩卓著。而济州人不忘他的恩德,捐资立碑。不轻易动笔的王维写下《裴仆射济州遗爱碑》,洋洋两千余字,字字含情。这篇碑文,不失为研究王维政治热情、为政理念的好材料。

裴耀卿"八岁举神童,试《毛诗》、《尚书》、《论语》及第。"

唐朝科举设有神童科。裴耀卿八岁就考上了进士,待官十二年,二十岁踏上仕途。他是政声与文名双盛的人物,与王维气味相投。

盛唐名臣如张说、张九龄、李适之、贺知章、李邕、裴耀卿,都是文化修养不一般的人物,令人联想北宋那一连串的名臣:范仲淹、韩琦、富弼、范镇、欧阳修、司马光、王安石、苏轼、曾巩……

针对这个现象,学者们可以写很多论文。

古代文化精英,首先"化"了自己。悲天悯人、担当天下是他们共同的人格特征。"头顶三尺有神灵。"(歌德语)

开元十三年的济州,裴耀卿调走了,醉刺史又回来了:此人转了一圈复回小州,升迁无望恶气上升,越发借酒消愁,看谁都不顺眼。尤其对王维不满,因为他听说王维协助裴耀卿很卖力气,为姓裴的升大州刺史立了一功。

他上任的第二天就找王维的茬,指责王维滥用职权,逼济州缙绅低价卖存粮。王维据理申辩:抗洪救灾的非常时期,平价买粮天经地义。大户屯粮居奇,穷户就要饿死!

醉刺史吼道:穷人的命值几个钱?

王维反击:州县小民性命不保,你我的命也不值几个钱。

刺史大气,哇啦哇啦。王维看他无表情。

此人蛮横,罚王维银子五十两,当着僚属的面讥讽说:反正你这个小州参军不缺银子。俸禄花不完,资助俺酒钱!

他果然用王维的罚金买酒肉,官厅里大吃特吃,命令王维"陪末座"。这倒霉蛋仕途不畅,拿王维撒气,欺人欺上脸。

王维"不终席",拂袖而去。

血气正旺的山西汉子,哪能没点脾气!

王维与娘子商量,索性辞职算了。领导如此耍横,将来伺候艰难。崔氏说,她也正在想着这件事。醉刺史的嚣张刁难,恐怕只是刚开头。

王维笑着说:断了俸禄,你就不怕日用拮据?

崔氏笑道:陶潜辞去彭泽县令后举家受穷,他的妻子翟氏,十几年"安勤苦",不发一句怨言。摩诘你放心,我虽然生于大宅,自幼受宠,但我随夫君吃糠咽菜,更无一丝怨尤!

王维说:不会让你吃糠咽菜的。还有咱们的乖女儿,焉能受穷苦?

此间,王维与崔氏生的女儿已满两岁。

二十七岁的王维断然辞官,扔了官帽。

这动作够大,却不是贸然行事。

"冻饿虽切,违己交病。"陶渊明不惑之年永别官场,写下名篇《归去来辞》。王维辞济州官位,离而立之年还差三岁。禅宗弟子心思远。他是总结了历史的经验和教训。东晋的谢朓、谢灵运、鲍照,与权贵纠缠不休,都是英年遭了断头之灾,留下血淋淋的教训。王维练就的一双慧眼,看历史比较清晰。

违己交病:违背自己的秉性,身心要患病。

王维既是艺术家,又是思想者,生命的强悍非一般人可比。他和陶渊明的心是相通的。性格有差异。渊明有"金刚怒目"的一面,而王维入禅日久,雍容冲淡。他与坏领导打交道,既不同流合污,也不针锋相对。如今醉刺史盯上他了,以找茬为乐事,以寻衅为消遣。王维若不顺从他,日后更多的冲突不可免。不如走人。王维惹不起,但还躲得起。他有辞官的本钱,不至于沦落到辗转乞讨的境地。画画卖钱,办学收金,或者像退休的爷爷那样教一群后生吹拉弹唱……总之,多才多艺并且名播四方的王维,即使不靠家里田租的资助,也能维持丰衣足食的局面。

济州扔官帽,自绝于万众争羡的仕途。王维想要什么?他想要自己的"本心"。

堂堂王解头不当官,可不是佯装轻狂,做秀给人看。他留下一纸辞官书信,趁天光未明,带着老婆孩子上路了。送行的人唯有赵化、成文学、崔录事等几个卢城素心人……

此后约五年,王维居蒲州、淇上、长安。

官身不存,尽孝容易。王维先回蒲州,在母亲身边待了很长时间,拜见了母亲的师尊大照禅师。兄弟们都长大了,老三老四未娶媳妇,小妹妹长成了姑娘家。王维一家三口的归来使他们欣喜不已。王家十几口人,连同下人二十多个,动不动就济济一堂,吃饭说话皆热闹。年底,在外地做官的王缙携妻归家,王氏五兄弟聚齐了,站在一块儿,一溜七尺大汉,个个饱读诗书,真真羡煞了左邻右舍。陶潜的五个儿子是不能比的……王维一念及此,嘴角浮现了微笑。

除夕之夜,五兄弟跪拜母亲,祝福她老人家。

崔氏望着六个儿女,两房媳妇,一个乖孙女,脸上乐开了花。她这做母亲的,三十年虔诚礼佛,二十多年百般操劳,把孩子拉扯大,于是,佛祖降福于她,叫她享受着天伦之乐。长房媳妇对她说:以后定让婆婆抱上乖孙子……

这一年,王维的妻子二十五岁。暮春时节,她陪丈夫远足去看黄河,踏着铺向天际的原野之花,情不自禁扑倒在长长的斜坡上,仰望悠悠蓝天白云,俯嗅浓浓的大地气息。王维盘腿坐在她旁边,构思画图《雪浪赭裙图》,第一次将穿赭色新裙的美娘子列入有大河映衬的画境,倾泻他娶妻七年来的眷恋与感激。

可惜礼教氛围无处不在。诗人们讳言家中事,很少为美好的女性写诗。王维也不例外。图画中约五寸大的美娘可以匿名。

唐诗中母爱和夫妻之爱的表达欠缺,对唐宋士人逼近人性的核心价值形成了遮蔽。礼教的尊卑排序,将无数的美好女性在诗歌书写中除名。王维、杜甫的妻子皆贤淑,却未能留下完整的姓名。而王维对崔氏的深情,并不亚于苏轼对王弗的感人肺腑的眷恋。

王维在他二十八岁那一年的盛夏,到蒲城崔氏的娘家盘桓多日。妻子到了父母跟前,撒娇、懒床、贪吃,声声唤爹娘,尽显女儿态。王维用微笑"怂恿"她。

　　秋日里,王维携妻将雏赴长安,逾年,迁居中原淇水之上(今河南北部淇县一带,嵩山之下)。也许他闻不惯长安的官场气味,对岐王、宁王等人的交往圈子心生厌恶。他的诗画名气不小,济州、蒲州的作品竟然在京城有抄本和摹本,比如《雪溪图》、《日隐桑柘长卷》,高手临摹的绢本、纸本售价均不菲。上流社会传言,王摩诘乃是"当代诗匠,又精禅理"。

　　时隔七八年,王公贵族又想利用这个天才,他赶紧逃跑。

　　年近三十的王摩诘,完全掌握了背向京城的逃跑技巧。

　　不跑不行。　定要跑。离喧嚣城市越远,离清静"自心"越近。崔氏说,幸亏她保存的《雪浪赭裙图》秘不示人,不然那京师定有临本无数……

　　《淇上田园即事》:

　　　　屏居淇水上,东野旷无山。日隐桑柘外,河明闾井间。
　　　　牧童望村去,猎犬随人还。静者亦何事,荆扉乘昼关。

　　据说此诗当月就传遍了洛阳、长安。诗中的静者姿态,清新、朴素,隽永,富于感染力。多少人在拼搏仕途,每天说着不想说的话,看着不想看的脸(有时候也包括自己的那张脸),复杂的体验欲说还休。王维的句子能引起他们的共鸣。

　　陶潜"长啸掩柴门"。王维"荆扉乘昼关。"

　　二人的姿态具有连续性。

　　荆扉,柴门,傲视豪宅朱门。

　　晋唐宋文人墨客,几乎人人拥有这样的柴门。艺术作品直指性情,而官场趋奔难免压抑性情。读书本为稻粱谋,士人入仕,何尝不想高官厚禄、不思豪华宅第?可是自幼饱读圣贤书,念叨"富贵不能淫,贫贱不能移"。孔子讲得明确:"富而可求也,虽执鞭之士,吾亦为之。如不可求,从吾所好。"

王维从长安跑到淇上,大白天关起门来,正是"从吾所好"。他是个性情至上主义者,不高兴就走人,走了人就高兴。艺术家跟着感觉走,跟着性情走。所有的读书人都趋向官场,却总有一些人朝着相反的方向。这些人当了官又弃官,舍去追名逐利,得到本真性情。

"珍重芳姿昼掩门。"

正人君子总有很强的自尊,不愿意乱搅和,不配合坏领导。

关起门来天地宽。前门关上了,侧门后门全敞开,开向自然,艺术,禅境,哦,还有许许多多世俗的温情。王维留下的诗篇,多有叙说兄弟姐妹的,这一点,他像杜甫。《偶然作》云:"日夕见太行,沉吟未能去。问君何以然?世网婴我故。小妹日长成,兄弟未有娶……"

他考过进士第一名,曾经频繁出入诸王府。盛唐读书人,到他这"份"上的找不到几个。他排行老大,有责任照顾三个居家的弟弟。待在济州五年多,他有这层考虑。遇上好领导裴耀卿,他的工作热情是多么高哇,既为济州苍生,也谋一己迁升。然而好领导要调走,坏领导杀了"回马枪",王维扛不住,必须得走人。

坏领导坏水多,王维与他耗不起。

# 8

淇上风光好。门内娘子娇。

崔氏格外理解王维,对王维是莫大的慰藉。恩爱夫妻拧成了一股绳。连同四五岁的乖女儿,日常生活处处透着温馨。此间王维频频作画,崔氏研墨捧轴。她自己也练书法,只为领悟书法线条之美,布局之妙,参与到丈夫的艺术创作中去。她又承担家务,养育女儿,精心烹制一日三餐。淇上的居所亦时有客人来,他们是王维在长安的旧交,或过境的官员,当地的名士。崔氏忙碌着,入厅堂下厨房,女儿蹦跳着做她的帮手。家里的仆人只一个老妈子,从济州带来的,手脚已不大灵敏。王维养着年老的仆娘。

入秋狐兔肥,王维也进嵩山打猎,带着猎犬,纵马弯弓于山林间。王维小时候便学过"六艺"中的二艺:御车,射箭。这六艺是孔圣人杏坛教弟子的常设科目。济州打猎时,"手感"已不错。林中穿行的感觉真好,妙不可言哪,追狐袭兔射大鸟,忘了山色山势山之苍茫,可是,停弓勒马沉思处,这一切忽然全来照面了。王维想:怪了,这究竟是何缘故呢?意念可真玄,不去看山反而"有"山……

禅思突如其来,叫人沉迷多时。

而兔死狐悲鸟哀鸣,王维几次纵马入林"杀生",矛盾着。

山中野味馋人呐,小女儿老仆娘吃得香喷喷。

崔氏爱吃鱼。王维到淇河边垂钓,钓上来的鱼,半斤八两不算大。暮秋喜初雪,河边一竿垂。漫天舞玉龙,持竿人独立。

月明星稀的夜晚,王维喜欢在旷野里横笛吹箫。

淇上风物尽在笛声中,画谱上。禅思浸润着艺术,艺术又启发禅思。

独立寒江雪,人比雪野静。

春天来了,漫山遍野花又开了。

王维携崔氏往野地深处走,走呀走呀,村落里徜徉,山坳里歇息,宽衣倚石头,晒晒太阳。十丈孤峰之上,摩诘趺坐参禅。峰下的娘子仰望着夫君。摩诘头上隐隐有三色光环。

高适游梁宋,在淇上有别业,写诗《淇上别业》云:"依依西山下,别业桑林边。庭鸭喜多雨,邻鸡知暮天。野人种秋菜,古老开园田。且向世情远,吾今聊自然。"

别业:本宅之外建的山水园林居所,也称别墅、别馆。未必豪华,与今有异。别墅唯一的核心设计理念乃是清幽。

盛唐文人,高适官最大,后为成都府路节度使,帮助过杜甫营造草堂。这两年高适居淇上,可能比王维稍后来。他描绘淇上的诗篇风靡一时。王维吟咏玩味,"庭鸭喜多雨,邻鸡知暮天。"并以此作画,饶多趣味。两个名诗人同在淇水上嵩山下,也许相隔不太远,却未有交游的记载。

王维好静居,一般不主动造访客人。这性格始于童年,成形于青年。

朝廷复起王维于淇上,招大才子还京。名臣张九龄过嵩山,特意留步叩访王维。二人剧谈通宵,王维沉静的美目再次被美政的热情所点燃。左丞相张说也对王维印象不错，认为贤能者生逢盛世，不该"遗世独立。"而宣州刺史裴耀卿回京诉职，曾鼓吹誉扬王维的干才。

三十出头的王维复去长安，回他的城北故宅。弟弟王缙曾居此宅数年。他升官了，唐玄宗赐他新宅第。

王维到集贤院报到，任秘书监校书郎，顶头上司正是张九龄。王维平生，近距离感受第二个好领导，干份内事尽心尽责，苦差烦差远差，从不推辞。张九龄是有名的诗人，写过《望月怀远》："海上生明月，天涯共此时。情人怨遥夜，竟夕起相思……"后为丞相，政绩卓著，严防官员腐败，不负民众厚望。王维写诗叹曰："所不卖公器，动为苍生谋。"公器，犹言公共权力。

张说，张九龄，裴耀卿，被称为盛唐三大名相。王维和他们皆有缘分。

开元盛世，朝廷好官不少。

王维升左拾遗，出差到咸阳，写诗慷慨激昂："新丰美酒斗十千，咸阳游侠多少年。相逢意气为君饮，系马高楼垂柳边。"

又有《从军行》、《燕支行》等豪迈诗篇。《老将行》赞美抵御外敌侵略的老将军："莫嫌旧日云中守，犹堪一战取功勋。"

王维久别归家，气宇轩昂，换了一个人似的。妻子女儿欣欣然。

左拾遗是谏官，王维举贤人，参佞臣，像张九龄那样秉公决断。他不怕得罪人，有好领导罩着呢，而且不止一个，好领导有好几个。

襄阳孟浩然到长安求官，谒王维。二人一见面，傻了，各自的神情都"关乎山水"（语出东晋孙绰）。三言两语心意通也，孟浩然的五言诗《过故人庄》，使王维吟之再四，连称：好画境，好画境！

　　故人具鸡黍，邀我至田家。绿树村边合，青山郭外斜。
　　开轩面场圃，把酒话桑麻。待到重阳日，还来就菊花。

王维作《孟襄阳过故人庄图》数幅，构图各异。初试皴染笔法，使画面更富于层次感，"韵味游走"。

孟浩然观画，良久不肯去。去了，第二天又来，径直趋堂看画卷，把立在一旁亲奉香茶的王维忘得一干二净……这是唐朝墨客们津津乐道的一桩画坛掌故。

王维首创的绘画新技法不胫而走,大画家吴道子,善于画马的新秀韩干,也来"厚礼"求教。王维不保守,临场泼墨表演,再三讲解皴染之妙。长于绘佛像的吴道子,名气与王维在伯仲之间,叹息说,摩诘诲人如此,京师无二人也!

家里又热闹起来了。崔氏迎来送往,掩不住的微笑,"晏晏如也",七八岁的乖女儿,跃跃如也。王维则是"申申如也"(孔子语,居家舒展貌)。

孟浩然考进士不中,黯然离京回襄阳,王维写诗相赠:"杜门不欲出,久与世情疏。以此为长策,劝君还旧庐。醉歌田舍酒,笑读古人书……"

孟浩然还乡不久,给王维寄来了一首小诗:"春眠不觉晓,处处闻啼鸟。夜来风雨声,花落知多少?"

王维读罢,对娘子说:孟襄阳有禅意啊。

三月里他高卧堂上,醒来吟唱这首诗,耳边落英纷纷响。已有身孕的崔氏,用楷书写成条幅挂在墙壁上。花落知多少……后来,王维不复吟此诗,把崔氏娟秀的书法伤心珍藏。

孟浩然的命运不大好。"不才明主弃,多病故人疏。"他大王维十岁。王维托人问候他,带去金帛、美酒和干肉。

襄阳城还有一个人,不知她现在过得怎么样?

王维很想知道,却又无从打探。

于是,叹息着,为良朋诗友,为昔日羞颜动人的小甄氏。

唉,人活世上,多少事牵肠挂肚。人要操心,或者说,人就是操心。古希腊神话中有个著名女神名叫"操心"……

王维仕途得意、才名日上之时,看朋友的艰难处境,依然看得仔细。当初愁綦毋潜,如今忧孟浩然。

夏末,崔氏生下了一个胖儿子,她苍白的脸上浮现了笑容,丈夫高兴,婆婆高兴,王家长门有了长孙。胖儿子足月坠地时,头真大呀,她难产,血流了一床。亲爱的夫君寸步不离,攥紧了她的手,款款细语安慰她。王维已吩咐郎中,若母子有危险,首先考虑崔氏的安全。弟弟王缙劝他再考虑,他动了肝火,用太原土话骂王缙是无情汉。

危险期终于度过了,母子都平安,王维跪谢佛祖,写信给蒲州的母亲报喜。但崔氏失血过多,产后虚弱。王维称病不朝,每日伺候娘子,像多年前在蒲州服侍久病的母亲。夫妻情深,从来不用诉诸言语,一个眼神或表情,传递多矣!崔氏二十九岁,嫁到王家未满十年,生一女,复生一子。病榻上她屈指数着她的幸福日子,感激地凝望丈夫,欣慰地瞧瞧白胖儿子。将来日子还长,幸福犹如不息的曲江水。

临近中秋节,王维婉拒了歧王、宁王的邀请,不出家门一步。他对王缙说,除非皇上下诏命他协助宫中庆典,否则,概不从命。眼下,娘子的小事也是大事,王爷的大事却是小事。

然而宁王府中的老管家,有一天突然造访王维宅,直入内院,看见王维一家四口、两个侍婢正在院中嬉戏喧闹。这鬼头鬼脑的老奴才向宁王报告了。宁王十年前为甄氏那桩事,至今还耿耿不乐,王维居然装病不来王府佐中秋雅兴,简直是目无王爷!

宁王在朝中小动唇舌,一件苦差事落到王维头上:去洛阳,准备来年迎接天子的若干事宜。唐玄宗带百官奔洛阳是常事,他自称"食粮天子"。

王维不得已,择日动身。娘子好多了,脸上有了颜色,双唇鲜红,是服下重金买来的高丽参的效果。王维心中自宽慰,恰逢中秋夜长空几万里,他为妻子吹洞箫,弹琵琶,比御座前的表演还要尽力;又跳了一支羌人舞,乖女儿穿戴了羌女服饰随他前后舞呢。幼子在摇篮里,月光下睡得正香。崔氏大觉幸福,泪珠儿几次涌出她的眼眶。

夫妻连日相拥而眠,补上数月来的肌肤渴望。这个月色、音色、姿色皆撩人的中秋夜,年轻的夫妻,呢喃悄语到天明……

太阳升起,轻车登程。不须灞桥长亭送别。至多百余日便可归家。

王维到洛阳已是天寒地冻。野旷天低树,漫天雪尚飘。王维忙公务告一段落,得空拿起画笔,望着雪景,倾听内心的旋律。诗、画、乐的三位一体,他是十几年摸索过来的。

可是这一次他迟迟下不了笔。心中音画纷乱。举目向远处,无边落木纷纷下。没由来的心慌……

两天后,驿卒快马送来一封家书,王维看信,叫声娘子不好,夺了驿卒的快马直奔城门，不管那洛阳上司，也不顾天正寒衣正单。几个时辰后，他的部属才带着御寒的衣物赶上他。

崔氏受寒染疾，卧病二十多天，病转沉重，仍不愿惊动丈夫。她却没料到会将息不起，才撑了病体写信唤王维。驿卒送信昼夜兼程。王维冒雪归来时，崔氏已经奄奄一息。

王维大恸，扑倒在病床前，挥拳猛击自己的头部，声声嘶叫：是我害了娘子啊！九岁的女儿抱他拖他拽他。父女俱痛哭。王缙夫妇掩面而泣。那半岁的小男孩儿又在酣睡。婢女抱他到崔氏身边，崔氏含笑，屡亲他的小脸，亲醒了，他咯咯发笑，胖胖脸蛋儿绽如红石榴。崔氏扭头去看王维的五官布局，清晰地说：父子多相似啊。

崔氏回光返照，长达七日。

崔氏病亡时，王维三十三岁。

七天七夜炼狱般的煎熬，王维不是跪在病榻前，就是跪在佛像下。困极了，跪地靠墙打个盹儿，梦中的娘子莺声燕语。陡然醒来，一切欢娱皆空，病人，药味，古佛，青灯。王维跌跌撞撞，胡乱抓心撕肺，几次扯断了鲁帛胸襟……

崔氏临终前蓄了力气，含笑嘱咐王维，续弦讨个良家女儿。

王维咬破食指发"血誓"：今生唯知念佛，为她祈祷来世的福祉。王摩诘只做鳏夫，绝不再娶！

崔氏最后的一句话是：夫君你何苦……

王维怕她听不见，大叫：摩诘已发毒誓，娘子一路好走！

他又赶紧叩拜释迦像，为崔氏念佛经。

崔氏撒手去了。

"驻景恨无千岁药，送行唯有小乘禅。"（苏东坡悼王朝云的句子）

红颜入楠棺。青丝散墓穴。

人生最大的悲痛也莫过于此了。王维三十三岁遭此大悲，真是不容易。他爱崔氏太深，深到无言。

有一幅绢本绘画《雪浪赭裙图》，横二十七寸，纵九寸。

而食指流出的鲜血，涂在崔氏的玉手上了。那个瞬间，崔氏合双目，尚启羞颜……

据《旧唐书》，王维"退朝之后，焚香独坐，以禅诵为事。妻亡，不再娶。三十年孤居一室,屏绝尘累。"

这个看上去安静的男人,其心力之强大,足以翻江倒海。

所以,宁静者以宁静的方式显现着伟力之无穷、深情之不可测。

唐朝官员俸禄丰厚,王维后来的官越做越大,兄弟们、朋友们、同事们,屡屡苦劝他再娶,他听而不闻。长安洛阳佳丽甚多,名媛淑女几乎任他挑,青春红颜岂不好?可他视若无睹。他把长安女子的娇艳处理成盲点。

崔氏跟他十年。此后三十年,音容宛在目前。

李煜与大周后,苏轼与王弗,也是生活了十年。"十年生死两茫茫,不思量,自难忘……"

王摩诘这人呐,叫人如何不敬重他?

唐人擅长撰写传奇故事,却未能写出崔氏的点点滴滴,可谓一大遗憾。

而王维壮年亡妻不再娶,三十年毫不张扬。

反观今日影视界之"混圈儿"辈,鸡毛蒜皮的情感纠葛,闹哄哄抢登报纸娱乐版的头条……这个不提也罢。

自足的爱情悄无声息。爱到穷途末路,往往造势汹汹。

王弗死后十年,苏轼任职于山东诸城,才写下《江城子·十年生死两茫茫》。"有意味的形式"须待以时日。这叫爱的高贵,反衬那些动不动就扯嗓子叫嚣爱的浅薄之徒。

唉,这些年浅薄之徒何其多矣,毒害了多少青少年!

盛唐王摩诘,携带着七尺血肉之躯,叩佛门,入禅定,好诗如喷泉。

《鹿柴》:空山不见人,但闻人语声。返景入深林,复照青苔上。

《山居秋暝》:空山新雨后,天气晚来秋。明月松间照,清泉石上流。竹喧归浣女,莲动下渔舟。随意春芳歇,王孙可自留。

空山之空纳万境,当然包括人境。竹喧二字妙极,也喻示浣纱女的欢声笑语,几丛新竹,一群少女,俱弯纤腰。是啊,人境中哪能缺了她们?一切艺术,均与女性之无限美好有牵连。

归浣女,下渔舟,对仗舒服。

王维在终南山中造了别墅,距长安约百里,官道纵马半个多时辰。

他两边住,一月进山十几次。巾车驶往终南别墅,他自驾车,车厢里一双儿女。女儿也大了,照顾小弟弟,学父亲礼佛,默诵慈母崔氏。

王维早朝,不到四更天就从山居出发了。终南山离宫别馆云集,通向长安的官道路况甚好。王维一袭官服,夜色中快马加鞭,停辔时望空长啸。

终南皓月冷千山,禅客心事无人管。

官身也是自由身。这是王维首创的"生存范式"。难怪他多年前任济州参军时就微讽过陶渊明。

当然啦,情况有所不同。

左拾遗王维,名丞相张九龄,既是上下级,又是无话不谈的朋友。盛唐北宋,官场朋友多,君子交结君子,"同道为朋",例子举不完。官场利益图凸显,歪脑筋鬼点子咕噜噜转,是后来才人面积发生的。明清尤甚。官风波及面大。

好领导叫干啥,王拾遗就干啥。这决不含糊。杜甫杜拾遗,白居易白拾遗,都是这么干的。杜甫"论救房琯"慷慨激昂,置其艰难得来的乌纱帽于不顾;白居易拼死拼活,把众多不可一世的权臣拉下马。

三个唐代大文豪,做官都是好样的。

王维以监察御史的身份两次出使塞上,抚慰戍边的将士,鞍马劳顿,往返几千里,面孔被草原上沙漠里的太阳风刮成黝黑。他得了一首名篇《使至塞上》:

单车欲问边,属国过居延。征蓬出汉塞,归雁入胡天。
大漠孤烟直,长河落日圆。萧关逢侯骑,都护在燕然。

诗境雄浑,画面开阔。王维手中的诗笔似乎啥都能写。他走马甘肃,盘桓宁夏,住将士的军营,吃异域的食物,听悠远而又高亢的胡乐,跳激烈而又婉转的胡舞,目睹匈奴人大规模的夜间烧草围猎。《出塞作》写他在靠近突厥的居延城楼上的感慨:"居延城外猎天骄,白草连天野火烧。暮云空碛时驱马,秋日平原好射雕……"

王维写大漠,和他写内地山水同样出色。"大漠孤烟直,长河落日圆"这样的句子,后人反复玩味不够。写绝了。看上去又是大白话。许多好诗词有此特征,世代流传不是偶然。

王维是波澜壮阔的人物,有济民之心,有儿女情长,有兄弟牵挂,有山水情怀,有禅境向往。而所有这些,汇集到艺术家的诗画笔下。

看来,禅定之思,能够统摄尘世之千种风情。禅境,诗境,合而为一。苏轼精当的概括值得重温:"静故了群动,空故纳万境。"凡大艺术家,都具备悟空的心智本领。

王维出塞,想必有绘画作品,可惜今已不存。

王维约四十二岁担任京官"知南选",到桂州(桂林)去考核地方官吏,定其升降。他官居五品,地位高权力大。而考核官吏极复杂,王维有丞相裴耀卿作坚强后盾,化繁为简,将定下的升降原则贯穿到底,破解了地方流行的官场潜规则。

而王维此行的另一大收获,是在南阳"临湍驿"与禅宗大师神会相遇,传为千年美谈。禅宗六祖惠能的首席弟子神会,年近七旬,面色如壮男,举止若神仙。王维一见大师,顿生倾慕之意。这使他朝着佛门又跨出了一大步。

这次相遇,可能是神会专程到临湍驿见王维。神会的平生夙愿,是为六祖惠能立碑于寺,而举国上下,僧俗两界,王摩诘堪称撰写惠能碑文的最佳人选。

于是,有了一千多字的禅宗经典《能禅师碑》,头一次以碑铭的形式叙述惠能生平,阐释惠能禅学。惠能祖籍范阳,其父迁岭南,故自称"岭南新州人",家贫,不识字,靠打柴养母度日,闻僧众诵《金刚经》而顿悟。后赴黄梅(今湖北黄梅县西北)东禅寺拜五祖弘忍为师,作偈子:"菩提本无树,明镜亦非台。本来无一物,何处惹尘埃。"惠能的偈子胜过了神秀的偈子,得五祖法衣南归,混迹于岭南市尘达十六年,于韶州(今韶关)曹溪宝林寺开坛讲经,弘扬"直指人心"、"见性成佛"的顿悟法门。惠能的弟子法海禅师将其说汇编成书,名曰《坛经》。

禅宗思想,尤其是惠能的顿悟学派,对唐朝以及唐以后的文学艺术,建筑及器物制作,都有着深远的影响。

静与空,蕴藏着大能量。艺术家们懂得了以退为进,以虚静总揽实有,以背向尘世的姿态赢得了尘世。

王维活向禅境,乃是禅境的引力使然。王维并不是受了现实生活的挫折,然后单纯地、浅表性地、吹糠见米式地寻找心灵慰藉。若如是,则不能解释:他的作品打动人为何如此之深。他所抵达的宁静,令人怦然心动。他向世人证明了:宁静有魔力。这魔力直接源于尘世的无穷喧嚣。宁静的深度,取决于喧嚣的强度。这一层,宜思量。国内的古典文学研究,尚未展开这个维度的追问。倒是清初的金圣叹有所悟,点评王维诗:"洋溢着浓密密、香喷喷的禅意"(引自台湾版《禅海之筏》,陈荣波著)。

人类心智空间所蕴涵的可能性、意识本身的结构,也许是未来科学最大的挑战之一。而历代高僧所领悟到的东西,则构成了芸芸众生很难解开的谜团。中国古典精英艺术,也形成了若干谜团。比如对古代诗画杰作中宁静氛围的解读,对宁静所含元素的追寻,远未达到尽人皆知的地步。

浮躁的人,浅表性生存的人,靠近王维谈何容易。

浮躁者"触底反弹",庶几能回头是岸……

王维从长安赴桂林,经襄阳涉汉水,留下一首《汉江临泛》:

楚塞三湘接,荆门九派通。江流天地外,山色有无中。
郡邑浮前浦,波澜动远空。襄阳好风日,留醉与山翁。

王维在南阳与神会大师神交面晤,到襄阳就有好诗。"江流天地外,山色有无中。"这句子好爽,念之欣欣然,似乎又全无着落。妙境不能落实,妙在若有若无,若即若离。这是中国式的印象派,感觉派。

欧阳修有词句:"平山栏槛倚晴空,山色有无中。"苏轼赞美欧公说:"认得醉翁语,山色有无中。"苏轼记忆有差,把王维佳句记到了欧阳修的身上。

王维结束了桂州的"南选"公务,返回长安,留步襄阳城,拜访孟浩然。岂料浩然已仙逝。王维还带了许多南州的土特产去,却只能祭亡友于新冢前。他写下伤心诗作《哭孟浩然》:"故人不可见,汉水日东流……"

# 9

王维步入中年,近距离感受到朝廷的凶险。

李林甫跳上了历史舞台。此人堪称超级病毒,能量之大,盛唐称第一,他在短短几年间,疯狂吞噬唐帝国肌体上的优良细胞,排挤左相张九龄,打击右相裴耀卿,逼死仆射李适之,棒杀谏臣周子谅于朝堂,追杀耿介名臣李邕于北海(山东益都)。他还亲自主持天宝六年的科举,空前绝后地黜落全国各地赴京应试的考生。他把杜甫的殿试卷子扯烂,扔进废纸篓……

李林甫是疯子。疯子却有疯狂的空间。

这狗东西是皇室宗亲,不大识字,因常念错别字而在朝廷名气不小。盛唐的政治核心层聚集着文化精英,李林甫置身于其中,不以为耻反以为荣。他按动物本能行事,"丛林直觉"好得出奇,在一群儒雅的大臣中拳打脚踢,屡屡得手。唐玄宗宠爱武惠妃,李林甫就在武惠妃身上开辟他的进身之道。二人勾搭,共谋奸计,各取所需:武惠妃让李林甫跻身相位,李林甫让武惠妃的儿子、寿王李瑁赶走太子占据东宫。李林甫确实能耐大,"口蜜腹剑",阴招恶招馊招,无所不用其极。君子有所不为,而李林甫这种人正好乐得无所不为。君子聚集之处,小人倒能活跃,为什么?因为皇权几乎空前膨胀。盛唐之盛,使唐玄宗忘乎所以,妄自尊大,妄动刀兵。唐玄宗被帝王的惯性思维所掌控,很像汉武帝。臣子也称他"汉皇"、"武皇"。杜甫写诗指责他:"武皇开边意未已。"《兵车行》传为千古名篇。

李林甫谗媚唐玄宗,武惠妃又吹不完的枕头风,年逾半百的皇帝晕晕乎乎。李林甫罗织罪名数兴大狱,杀太子李瑛,并斩李瑶、李琚二王子,株连千百人,满地人头滚。这类似汉武帝的"尧母门事件",皇权由其内在的逻辑所推动,父夺子命,残暴甚于虎。

超级病毒以超级打手的凶相奔走朝堂,咆哮京城,谁敢说他的不是,谁就没有好下场。言路被堵塞。谏官们战战兢兢,担心一言不慎遭棒杀。唐玄宗听到的都是颂扬声。

盛唐杀大臣,诛言官,而北宋不杀大臣,不治士大夫的言论罪。北宋士大夫指责皇帝、甚至骂皇帝的事情时有发生。宋朝制度，对皇权有制约。大臣驳回圣旨，不是什么稀罕事。

唐玄宗，宋仁宗，在位都是四十几年。

武惠妃死了，李林甫联手太监高力士，又弄了一个杨贵妃，填补老皇帝愈演愈烈的肉欲，使其情商升，智商降。接下来，杨国忠、安禄山等人粉墨登场，大大动摇了唐帝国的根基。七年安史之乱，唐朝人口锐减四分之三，堪称历史之最。

看来，盛唐离乱唐只一步之遥。史载，开元二十八年，两京米价每斛不足二百钱。"海内富安。行者虽万里不持寸兵。"杜甫早期诗云："九州道路无豺虎。"史料与诗句皆为佐证。

然而，辉煌巍峨的帝国大厦，陡然间摇摇欲坠。

若要探知缘由，当追问皇权。

从开元末年到天宝初年，王维启慧眼观朝堂，巨大的内心叹息伴随着外表的平静。许多官场事，乌纱帽下的各式嘴脸，别人看三分，他至少能看六七分。他一眼就看清了。禅房里独坐，半天半夜是寻常事。诵《维摩诘经》："如是我闻……"维摩诘经又名不可思议经。大居士在西方极乐世界讲经，方丈之内，万千佛陀齐至。

方丈一词，源于维摩诘大居士。大居士历经荣华与伤痛，一朝觉悟，遁入空门。

王维官位不低名气甚大，难免同李林甫打交道。李林甫十里豪宅落成，向王维、郑虔、韩干、吴道子求画。王维画一幅《禽戏图》托人捎去，婉拒李府送来的金帛酬礼。李林甫乔迁新宅，百官往贺。而王维十天前去了荆州。按京师习俗，送请柬当在七天前。王维探知了李林甫的乔迁庆典所选的日期。

张九龄贬为荆州长史，王维去看他，盘桓月余。

京城"凶相"（凶恶丞相）搞庆典，汉水王维酌画船。他为张九龄留下一幅杰作《江干雪霁图卷》。这幅水墨画曾在长安洛阳传为天价。至今犹存。王维回京后，举目朝堂萧索，倍思恩师，不禁提笔写诗《寄荆州张丞相》：

> 所思竟何在？怅望深荆门。举世无相识，终身思旧恩……

王维写诗，言谈，仍称张丞相。他赞美裴耀卿的德政，宣扬李邕的行书、楷书当世第一。李林甫支使"呆相"牛仙客给他打招呼，他照说照写不误。裴仆射年事已高，济州吏民为他捐资立碑，王维写《裴仆射济州遗爱碑》，凡二千余字，饱含热情地称颂裴公数十年为政为民之功德，"恺恺君子，人之父母。"并力斥豪右、贪官、黠吏。这碑铭在两京引起轰动，良臣与百姓，称王摩诘居士向污浊朝廷"作狮子吼"。

李林甫也气得吼，听上去却如狗叫。狗叫显然不敌狮吼。

京师和尚传言，王维头顶三尺有祥云环绕。李林甫蓄了一肚子恶气，还只能咽回去。他私下透露，暂时不去惹那尊"诗佛"。

乱臣贼子当道。王维上朝退朝。

《酬郭给事》："洞门高阁霭余辉，桃李阴阴柳絮飞。禁里疏钟官舍晚，省中啼鸟吏人稀……"

禁指宫禁。省指中书省、门下省，为朝廷中枢机构。

朝廷如此凶险，王维闲庭散步。宫中府中，花还是花，风景还是风景。大自在菩萨，何处不能自在呢？

回家礼佛如常。"居常蔬食，不茹荤血……斋中无所有，唯茶铛、药臼、经案、绳床而已。"每日焚香独坐。不休息菩萨。视禅门为"甘露门"。

可以想象的是，王维独坐禅房，默跪佛祖，必为他深爱着的亡故的女人祈祷。这一点，绝无疑焉！

孤独男人跪拜祈祷的身影，惊天地泣鬼神。王维不向人吐露一字。可是王摩诘啊，谁知道你那鲜红的五内中有多少疼痛！

王维常去终南山。又在辋川（今属陕北蓝田县）买了宋之问遗下的别业，后有诗集称《辋川集》。终南山别业与辋川别业，相隔不太远。山中多有道路桥梁。

摩诘名篇《终南别业》：

> 中年颇好道，晚家南山陲。兴来每独往，胜事空自知。
> 行到水穷处，坐看云起时。偶然值林叟，谈笑无还期。

王维与林叟能谈笑半天，犹如孟浩然、杜甫与老农把酒话桑麻。这多亲切。当代作家韩少功先生有《山川入梦》，张炜先生有《如花似玉的田野》，品之如甘露。古今文脉通焉。

摩诘名篇《过香积寺》：

不识香积寺，数日入云峰。古木无人应，深山何处钟？
泉石咽危石，日色冷青松。薄暮空潭曲，安禅制毒龙。

诗中随便提一句作画，皆为佳意境。终南山中豪华山庄无数，得王维一幅图难于上青天。于是王维诗一出，写意高手们竞相泼墨。这位盛唐诗佛，也是画坛的宗师，乐坛的权威。

李白杜甫当时也有名了，与王维还不能比。李白当上"供奉翰林"，待在宫禁三年，狂放不羁，戏耍老皇帝，戏弄大权臣杨国忠、大太监高力士，对炙手可热的李林甫爱理不理。李白却写诗赞美杨玉环。这个号称诗仙的绵州（今四川绵阳）男人忍不住。居翰林院千余日，只为杨杞写好诗。那三十多岁的女人确实太美了，激情舞蹈身，丰腴而袅娜，美目含睇映照百尺，月宫里的嫦娥也不过如此吧。杜甫、白居易为杨妃动诗情，留下灼人复撩人的句子……

王维屡去骊山的华清宫，不为杨玉环留下只言片语。

他"色空"，无论何等姿色，入眼化而为空。他可能已经修炼到家了。凭你姹紫嫣红，我自岿然不动。如果十年前见杨玉环，他多半会惊艳，回家难掩激动，闭门写诗作图。

大画家未画杨贵妃的系列图卷，可惜。倒是参与了《霓裳羽衣舞》的编曲、编舞和排练指导，连月指点一代舞蹈家杨玉环。大师为大曲贡献才华。这事唐书有记载。

演练厅中的杨妃"转动照人"，王摩诘沉静如故。

排演宫廷大曲事了，王维打马，自回终南山。

有一次，杨玉环对唐玄宗说：摩诘有矜色啊，话也不肯多讲一句。

玄宗笑道：山人性格就这样。

杨玉环也是女道士，道号太真。唐朝佛道如一家，那王摩诘只管走人。玉环娇嗔，他看不见。

王维与李白没有交往。见面是可能的,二人年龄相近,四十几岁同在朝廷,有一些活动会共同参加,彼此的才华大约心中有数。但王维青年时代就很少主动交朋友。李白高傲,时刻关注神仙。两个大诗人,谋面不交心。

摩诘禅诗《山中示弟》:"山林吾丧我,冠带尔成人。莫学嵇康懒,且安原宪贫。山阴多北户,泉水在东邻……"

吾丧我:丧失自我,物我两忘。唐诗中的这类句子,可能找不出第二例。丧失自我,赢得新我,这新我却以无我的方式显现。王维善于摄取"虚无"的能量。不过,禅宗式的顿悟并不追寻潜意识以及意识结构中的那些环环相扣的细节。而大量细节的缺失,使普通人靠近禅悟太艰难。西哲之思则呈现了环环相扣。"生存论阐释"使人类生存的各个环节、各式情态得到了近乎完美的表达。

意识和潜意识的研究,当为中国古典学者所重。

笔者初悟,谈点感想。

山坳上山道间山林里的王维,优哉游哉。一切都显得宁静。"独坐幽篁里,弹琴复长啸。"为何要长啸呢?因为心中郁积着许多事,山风吹不走,不啸不行,不吐不快。王维这副形象就上接嵇康、王羲之而下连苏轼、李清照。晋唐宋,文脉贯通。

宽阔而平缓的江面之下,有急流,有回水,有碰撞迸裂之声。就宁静看宁静,看不出个所以然。

反思四千年历史的鲁迅先生显得更激烈,首创"火的冰"的生存情态。

王维禅静着。诗佛趋于成形。

"诗佛"对即将到来的天下大乱是否有洞察?

天宝十一年,李林甫死掉了。

天宝十四年(755),手握重兵的安禄山、史思明造反,二十万精锐从范阳起兵,横扫"百年不识干戈"的中原。唐军不敌。玄宗仓皇逃往成都,杨妃被缢死于途中。

朝廷数百官员做了叛军俘虏,押送洛阳,其中有王维。

诗佛一度被五花大绑。不少抗贼官员遭殃。附逆之臣受优待。王维名气太大,押到洛阳后,安禄山一心想利用他,硬给他扣上伪官的帽子。王维装病,"伪疾将遁",逃跑未能成功。叛军在凝碧池大搞庆功会,逼唐宫乐人表演,乐工雷海青向西而哭,遭肢解。王维暗写七绝《凝碧池》,并传与至友裴迪。这诗后来救他一命。

> 万户伤心生野烟,百官何日再朝天?
> 秋槐叶落空宫里,凝碧池头奏管弦。

唐军平定安史之乱后,王维复回长安接受调查,住了一段时间的牢房。居高位的弟弟王缙帮他,《凝碧池》诗得以呈唐肃宗。皇帝感动了,予以表彰,并封王维为太子中允,官正五品上阶。百官俱祝贺。杜甫有诗《奉赠王中允维》。

王维陷入叛军之手可能长达七年,他没有选择反抗,反抗也没有意义,徒然丧命而已。他不为叛军做事。七年炼狱苦,禅静亦自安。他没留下有关战争的诗篇。也许写过,未能流传。写惊心动魄之事,本非王维所擅长。二十世纪的一些西方作家,二战后也不写战争,他们对人类自十九世纪以来的理性努力感到失望,对文明厌倦了,对人性投去迷惘的目光。

王维不写安史之乱。他几十年的艺术兴奋点乃是宁静,而宁静之下波涛汹涌。

读王维诗画,应当读出他的内心波澜。波澜为宁静、禅寂之类的意绪奠基。

王维诗如空谷幽兰。而兰花有王者之香。

高官王维把他的十二顷(1200亩)职分田全部用来救济穷人。他本人吃住简单,室中几乎空空如也,充塞之物唯禅思耳。与和尚们"共饭"成常态。时而谈玄,时而沉默,唯闻竹筷拨米饭……

辋川的别业宽敞干净,《洛阳要记》载:"王维居辋川,宅宇既广,山林亦远,而性好温洁,地不容浮尘。日有十数扫饰者,使两童专掌缚帚,而有时不给。"

王维以官俸雇下人,让他们有吃有住。所不同者,是主人总吃素,下人时沾荤。估计肉食有限,儿童闹罢工……

暮年的王摩诘白发萧萧,禅定能制猛兽,连老虎都与他亲近。"青苔石上净,细草松下软。窗外鸟声闲,阶前虎心善。"

辋川的别业,神性环绕的庭院,老虎也是来听禅诵的吧？它趴在阶前,虎须柔软,虎目温和。

六祖惠能曾言:猿獠身俱有佛性。

《山中寄诸弟妹》:"山中多法侣,禅诵自为群。城郭遥相望,惟应见白云。"

《蓝田山石门精舍》:"老僧四五人,逍遥荫松柏。朝梵林木曙,夜禅山更寂。"

真是很逍遥啊,此中有真意,欲辩已忘言。

王维的诗句总是明白易懂,而审美境界高入云霞,后人仰望无穷:官场商界之人,读王维会有收获。拜佛向善之众,读王维心意相通。

夜禅山更寂;清泉石上流……

摩诘大师亦食人间烟火,山居作《雪中芭蕉图》,任凭下人拿去长安卖了,登豪华酒楼哜肉饮酒。下人们"载欣载奔"回别业,大师还问:汝等饱哜否？这幅名画后为中唐皇家收藏。

王维长年食素,面容清瘦。别业中的常态是:"香饭青菰米,佳蔬绿芋羹",难怪金圣叹会闻到香喷喷的禅意;"枕上见千里,窗中窥万室。"诗佛的慧眼,看到了无差别相。

《戏赠张五弟》:

我家南山下,动息自遗身。人鸟不相乱,见兽皆相亲。

渊明诗云:种豆南山下,草盛豆苗稀……

真是很亲切啊。人与自然如此相处,绵延亿年不难。

农耕文明至少延续七千年了,工业文明若持续对自然搞"促逼"式掠夺,别说延续七千年了,几百年也成问题。伟大的科学家霍金先生,早已向人类发出了严重警告。

中国古典精英文化,温柔呵护着古代的青山绿水。生存的审美姿态,不去算计水流、林木、山脉、鸟兽鱼虫……这才是我们这个星球上最为宝贵的普世价值,东方的智慧平衡西方人对自然的疯狂扩张。为了我们的子子孙孙,当有强有力的"回行之思"。并且,要有紧迫感。

《鸟鸣涧》:

人闲桂花落,夜静春山空。月出惊山鸟,时鸣春涧中。

王摩诘的诸多山林诗篇可作禅诵。"空山不见人,但闻人语声。返景入深林,明月来相照。"诗作佛门偈子来读,亦系超一流。《能禅师碑》末段有云:"大师至性淳一,天姿素贞,百福成相,众妙会心。"并作偈子:"偈曰:五蕴本空,六尘非有,众生倒计,不知正受。莲花承足,杨枝生肘,苟离身心,孰为就休!至人达观,与物齐功。无心舍有,何处依空?⋯⋯"

爱摩诘诗文者,不妨细读中华书局的《王维集校注》。日习一篇,神清气爽。"一悟寂为乐,此身闲有余。"

摩诘晚年代表作《酬张少府》:

晚年唯好静,万事不关心。自顾无长策,空知返旧林。
松风吹解带,山月照弹琴。君问穷通理,渔歌入浦深。

穷通:穷尽,通达。张少府问询穷通天地万物之理,王维以"渔歌入浦深"作答。此中禅机,开悟仕途上的问询者。

渊明诗云:"羁鸟恋旧林,池鱼思故渊。"池中鱼哪有自由?

两位大师可以并读。

王维弹琴,可能类似佛门音乐,空寂之声直指凡夫灵魂。真想听听。

大师称自己万事不关心,其实不然。暮年同样重要的作品是七绝《悲白发》:"宿昔朱颜成暮齿,须臾白发变垂髫。一生几许伤心事,不向空门何处消?"

为何伤心? 只因操心太深。国事,家事,情事⋯⋯

王维之向空、丧我,并未迷失本心。大师暮年,良多自识。

六十三岁圆寂。

# 王维

中国历代高僧写诗无数,恐怕加起来也不及王维。为什么?因为王维乃是杰出艺术家与禅宗大弟子的合体。

七尺血肉之躯,向着禅门寂静。于是,这寂静动感纷呈。

解读这位诗佛,可作如是观。

王维一生有大疼痛,大欢喜,大关怀,皆被他从容收入诗画中,化入自然的无穷韵律。"古木无人径,深山何处钟?"大师随口一问,托出古今禅境。

"一生几许伤心事,不向空门何处消?"

空门由来消不尽,晨钟暮鼓亦伤情。

陶潜与王维的生存向度、心理模式,对晋唐以后的艺术家们产生了决定性的影响。士子为生计、为理想要奔官场,几千年罕有例外,然而中国精英文化有铸造强大个体的能力。孔子庄子屈子司马迁垂范于先,后继者绵绵不绝。

陶渊明不信佛,王维禅思深。两位旷世大师有异曲同工之妙。是何缘故?盖因他们悟性高,性子倔,对晋唐官场之打压人性深有洞察。陶潜"投耒去学仕",学了四回,终于把官帽一扔,回家躬耕糊口。王维早有佛门慧性,十七八岁就开始出入权力高层,前后四年多,对王府、宫廷的内幕看在眼里记在心上。唐太宗登基也经历了"玄武门之变",杀亲兄弟,逼老父皇。武则天做女皇的时代,朝廷腥风血雨,李氏宗亲遭殃。开元年间的唐玄宗也屠杀太子、王子、太平公主,棒杀或追杀大臣,放逐良相,宠信奸臣……

王摩诘的慧眼,看官场结构入木三分。他仰望着裴耀卿张九龄,但凡有机会,便为小民趋奔。然而丞相尚且不能自保,王维只能退居山林。诗佛成大功,密林深处闪闪发光,这光辉轻而易举地穿越历史,直抵当下而又超越当下。

王维也被称为中国文人画的开派宗师。明代书画巨匠董其昌,对王维的艺术顶礼膜拜。

王维老画雪景,为什么呢?

他的琴法曲谱没能传下来,很遗憾。

而"诗佛"这一符号能广泛流传,表明诗意和禅意相通。

绘画、书法、建筑、服饰、音乐,乃至戏曲,皆被广义上的诗意所渗透。

王维香喷喷的宁静诗意,弥漫着人世间的温情与悲情。

为普天下的善良者、美感创造者祈祷吧!

# 怀 素
（盛唐 725？—785？）

楚天多么辽阔，楚地五千里湖泊纵横，阡陌交通。手执锡杖的行僧怀素连年在船上，路上，马上，车上。云卷云舒，风起潮涌，雪野茫茫，春花遍地，夏云高耸着奇峰……八百里洞庭湖激荡五尺男儿的心胸。他跃入水中弄潮，身子比一朵浪花还小。然而登楼书壁，字大如斗，气吞千里如虎。多少人家的粉壁、屏风为他空着。二十五岁左右，怀素就成了这片大地上的头号书法家，长沙七郡盛传他的名字和故事。李太白激情赞美："少年上人号怀素，草书天下称独步。墨池飞出北溟鱼，笔锋杀尽山中兔……"

# 怀素

唐代狂草书法家怀素是湖南永州人,永州旧称零陵,据《史记》,舜帝南巡驾崩,葬于此地之九疑山。永州境内另有永山,有潇水和湘水,舜帝的两个妻子,也即尧帝的两个女儿娥皇、女英,殉夫跃入湘水,后人怀念她们,称湘妃。长沙、永州等地的竹林称湘妃竹。

这片土地有"气场",也曾留下屈原、司马迁的足迹。

怀素字藏真,生于唐玄宗开元二十五年(737)。中国历史几千年,年号无数,开元盛名称第一。天宝初年也不错。唐帝国版图大,人口五千万,"小邑犹藏万家室",物价便宜,水陆交通发达,治安状况良好,"行者虽万里不持寸兵"。这对艺术家的漫游提供了很好的条件,"远行不劳吉日出。"

唐代以诗赋取士,读书人都是诗人,而诗人们都在漫游,从他们的家乡奔赴长安或洛阳,一旦考中进士,又到各地辗转做官。官车官船,馆驿客栈,长亭短亭,乃是州与州之间、县与县之间常见的景观。

漫游的官商和士人成千上万,漫游的僧袍书法家可能唯有怀素。

张旭,怀素,两个草书狂人并称"颠张狂素"。张旭是官员,称张长史,俸禄比较丰厚。怀素是和尚,离开寺庙就没饭吃。可是他远离故土的日子一直吃得很好,酒肉天天穿肠过。他的行囊中永远有一支笔,一卷纸或帛。怀素二字,可能和他僧袍中的纸帛有关。他姓什么没人确切知道。可能姓钱。他的标准形象是持锡杖,不托钵盂,因为像他这样特殊和尚是不用去化缘的。怀素不吃素,盖由于小时候吃素的印象过于深刻。他是酒和尚,肉和尚,吃肉之多令人咋舌,饮酒之巨可比刘伶。

他"幼而事佛",因家贫进入永州城东的书堂寺,做了小沙弥,年复一年诵经吃素,闻到村里的肉香心就发慌。他偷吃水鸟,捉嫩麻雀,点燃树叶烤得半生就往嘴里塞,被寺僧发现了,罚跪,关禁闭,干重活,比如下山去担水,从晨钟担到暮鼓。这使他强自戒肉,诵禅念佛,可是地上出现了几只麻雀,他就盯上了,口水从嘴角流出来……

书堂寺许多和尚监督他,使他没机会对有肉的东西下手。

大约二十岁,怀素写书法"发达"了,一变而为快乐的行僧,走长沙,逛衡阳,狂吃在湖南能见到的各种肉,那吃相是顾不上文雅的。

怀素的外形亦如竹林七贤之一的刘伶,身长五尺多,瘦削,骨轻而有力。怀素的弹跳功夫相当好,像猴子,蹦跳半天不累。这是他的职业要求,瘦小精干的身躯必须在"粉壁"前跳来跳去,留下大幅的狂草书法,然后大吃一通,收下赠金走人。唐朝的驿馆、酒肆、楼台、官厅、太学、乡校、寺庙、宫观、舟楫……大都设有专供艺术家泼墨的粉壁。稍有书香的人家,往往竞夸墙壁、门板、屏风、乃至树木上的墨宝,而高门大户则能花重金请来名士题壁。名士们不好请的。他来了要讲派头:比如题壁要选时辰,要用当地最好的墨笔砚,身边须佳丽捧砚,堂前有群众围观……盛唐名家如李邕、张旭、王维、韩干、吴道子,他们题诗作画,几千人争睹不算稀奇,官府要派兵维持秩序。韩干画马,王维画山水,吴道子画佛像,阎立本画醉和尚,称一时之冠。

李白几乎游遍天下,题诗之多,没法做统计。中唐的白居易自叙说,他从长安走到江西,凡三四千里,一路上看见他的诗作被书写在各种能写字的地方,长短不论。像《长恨歌》,要写满竖一丈、横百尺的大墙。

魏晋唐宋千余年,艺术家们的身影活跃在华夏大地上。无论朝堂还是民间,诗歌,书法,绘画,连同各类丝竹与无穷美器,大大丰富了中国人的生活世界。

"艺术是生命的兴奋剂。"

"艺术将真理设入自身。"

"美是无利害的愉悦。"

笔者重提西方大哲的这些短语,是希望"思想能在原地踏步",而不是打着革新的旗号到处乱转。

唐朝题壁、抄书、临摹之风大盛。一些名家的诗集,"家家有之",这类记载可能夸张,但文之化人,确实达到了非常可观的程度。乡下人也渴望着"耕读传家"。宋朝更厉害,因为有了推广全国的印刷术,欧阳修、苏东坡、司马光、黄庭坚这些文化名人,其知名度远远高于优伶或"球星"。精英文化罩着大局。文化的传播方式恰到好处,歪诗滥调传不开。皇权不能掌控,市场不能左右。艺术立足于自身,自己给自己提供足够的根据。简言之,艺术自律而不是他律。

艺术的运行取决于生存的运动。中国古代的一切顶级艺术,均与功利无关。这个摆在明处的现象说明什么?答案是:与全身心投入的生存运动相比,眼皮子底下的功利实在是不值一提。生存之所思、所感慨、所疼痛、所欣悦,反过来进入笔墨音韵之表达。"有意味的形式"的生成,如同一棵树,一条河,一座山。点点滴滴或是波澜壮阔的生存感受,不可遏止地拥向笔端,才会有佳作问世。艺术不是算计型思维的产物。

认为花大钱就能搞出大作品,那是痴人说梦。

这一点,当下宜反复掂量。盖因说梦痴人越来越多,影视界尤甚,粗制滥造的东西一波盖一波……

我们应该拥有一种能力,在物欲横流的时光中,看清艺术的大是大非问题,以守护遭到形形色色的威胁的精神家园。

单纯的物欲遮蔽使精神委顿。其极端后果将是:人,再也不能辨认全面发展的人为何物。

怀素资料少,正史无传,野史笔记的相关叙述也不多。他有数百字的《自序帖》,茶圣陆羽为他写过《僧怀素传》,盛唐一些诗人写过《怀素草书歌》。另外,有些事可以猜想,比如怀素爱写大字,也许和他的超短身材有关。四川俗话说:小脚爱大鞋。刘伶的个头不足一米五,"身长五尺四"的怀素不会比刘伶更高。二人皆瘦,体轻,走路飘飘然。楚地男人多伟岸,怀素为身高问题郁闷是不难想见的。好在他是和尚,不用操心娶老婆。

怀素二十三岁,和一个同样不算伟岸的伟男子在永州城见面了,这人是李白,"身不满七尺,而心雄万夫"。联系李白动不动就自我吹嘘的性格,其身高恐怕是六尺多一点,比传说中的英雄人物矮了好几寸。李白也是精瘦精瘦,五十多岁的人"双目炯然",头戴烟囱式的高帽,身佩"切云之长剑"……

怀素吃肉瘾大,当与早年老吃素有关。

他进入城东书堂寺的具体年龄不可考,可是只有几岁。入寺前是吃过肉的,虽然家里的肉委实有限,逢年过节方能勉强享口福。做和尚的好处是饭能吃饱,水果间或有之,因为香客的供果多为住持、师傅们享用,到小沙弥的手上就所剩无几了。怀素对肉的渴望中断于童年,十年"肉压抑",偶尔偷点腥,满脑子想象着猪肉羊肉鱼肉鸟肉。终于忍不住,几次豁出去大吃特吃。这光头和尚披着袈裟,拿着法器锡杖,出入市井人家,城里传为笑谈。书堂寺的大和尚根据梁武帝的《断酒肉文》,很想把怀素赶出佛门,却又有所顾虑。怀素抄写经书的本领大,既快又好,抄《心经》《坛经》《金刚经》……俗家居士们排队索要,争捐善款。如果把怀素从书堂寺撵走,永州境内的其他寺庙会收留他。

怀素《自叙帖》云:"经禅之暇,颇好笔翰。"

他识字念书,大概也自寺庙始。书堂寺藏书不少,除了佛经之外,还有许多经史子集。

寺庙清静,他除了抄经诵经就是念书。年年这样。

楷书抄经无数,他真是抄够了,开始笔走龙蛇,朝空中向纸上,大肆挥舞。他学过书圣王羲之体相庄严的草书,觉得不过瘾。王献之潇洒不羁的书风,他学一阵也兴奋不起来。他摸索着自己的路数,但并不知道自己在摸索。抄经之后他总要乱划一气,习惯了。废纸悄悄烧掉。寺僧们佯装不知。

怀素当和尚,享有某些特权,比如独卧一间僧舍,一夜可点三根蜡烛,便于他抄佛经。

熬夜是常事。三更后他出门溜达,活动胳膊腿,猴子似的越沟跳坎,朝碧空中的大月亮发出几声怪叫。体轻好处多。怀素蹿上高树掏过麻雀窝,吃过好几种鸟蛋。并向新来的小沙弥讲鸟蛋的滋味,被告发,方丈大怒,下令关他禁闭,抄写百卷佛经……

怀素不想待了,但书堂寺当年收留他这穷孩子,于他有恩,待他不薄。他犹豫了大半年。其实方丈大和尚也在犹豫,留他不是,撵他也不是。

怀素十九岁尝到了痛吃狗肉的甜头,越发大胆了,有时几日不归山门,归来时满身肉味儿,馋坏了书堂寺里的和尚。寺内寺外影响恶劣,"举报信"雪片般飞向州衙门。方丈终于下令,请怀素离开书堂寺。

这一天恰好是怀素的生日,没人知道。父母已升天堂。怀素流泪了,佛像前长跪不起。他恳请方丈,再抄完一百卷佛经,便永离书堂寺。老方丈亦挥袍嘘唏,送他袈裟锡杖,几袋粮食,允许他日后做个云游四海的行僧。

怀素的家距书堂寺仅二三里地。

家中一片破败。仅有的一个哥哥没力气,下地干活挣不来干饭吃,常年喝粥骨瘦如柴。他抱柴禾的模样使怀素直笑,说是一根柴禾抱着一捆柴禾……

怀素安慰哥哥:酒肉总会有的,老婆也总会有的。

他放弃种粮食,转而种芭蕉。哥哥不懂其中的奥妙,随他种就是了。房前屋后,坡地荒地,兄弟俩种了一万多棵芭蕉,城里人村里人直愣愣看傻了眼,不知他们究竟想干啥。芭蕉叶巨大,却是不值钱的,下雨倒是滴滴嗒嗒,刮风更是招风,千百棵顺风倒,倒成了一大片。夏日遮阴很舒服,怀素是打算把这片纵横数百丈的芭蕉林卖给有钱人吗?

怀素不解释。头一批种下的芭蕉,叶子砍下来,晒得半干,他操了大笔,日复一日练书法。这事太稀奇了,湖南从未有过。围观者有时候多达百人,永州人、谭州(长沙)人,乃至过境的中原官吏长安客,都怀着好奇心跑进怀素的芭蕉林,看他狂写草书。其中不乏内行,他们见识过李邕张旭,对怀素的字称赞有加。

芭蕉林子大了,怀素名气响了。

1982年,国画大师李可染先生曾经画过《怀素学书图》,把怀素画成满脸胡须的中年人,弄错了年龄。徐悲鸿画怀素犯过类似的错误。

怀素初种芭蕉,是由于手头拮据,练书法缺纸张。半干的芭蕉叶上写字正好。这主意是他自己想出来的,不料成了"金点子",书法与名声双丰收。他还变成了"人来疯",看他写字的人越多,他写得越起劲,瘦胳膊挥大笔,一笔下去尺半,再一笔就大如斗了。狂草书法多连笔,几片芭蕉叶铺在地上,配合他离地近的天赐短身材。只见他弓着身子疾步后退,长笔看似乱舞,落笔处处生花。叶上一阵"唰唰唰",围观者则"哇哇哇"。怀素收笔时有几个标志性的动作,依字形而定,称点收、撇收、捺收、圈收……写完没完,他抖抖僧袍,舒一口长气,瘦胸起伏,斜睨那"芭蕉字"良久,突然平地蹦三尺,向空一声怪吼,轻轻地落下来,秃头醉颜挂满了"得色"。屏气看他表演的人于是才知道,怀素上人今天对自己的书法练习十分满意。

他勤奋,除了书芭蕉叶,还书墨板,竟然写穿……

怀素洗砚,埋笔,从此不复悄悄干。时在二十岁以后。

埋笔处称"笔冢",也是怀素亲自命名的。不消一年,小冢变大冢,又是一道闻所未闻的艺术景观,掩映在芭蕉林的深处,距表演场地"绿天庵"仅十丈之遥。而墨池,晋唐以来遍天下,弄不出新名堂。

怀素聪明,有广告意识,有创新理念。但前提是不论寒暑、不舍昼夜的勤学苦练。为什么?因为懂书法的人太多了,想蒙人是蒙不过去的。冒牌书画家在粉壁上留下了歪字劣画,转眼就会被若干只愤怒的手刷掉,他蹭不来一顿酒饭不说,还会收获一堆骂名,狼狈不堪掩面溜走。

"文化泡沫"在古代是比较罕见的。没有媒体的胡乱吹嘘。

媒体染铜臭,艺术失芳香……


唐玄宗天宝年间,少年怀素在湖南逞能,中年张旭在长安、洛阳表演。张旭酒后狂呼奔走,男女老少争随其后,比看戏、看打架还要热闹。开元末他在洛阳天官寺的书法表演,盛况空前,创造了万人争睹的记录,惊动唐玄宗杨玉环。张旭的符号动作是"甩墨缸",先用笔,写得性起时,一脚踢翻几案,扔笔甩官帽,将一头乌发浸入墨缸,搅几转,甩起来,向粉壁挥舞着他那饱蘸浓墨的黑脑袋,少顷,一幅狂草杰作诞生了,他也成墨面,墨汁从几个方向流入嘴巴。甩墨缸的大师哪管这个!

观赏的群众叹服张颠之余,又乐颠了。

张旭的长头发扎了小辫子,洛阳后生模仿。

杜甫《饮中八仙歌》云:"张旭三杯草圣传,脱帽露顶王公前,挥毫落纸如云烟。"

张旭与贺知章共饮,两个酒仙狂呼奔走,"见人家厅馆好墙壁及屏障,忽忘机兴发,落笔数行,如虫篆鸟飞。"

"知章骑马如乘船,眼花落井水底眠。"

贺知章骑醉马落过井的,沉入井底半刻,又浮了上来。他水性好,后来对人炫耀说,在井底美美地睡了一觉。

杜甫写道:"李白一斗诗百篇,长安市上酒家眠。天子呼来不上船,自称臣是酒中仙。"

李白入翰林院,皇宫里照醉不误,"戏万乘如僚友,视同侪为草芥。"(苏轼语)他戏耍唐玄宗、高力士的故事,朝野盛传。

艺术家傲视皇权,这风度源自魏晋。

经济繁荣之类,与艺术有关系,但是关系不大。陶渊明饿肚子照样有好诗。苏东坡在汴京城里锦衣玉食,反而无佳作,一贬再贬,艺术井喷:"问汝平生功业?黄州惠州儋州。"曹雪芹"举家食粥酒常赊",写出了《红楼梦》……

艺术唯一的情侣乃是个性。个性要伸张,犹如花开水流。生命冲动近乎本能地谋求着表达。

怀素的狂草书法和与之相连的芭蕉林,惹来了李白。

其时李白流放夜郎(贵州),中途获赦折返,"千里江陵一日还。"快满六十岁的诗人畅游了洞庭湖,再奔永州,叩访著名的九疑山。李白暮年,壮心不已如少年,"三山五岳不辞远,一生好作名山游。"他的好朋友卢象在永州做官,接待不成问题。

时在秋天,李白走进了永州城东那片神秘的芭蕉林。

访名山、访名人、奇人,乃是李白之最爱,至死不能休。这个巨大而不可思议的生命体到了疾病缠身、囊中羞涩的时候,仍然满世界蹿。真好啊,艺术冲动仿佛是李白浑身"绑"满的核燃料助推器,直到将他射入长江水中捉月亮……

李白有个朋友叫任华。任华也是怀素的朋友,为怀素的书法写过诗,二人的交游期无考。

任华形容晚年的李白:"平生傲岸其志不可测,数十年为客,未尝一日低颜色!"

而晚年的李白大约已经无所谓低色调。他名满天下，能把他乡作故乡，走到哪儿都不愁酒肉。

青年怀素为李白准备了酒肉。买酒肉的钱是卢象出的。卢象筹划了这次见面，安排了精彩"节目"，包括怀素与李白当众共饮。

怀素跃跃欲试想和李白斗酒量。如果他把李白给比下去了，那就等于醉僧胜过了酒仙，长沙人胜过了蜀人。不过，怀素年轻，他并不想胜之不武。

李白走进芭蕉林，转悠许久不见怀素上人的身影，房前树上倒是挂着他的僧衣，门边放着他的七尺锡杖。李白唤了两声，无人应答。他走近柴门，见室内简陋，唯有粉壁上的大幅狂草书法惹眼，写的却是太白的得意诗《赠汪伦》："李白乘舟将欲行，忽闻岸上踏歌声。桃花潭水深千尺，不及汪伦送我情。"

几年前李白畅游宣州，下舟离开时，头一回交往的汪伦踏歌送行，赠他八匹良马、十匹绢帛。

李白五十年来阅世太多，并不轻易动感情。陡见此诗亦叹息，许多往事涌上了心头。宣州汪伦，今生再见难矣，难矣。

而李白诗万首，怀素上人为何单单写这个？

李白细观书法，身后偌大的林子静悄悄。午后的阳光恰好斜照着怀素的狂草大字。显然一气呵成。连笔甚多，字与字之间气韵贯穿。

日影移动，李白不动。秋风起处，吹得芭蕉叶响……

李白是书法内行，临过二王书帖，揣摩过褚遂良、孙过庭的书法风格，又曾亲眼目睹李邕、张旭、颜真卿等人激情挥毫，但怀素的书风与众不同，似乎毫无章法，那笔意却逼人，激荡起观书者的内心波澜。也许整体布局还不够十分老到，其不可一世的面目已经露出来。

李白观书良久，只一句短评：和尚了得！

芭蕉林中似有笑声传来，李白急忙转身环视，却什么也看不见。

李白再寻，在林子深处阔步穿梭，看见了传说中的"笔冢"，如大坟头，"坟"上新土旧土间还生出了杂花小草。李白以剑拨土，几只写秃了的大毛笔露出半截。笔皆直立，小树似的排列着。诗仙自笑曰：和尚埋笔，原来有讲究。

可是怀素究竟在哪儿呢？

林子里隐隐约约有酒气,酒仙深吸一口,笑了。潭州名酒"洞庭葫芦",他喝过的。

李白高声道:洞庭水倾葫芦满,芭蕉林深上人空。

十丈开外,几片地上的芭蕉叶子动起来了,有略显沙哑的嗓音传出,吟古代高人名句:大梦谁先觉?平生我自知。

李白几乎呆住。那平铺于地的芭蕉叶下莫非有人?

正疑惑间,忽见一人破叶而出,腾空而起,左手拿着酒葫芦,右手捏一大号笔,疾步踏秋风,向李白"飘来"。

此人正是怀素。他在芭蕉叶下已躺了多时,也不知真睡还是假寐。他向李白行佛门礼,口称:贫僧怀素,参见李翰林。

李白拱手为礼。

继而笑道:我寻你多时,原来你就在芭蕉叶下,我居然没察觉。

怀素说:贫僧的身子薄如叶嘛,诗仙目能穿帐,穿不透这芭蕉叶。

怀素悄悄踮脚,仿佛与李白比身高。

李白知其意,一笑说:魏晋高士刘伶,裸睡于竹林中,今有名僧怀素,醉卧芭蕉阔叶。

其实李白比怀素高了十几厘米。传说中他不是魁伟男儿,再说他年近花甲了,不复时时挺胸昂首。怀素踮脚时,李白随意将那硬身子板直了,二人"高下立判",原来并无可比性。而类似的动作二人多年来常有,各自很熟悉的,几乎是条件反射。怀素差不多每比必输,而李太白大抵输赢参半……

李白把怀素比作刘伶,语义双关。而怀素向来暗比一代高士与酒徒刘伶,听了微微一笑,还请哥哥把李翰林的话记下。

卢象及一群吏民突然从四方八方笑语而来,抬酒缸的,扛熟肉的,搬桌椅抱长几的,奔向表演场地,满满的站了一圈。

醉僧与酒仙对哦对饮,卢象陪饮。观者皆有份……

青青芭蕉林,飞鸟醉醺醺。

李白与怀素斗酒百余杯未见高下。围观的吏民阵阵喝彩。

只见那怀素扔了酒杯,歪走几步,对李白行大礼曰:贫僧二十有三,翰林五十有九,这洞庭葫芦酒,吾二人也不用比啦,怀素甘拜下风!

李白笑道:我也撑不住啦。当年与李丞相、贺三品、张长史拼过二百杯，他们全趴下了。我这酒仙之名也是拼出来的，如今垂垂老矣。永州和尚豪饮，名不虚传。

怀素说：过几年我也饮它二百杯！

这话是说，眼下他身子薄，不够结实。

李太白精瘦，浑身肌肉如钢，那是千山万水走出来的。

怀素埋头吃肉，俄顷吞掉了几条大鱼，又撕扯鹅肉往嘴里塞，嚼得肥鹅油流。李白有些吃惊，暗忖这和尚恐于佛门中馋肉甚久。他笑道：书圣王羲之若知你这般啖鹅肉，定不肯于冥冥中点拨你的书法。

王羲之一生爱鹅，从不杀鹅。

怀素闻言大笑：右军是右军，怀素是怀素！他不吃鹅与我何干。笔墨砚伺候！

三个官伎打扮的妙龄"大娘"，捧了笔墨砚上来。唐代女子称大娘，比如，在长安街头表演剑器浑脱舞的公孙大娘。

怀素舞大笔，一挥百纸尽。又向芭蕉叶上狂写不休，椭圆形叶子长约三米，怀素写下的全是李白诗：

"金樽美酒斗十千，玉盘珍馐值万钱。停杯投箸不能食，拔剑四顾心茫然。"

"君不见黄河之水天上来，奔流到海不复回。君不见高堂明镜悲白发，朝如青丝暮成雪。人生得意须尽欢，莫使金樽空对月……五花马，千金裘，呼儿将出换美酒，与尔同销万古愁！"

七八十个吏民齐齐的高叫：诗狂啊书狂，绝配兮绝配！哇啦啦，哇啦啦！

看来他们事先练过。太守卢象是导演。

诗仙大喜，大饱眼福。他也呼来笔墨，要即兴赋诗。吏民们却嚷着先看舞剑。李白二十岁仗剑出蜀，几十年宝剑随身，曾自诩"杀人红尘里"。这会儿，日头偏西秋风起，李白"嗖嗖嗖"地舞剑，人虽醉而剑法不乱。他忽然收剑，望天太息一声：

"学剑翻自哂，为文竟何成！剑非万人敌，文窃四海声。"

李白一生任侠，仗剑行走华夏大地，不过，剑术一般。

李白的书法比他的剑法名气更大。

醉怀素拉着醉李白，要诗仙把诗写在他家的墙上……

《草书歌行》载于《李白集校注》卷八。

少年上人号怀素,草书天下称独步。
墨池飞出北溟鱼,笔锋杀尽山中兔。
八月九月天气凉,酒徒词客满高堂。
笺麻素绢排数厢,宣州石砚墨色光。
吾师醉后倚绳床,须臾扫尽数千张。
飘风骤雨惊飒飒,落花飞雪何茫茫。
起来向壁不停手,一行数字大如斗。
怳怳如闻神鬼惊,时时只见龙蛇走。
左盘右蹙如惊电,状如楚汉相争战。
湖南七郡凡几家,家家屏障都书遍。
王逸少,张伯英,古来几许浪得名。
张颠老死不足数,我师此义不师古。
古来万事贵天生,何必要公孙大娘浑脱舞!

　　王羲之字逸少,张旭字伯英。李白酒后夸怀素,说此二人是浪得书法盛名。
　　从诗中看,李白在永州可能待了数十天,他另有《赠卢象》一诗。和怀素往还当有几次,并辔游过其他郡县。李白每到一地,不畅游如何过瘾?两个狂放男人走在永州城的大街小巷,要发生交通堵塞,有些"粉丝"为了一睹诗仙与醉僧的绝世风采,爬树上房,踩烂的青瓦用车装,闹出了民事纠纷,闹上公堂……怀素沾了李白的光,从此长沙七郡闻他名头,邀请他题壁的人家排起了长队。他挣钱为哥哥置了房产,哥哥娶妻成家,生儿育女。
　　他本人,要学李白浪迹天下。
　　揖别哥哥嫂嫂,远离永州故土。
　　不过,李白的这首《草书歌行》,苏东坡认为是伪作。坡翁的理由是:诗中的一些句子"村气"十足,不像出自诗仙之手。李白五十年写诗近万首,散佚大半。贵族子弟魏万多年追随他的行踪,扑空无数次,终于得见偶像于金陵,受到李白的表扬:"东浮汴河水,访我三千里。"

怀素

魏万觅得李白手稿，后来编《李翰林集》，现仅存一篇序言。李白写下那么多的诗，精品也有限，十首中有一首称佳就不错了。他有时随写随扔。犹如绘画大师惜墨如金，一生要毁掉大量作品。

苏轼也承认："李白豪俊，语不甚择，往往有临时卒然之句。"

东坡自己的词今存三百多首，其中"语不甚择"的例子亦多。名家的宋词选本，通常选他四十首左右。

唐宋游僧多，苏轼诗云："一钵即生涯，随缘度岁华。是山皆有寺，何处不为家。"

怀素上路，不托钵盂。

他怀揣几支毛笔，走到哪儿写到哪儿，那奇怪的身材，长长的锡杖，巨大的胃口，腾空的本领，仿佛是他随身携带的流动广告。他吃下以吨位计的肉却始终瘦，可能是因为他曾经十年吃素。改吃肉以后，他保留了吃苦笋的习惯，有《苦笋帖》传世。怀素体内的脂肪与竹笋纤维取得了某种平衡。他总是饮绿茶，长足于道路，消耗着肉食的热量。

楚天多么辽阔，楚地五千里湖泊纵横，阡陌交通。行僧怀素在船上、路上、马上、车上。云卷云停，风起潮涌，雪野茫茫，春花遍地，夏云耸奇峰……八百里洞庭湖激荡五尺男儿的心胸。他跃入水中弄潮，身子比一朵浪花还小。然而登楼书壁，字大如斗，气吞千里如虎。多少人家的粉壁屏风为他空着。二十五岁左右，他成了这片大地上的头号书法家，长沙七郡传他的名字和故事。单看他狂草书法的人，还以为书写者生得高大威猛哩，手臂如猿臂，及至见了真人，往往一惊非小，四方宣讲，等于替他做了"免费广告"。

顺便提一句，唐朝艺术家们的广告意识是很强的，艺术家乐于夸自己，走一地夸一地，直截了当，自识力强，颇似西方人。其中以李白为最，这个有胡人特征的汉语大师，几乎从不放过宣传自己的任何优点的机会，并以怪异之举夺人眼球。有时候他掩饰毛病，夸大优点。好在唐代诗人所有的真功夫都必须亮在明处，李白写歪诗，杜甫献"大赋"，在民间是传不开的。即使官员的传阅，其动机也在诗赋外。

今天的艺术行当中人，那些广告意识强的，则往往本事小。这种颠倒对于艺术很不利。如果这种人多了，覆盖面广了，文化泡沫的持续泛起将成常态。精品将被泡沫所淹没。所谓娱乐风潮,为形形色色的文化泡沫提供了不易察觉的支撑。

对唐宋艺术家的"广告意识",我们应当细察。进而考察今天的那些伪艺术,辨认它们的各种招数、它们对人的"深度生存"的威胁,以遏制"浅表性生存"的大量复制。

我们且看怀素。

怀素走到哪儿写到哪儿,而不是走到哪儿吹到哪儿。如果他仅仅吹,那么他立刻会把自己给"吹破",走不多远便灰溜溜掉头回家。

居衡阳,走浏阳,宿武昌,客长沙,向荆州……怀素足迹遍荆楚。当时的书法家称书家,对怀素来说,书中自有酒肉餐,书中亦有颜如玉。这也是研究怀素的学者们比较感兴趣的一个问题:唐朝诗人、艺术家激活包括大脑在内的身体,有两个妙不可言的渠道,一是酒,二是章台美娘。后者多为官妓、营妓,她们像诗人一样流动性大,今年呆长安,明年就可能去了洛阳。怀素走四方,阅美数不清。他召妓,携妓,都是无伤大雅的事情。他囊中已不羞涩,形貌虽小而出手大方,名气比高官大贾还响亮。春宵之后留一墨宝,美娘娇娥喜出望外……

行僧怀素如飘蓬,她们相约着送他上路。衡阳、武昌、浏阳的驿馆,都有过伤感的场面。

如果怀素想结婚生子,那么,他会有个温暖的家,娶良家女儿过上小日子。脱掉僧袍,还俗不难。其时,和尚头上尚无戒疤。和尚烙戒疤据说起于元代,称爇顶。

怀素总是志在远方。而远方究竟有多远,他也不知道。远方吸引力大,永远的远方,李太白式的山高水远的远方……怀素与诸妓盘桓,补上男人的重要一课,去掉某些堆积起来的自卑感。他是个真正的男子汉,走得雄起起气昂昂,哼唱着五花八门的楚地歌谣。不过,他所有的风流事都秘而不宣,他悄悄干。《全唐诗》收入描绘怀素的诗篇多达十几首,没有一个字提到他的红粉缘。他醉酒,狂啖肉,"形象设计"恰到好处,若是再有色和尚的名声,恐为某些大户人家所不齿,也对不住他的一部分"粉丝"。

宋代的柳永混迹于烟花巷,写"烟花词"、俚词,让各地的妓女们演唱,传入南北市井,"凡有井水处皆能歌柳词。"俚词村语乃是柳永吃饭的"家伙",烟花巷风流事传得越广对他越有好处。士大夫们不仅传,还向他学填词呢,例如秦少游,弄得东坡先生不高兴,对这弟子说:"不意别后,君学柳七填词!"

柳永排行第七,称柳七。

北宋的专业诗人可能不多。柳永称第一。柳永浪迹天下五十年,死后妓女们凑钱安葬他。

盛唐的专业书法家也罕见,怀素可称冠。他和柳永一样吃得好,走得远,耍得安逸,干本行相当出色。柳永考进士做过余杭的小县令,怀素一辈子持锡杖,怀揣绢素与毛笔,没有落第的烦恼,没有官场的反复折困。

这个浑身蕴藏着不可思议的大能量的小个头男人,行路时有个习惯:驻足抬头看云,或是边走边望。"夏云多奇峰。"鲁迅先生偏爱这句诗。那怀素立于空旷之中,湖泊大如海,野地莽苍苍,地平线的尽头常有云之峰峦,连绵、中断,刀削壁立,金光穿射。夏风起于高处,乱云瞬息多变,游于碧空奔如飞龙。

怀素操大笔,与夏云奇峰共舞,舞到日落、黄昏、满天星辰……

古代艺术家身在自然的万千形态中,并没有向自然学习的观念。辨析这一点非常重要。感觉就是感觉。树就是树风就是风雪就是雪。今之学者动不动就强调艺术家要学习自然,谬矣,谬矣。理念一旦形成,原初性的丰富感觉已溜走大半。审美,那有什么主观客观的二元区分。观念通意志,而意志的单一封杀感觉的不可测量的多样性。

"算计型思维在它最不应当出现的地方统治得最为顽强。"(海德格尔语)。

"醉来把笔猛如虎,粉壁素屏不问主。"

怀素像长安城里的张旭那样胡乱涂抹。他未满三十岁已经很牛了,可以由着性子乱抹一通。乱而有章法,夏云奇峰不是很乱吗?忽而巍然屹立不知几百里,忽而孤峰直上刺破青天。缠绵缭绕楚腰细,峰峰列队秦卒悍。

怀素乱题壁,主人亦欢喜。

怀素二十七八岁完全成了怀素。藏真醉和尚,楚人谁不知?

长安的韦陟也夸怀素草书,赞语传至湖南,传到正"飘"在浏阳河畔客栈中的怀素耳边。浏阳县令赶来了,击鼓吹笙请大贤。怀素高卧,鼾声如秋蝉。他似乎醒了,打个呵欠又返回梦境去。县太爷含笑等待着,仿佛怀素是他的上级。

韦陟是京城大书法家,更是礼部侍郎韦大人。得他一句点评,书画立刻增值。

大约过了一百年,李商隐的外甥韩偓有诗云:"何处一屏风,分明怀素踪。虽多尘色染,犹见墨痕浓……"

盛唐中唐晚唐,楚地与中原,怀素的墨迹不可数。狂草向壁真痛快,绢素茧纸,留墨就有限。好在他还写信,留下一些法帖。

古人不用石头造房子,千年以上的古宅几乎没有。李泽厚先生对此亦存疑问,不知道是怎么一回事。

多少书画墨宝,被风吹雨打去……

白居易写给元稹的诗云:"君写我诗盈壁寺,我题君句满屏风。与君相遇知何处,两叶飘浮大海中。"

怀素题壁写李太白的诗,却不知诗仙已仙逝:金陵采石矶,纵身一跃入江水,找月神玩儿去了。

怀素长征到广州去,不惧路途遥远而险恶。南人更向南,估计走了半年多,吃苦受累毫无怨言。岭南也有高人哪。广州刺史徐浩,号称李邕之后的大书法家,堪比颜真卿。怀素寻高人,两千里水陆兼程不辞遥远,风餐露宿无所谓,日晒雨淋,山贼剪径,恶人勒索,他只要一条命和另一样东西,其余的钱物不消人来抢,他先抛出去。那东西是名家苏涣的一卷推荐诗《怀素上人草书歌兼送谒徐广州》,歌云:

　　张颠颠后二十年,谓言草圣无人传。
　　零陵沙门继其后,新书大字大如斗。
　　兴来走笔如旋风,醉后耳热心更凶……

怀素心凶,想成为张旭之后的草书第一人。

到了广州府,拜见"徐广州",却未能剧饮酒狂吃肉,只喝了几回粥。那徐浩还说:岭南粥好啊,不妨多喝,盆粥管够。

名僧怀素在广州府栽了跟头。"出道"十年这可是头一回。海鲜粥腥味儿浓,他喝不惯,每每狂吐。

早年居书堂寺,僧多粥少。怀素对稀饭有宿怨。

那徐浩也不管住。怀素屈尊住进了小客栈,因形貌奇特,复受店主欺。他提笔想书壁,换来几两碎银子,竟然被店小二折断安徽笔,砸了宣州砚。官府小吏捉弄他,串通了店主。店小二还吓唬远道而来的艺术家,说全广州的人都讨厌楚僧怀素,视他如不祥之怪物……

狂僧狂不起来啦。郁闷。饿。病。慌。

咋回事儿呢?

原来,徐广州根本看不起他。徐浩的书法名气大,与其暗里巴结皇上有关。据米芾《海岳名言》透露:"开元以来,缘明皇字体肥俗,始有徐浩,以合时君所好……字亦自此肥。"

模仿领导书风,恐怕古今皆有。徐浩以前写的字并不肥。发现唐明皇喜肥,他就肥起来了。

徐广州有个书法理论:"力不可强,勤而愈拙。"

这话倒有些道理。

徐浩又云:"区区碑石之间,矻矻几案之上,亦古人所耻,吾岂忘情耶?"

徐广州的理论想说明两点:书法功夫在书法之外;书法要担当"成教化,助人伦"的责任。

理论本身不错,但暗通巴结术就不是理论问题了。欲教化他人者,先得教化自己。怀素毕竟千里而来,堂堂徐广州应当以礼待之。

怀素卷铺盖走人。一路上伤心落泪。

后来写《自叙帖》,不提徐浩一字。

怀素千辛万苦走广州,本来想与徐浩切磋书艺,再借徐广州的点评添些名声。愿望双双落空,收获满肚子的气和粥;日后脚丫子奇痒,原来染上了岭南人的脚气……

三十岁的怀素,跟跄如刘伶,行行返故乡。

广州城未得他一幅字半壁书,咎在绍兴人徐广州。

怀素北上,过岳州又精神抖擞了。岳州有个名士叫马云奇,写诗赞美他的书法。官绅请他书粉壁又排队了。怀素的原则是:排队的人家只论先后,不管门第。寻常百姓求他写字,他还打折,但一般不会白送。王羲之当年也是这么做的。

马云奇歌云:"怀素年才三十余,不出湖南学草书……一点三峰巨石悬,长画万岁枯松倒。叫喊忙忙礼不拒,万字千行意转殊……直为功成岁月多,青草湖中起墨波……"

青草湖即洞庭湖。

怀素在岳州写字的时候也忙着收礼,可能是因为千里赴广州受冷遇所致。

在湖南诸郡,怀素的吃住行皆有讲究,出有车食有鱼,住豪华旅馆,甚至迈方步住进了官舍。官员挑湖南妹子夜里来伺候,依旧悄悄的,不能声张。怀素每饭必酒,官妓来时他限饮三盅。吹嘘说:长安美娘个个都像杨玉环,贫僧要去试试桃花运。

湖南妹子信他。

怀素碰了一回徐广州的钉子,行路更有经验了,他去京城长安,先找在朝廷礼部供职的张谓。为何找张谓呢？只因此人曾经长期在湖南做官,对湖南人有感情。再者,张谓官居礼部侍郎,官不比那徐广州小,"性嗜酒,简谈,乐意湖山。"

怀素研究这个人估计费力不少。犹如李白研究喜荐士子的韩荆州,杜甫研究爱好文艺的歧王……

怀素找张谓,找对人了。二人几乎一碰面就有火花,就剧饮,剧谈荆楚的好湖山,三天三夜说不够。张谓平时"简谈",不想多说一句话。他认识王维,王维比他更能沉默,长居终南山的别业,交游极有限,开元末、天宝初,王维对翰林院的李白也是敬而远之……

张谓宣扬怀素,于是长安的贵胄们高调接纳楚狂僧。

怀素以张旭的唯一继承者自居。张旭在长安洛阳的名气太大了,不减王维、吴道子。怀素希望以他的颠狂连接上张旭的颠狂,这个目标具有冒险性,弄不好遭人弹驳。可是狂僧不冒险就枉称狂僧了。

中唐的韩愈在《送高闲上人序》中写道:"往时张旭善草书,不治他技。喜怒窘穷,忧悲愉佚,怨恨思慕,酣醉无聊,不平有动于心,必于草书焉发之。观于物,见山水岩谷,鸟兽虫鱼,草木之花实,日月列星,风雨水火,雷霆霹雳,歌舞战斗,天地鬼神之变,可喜可愕,一寓于书。故旭之书变动如鬼神,不可端倪。"

韩愈此言甚妙,学书法的人往往诵之再三。

张旭不制他技,毕竟还戴着官帽。怀素更专一。他光着头,披着袈裟,拄着锡杖,怀揣绢素和毛笔,行囊中有越来越多的推荐信和赞美诗。靠一管笔写来锦衣玉食美娘伺候,更加上他那火星人般的短而不凡的奇特形貌,他的名声就在长安滚起了雪球。他吃肉吃不胖,不然会变成一只滚动的肉球……

任华来找他了。

李白的粉丝转而成为怀素的粉丝。

任华的《怀素上人草书歌》写得非常出色,描绘怀素的形象堪称一绝:"吾尚好奇,古来草圣无不知。岂不知右军与献之,虽有壮丽之骨,恨无狂逸之姿。中间张长史,独放荡而不羁……张老颠,殊不颠于怀素。怀素颠,乃是颠!人谓尔从江南来,我谓尔从天上来。负颠狂之妙墨,有墨狂之逸才。狂僧前日动京华,朝骑王公大人马,暮宿王公大人家。谁不造素屏,谁不涂粉壁?粉壁摇晴光,素屏凝晓霜,待君挥洒兮不可弥忘。骏马迎来坐堂中,金盆盛酒竹叶香,十杯五杯不解意,百杯以后始颠狂!一颠一狂多意气,大叫一声起攘臂。挥毫倏忽千万字,有时一字两字长丈二……"

这几乎是一首长篇叙事诗,明白而畅快。

怀素正中下怀,顺竿子上去了,长安城到处宣讲:怀素之狂不亚张旭,有任华的歌诗为证。更有李白歌诗雄证!

朝骑王公大人马,暮宿王公大人家。怀素骑高头大马,醉醺醺笑嘻嘻的模样,成了长安一景。朱门豪门门槛高,到了怀素的脚下一律变矮,他要么飘进去,要么蹦进去,烂醉如泥则被人抬进去,醉和尚在几条汉子的"手架"上舒畅地打鼾。

"一日九醉",怀素创纪录了。

他对追捧他的粉丝们说,如果时光倒退,杜甫的《饮中八仙歌》就会是《饮中九仙歌》了。九为数之大,九又谐音酒,杜工部的传世杰作岂不是更完美?所以他断言:《饮中八仙歌》有遗憾,漏写了一日九醉的楚狂僧。

其时,杜甫却在长沙的大洪水中孤舟漂泊……

醉狂僧狂走大街,粉丝们沿街守候。朱雀门、大雁塔、兴善寺这些著名的场所,怀素的书法表演轰动一时,重现了吴道子在兴善寺画佛像时的盛况。长安画工张氏画下《醉僧图》,怀素题诗云:"人人送酒不曾沽,每日松间系一壶。草圣欲来狂便发,真堪画入醉僧图。"

这幅画现存于"台湾故宫博物院"。当时摹本无数,市场上卖得好价钱。宋代的头号书法家苏轼凑兴留墨:"此怀素诗也,仆好临之,人间当有数百本也。"

怀素和尚的即兴表演,包括忽然倒地打鼾。

春夏之交的一天,他向寺壁奋力挥毫的同时,左手拿酒壶几番狂饮,写到一大半,却倒地睡着了,小身躯发出了具有符号意义的大鼾声,并且,听上去颇有节奏感。寺壁前的广场上,围观者千余人众,听他打鼾不肯撤离。他躺在青石地面上,阳光照着他的锡杖、巨笔、锦袈裟。他真的睡着了。估计倒下去的那一刹那大脑尚清醒:倒地的姿势要好看,要重点保护写字的右手。观众配合他,因为他是怀素,张旭之后称冠天下的草圣。写大字是个体力活呢,他体积小偏拿如椽巨笔,有时一个字舞下来就长达丈二。他写累了,他也醉了。观众欣赏他的狂草字,议论他的传奇事……过了半个时辰,躺安逸睡"巴适"了的怀素,身子微动,侧动,那环绕着艺术光环的两条瘦胳膊缓缓举向蓝天,原来他是打呵欠,打完了,又懒洋洋念高人诗:"大梦谁先觉?平生我自知。草堂春睡足,窗外日迟迟。"

观众捂嘴笑:上人还在做梦哩,哪有草堂啊?

那怀素从青石地上弹起来了,元气恢复如初。再喝半壶美酒,发出了几声怪吼,操毛笔,蘸浓墨,差不多是冲向寺壁,接着狂写狂叫,通常写一字要狂叫两三声。

窦冀《怀素上人草书歌》云:

狂僧挥翰狂且逸,独任天机摧格律。
龙虎渐因点画生,雷霆却避锋芒疾。
鱼笺绢素岂不贵?只嫌局促儿童戏。

长幼集,贤豪至,枕槽藉鞠犹半醉。
忽然绝叫三五声,满壁纵横千万字……
连城之璧不可量,五百年知草圣当!

怀素这十余年,在长安、洛阳、长沙、衡阳、永州等地的狂草表演,可能多达数百次。流传至今的描写他的诗歌有几十篇。怀素颠狂,大名播四方。"自言转腕无所拘,大笑羲之用阵图。狂来纸尽势不尽,投笔抗声连叫呼……"

他写字绝叫,乱叫,看来可信。

有些运动员在比赛激烈的时候也会叫。短叫声不绝于耳。

可以想象的是,唐朝人看怀素的现场表演,也会发出一阵阵的叫声,欢呼声。怀素兴奋,亢奋,狂书粉壁的过程中常有瞬间之领悟,下笔不守常势。或者说,根本无所谓常势。临场发挥很重要。人狂,笔狂,常势自消。书圣王羲之用笔的庄重、典雅、古朴,仿佛与怀素无关。

其实有关。

怀素居长安的五年间,寻二王真迹辛苦。"睹二王真迹及二张草书而学之。"怀素的《酒狂帖》又载:"酒狂昨日过杨少府家,见逸少《阮步兵帖》,甚发书兴也。颠素何以至此,但恨无好纸墨一临之耳……"

他自称酒狂、颠素、楚狂僧、醉和尚。

二张指张旭、张芝。汉末张芝的草书帖对王羲之启发甚大。

怀素名气大而用功如故。青年,中年,每日临池。到长安也有笔冢,比永州芭蕉林中的笔冢略小。

眼下流传的怀素《自叙帖》《学书帖》《食鱼帖》,其风狂雨疾的笔势中,隐隐约约有二王的飘逸、简淡。

王羲之的《曹娥碑》,一字一珠,被视为小楷之圣典,题跋的名家多用正楷,惟有怀素以草书题款,共题十七个字:"有唐大历三年秋九月望沙门怀素藏真题。"时为唐代宗大历三年(768),怀素三十几岁,居长安半年多,笔力与自信力正朝着巅峰状态。王羲之中年突破张芝而自成大家,怀素景仰书圣,却要在草书的领域突破王羲之。

怀素《真书过钟帖》说:"右军云:吾真书过钟,草书过张。仆以为(王右军)真不如钟,草不及张。"钟指钟繇。

怀素叫板王羲之了,公然挑战书圣对其真书、草书的自我评价。此语在唐朝乃是惊天之言,因为谁都知道唐太宗、唐高宗、武则天、唐玄宗……皇帝和皇室成员,王公贵族,几乎全是王羲之的铁杆儿崇拜者。

宋代的点评家在《广川书跋中》说:"怀素似不许右军得名太过。"

怀素居长安两年后,又说:"二王父子真草,虽尽善尽美,却未能收尽狂草一路。贫僧闯出新天地!"

狂僧出狂言,却有作品在。

他先掂量自己,然后才"口出狂言"。不然,没有人理睬他。

长安洛阳的市民素质高,他想蒙也蒙不过去。唐朝立国百余年,天才书法家层出不穷。

市民们崇拜艺术家,也不似猴子搬苞谷,搬一个扔一个。诗书画真功夫,崇拜者代代崇拜。晋唐宋书家们留下的法帖,今天仍是不可超越、只能顶礼膜拜的珍宝。

江山代有人才出,各领风骚数百年。

而不是三五年。更不是流水线上生产出来的一次性消费品。

宗白华先生说:"中国的书法是节奏化了的自然,表达着深一层的对生命的形象的构思,成为反映生命的艺术。"

宗白华强调书法艺术契合于自然和生命。而需要补充的是,自然与生命并非"现成在手之物",二者都具有"上手性"。不是先有形象,然后谋求着表达、反映,以主观去谋求客观,而是相反:表达的冲动谋求着它的对象,捕捉对象的千变万化。

精英艺术的特征,是动态性地契合于生命的本质性冲动。对张旭或怀素,时光的千年流动就失去了消解的意义。

流行"艺术"则相反,它近乎本能地缩短存留的时光,其极端形态是"见光死"。

浅表性生存者与速朽艺术天然合拍。

怀素三十七岁从长安返故乡永州,过洛阳,偶然听说颜真卿在洛,便去拜谒。颜真卿做过平原郡太守,称颜平原。唐玄宗天宝十四年,安禄山反,北方诸郡望风而降,颜真卿"首唱大义",反击呼啸而来的强悍叛军。这是一位气壮山河的英雄,又是大书法家,独创颜体楷书,其血泪交流的《祭侄文稿》称天下第二行书。颜真卿的侄子少年英勇，死于安禄山叛军之手。

怀素对颜真卿毕恭毕敬。狂僧之狂要看对象。颜真卿大怀素十六岁，当初也曾专程去拜谒张旭，放下高官的架子一住几十天，恳请张旭点拨他的书法。

怀素的书法名声也是十几年慢慢起来了，并不是"暴得大名"。他谒见颜真卿执礼甚恭，相当谨慎，没有拿出行囊中李白、张谓、任华、钱起等人的赞美诗。

狂僧知分寸，此为一例。他住客栈，每日定时去颜府，风雨不改。如果颜真卿先生正在高卧，他就在堂下等候。如是者累月，颜大师没和他讲过几句话，看他的眼神比较冷淡。

然而怀素每天去，恭敬也不是装的。终于，他被请到堂上叙话了。

二人品茶，先论书法。颜真卿把书法线条比喻为"屋漏痕"，怀素叹服。他正襟端坐，喝过了三道茶才说出自己的看法：书法如夏云多奇峰，变幻莫测，往往意在笔先。

屋漏痕，夏云峰，指向相同之物。

颜真卿大笑而起，说：张长史的"孤蓬自振，惊沙坐飞"，与吾二人所悟同焉。

这时候，怀素才拿出那一卷卷的赞美诗。

大师阅后点头，知怀素意，慷慨提笔作《怀素上人草书歌序》，凡二百余言，"开士怀素，僧中之英。气概通疏，性灵豁畅……"不过，颜真卿对怀素草书的评价颇慎重，倒是盛赞已故的张旭，称怀素"师其衣钵"。

大师提携后辈，又防止他骄傲自满。

颜真卿的评语，与怀素得到的那些赞美诗有明显区别。

大师在怀素离开洛阳的那一天出示了《祭侄文稿》，怀素睹真迹，受到行书线条所表达的悲情与美感的双重撞击，不禁倒身下拜，喉头哽噎。

颜真卿老泪纵横……

怀素回到湖南，"其名大著"而谦虚谨慎，俨然大家风范，将种种狂野性子内化了。也许是颜真卿让他真正懂得了一代宗师的境界。

怀素在湖南与另一个奇人陆羽相遇,具体地点无考,也不知谁去拜访谁。

高人与高人似乎总能相遇。这是古代的一个令人有些不解的现象。艺术精英们对杰出的人物和陌生的地域总是抱着极大的热情。寻高士不辞遥远,走上一年半载的例子不少,比如苏东坡贬岭南,不远万里去看望他的有名有姓的人就有几个,其中也有民间的普通人,如七十老翁巢谷,陆走炎荒几千里,已经走到广东了,却暴病,"死于道路"……

据记载,陆羽原是河边的弃婴,和尚收留他。这位了不起的和尚俗姓陆。陆羽大怀素四岁,隐于浙江天目山之苕溪,著书,嗜茶,拒绝朝廷的任命。"以词艺卓异,为当时闻人,凡所至之邦,必千骑效劳玉浆。"

陆羽也是酒徒。著《茶经》三篇,后人誉之为茶圣。陆羽《陆文学传》云:"上元初,结庐于苕溪之滨,闭门读书,不杂非类。名僧高士,谈宴永日。"

时人称陆羽"天下贤士,半与之游。"

陆羽从浙江游到湖南看朋友,遇怀素一见如故,盘桓湖山十几天,谈词艺、茶艺、书艺,斗酒啖肉,相得甚欢。怀素嗜茶大约从此始,他不受陆羽的影响是不可能的。

高人不仕,却与官绅们往来密切。宋代的姜夔也是不愿做官的。中国古代大文人,也有几个拒绝进官场,但不拒绝官员。

十年后怀素游江南访陆羽,陆羽写下《僧怀素传》,其中有云:"怀素疏放,不拘细行。万缘皆缪,心自得之。于是饮酒以养性,草书以畅志。时酒酣兴发,遇寺壁、里墙、衣裳、器皿,靡不书之……尝于故里种芭蕉万余株,以供挥洒。"

这小传有近千字。

得陆羽一句短评的贤士,身价会看涨。怀素得千言倒视为寻常,只珍惜这份互为知己的友谊而已。彼时他五十一岁,早已名满天下。陆羽家的粉壁,留下了他的草书。

怀素大约三十八岁曾衣锦还乡,永州城东老家的芭蕉林犹在,万千阔叶相招呼,叶叶诉说着当年。

往事如烟。怀素舒一口长气:当年呐,种蕉,表演,鼠须穿盘,退笔如冢……

书堂寺因他的名气而香火旺盛,罚他禁闭的老方丈犹在,亲自念佛撞钟,为他行走八荒而祈祷。哥哥嫂子侄儿侄女,因他而过上了好日子。

他成了永州第一名人。也许是唐代湖南第一名人。

怀素我行我素,披着袈裟嗜酒啖肉,据说一顿能吃下五斤鱼。七月里他光着大半个瘦身子,醉卧芭蕉叶,烈日晒不透,叶间有异香。找他题屏书壁的几拨人呼喊着他的尊称,在方圆好几里的芭蕉林中穿梭,寻他酒气,听他鼾声。他窃笑呢,捂嘴屏息不作声,享受着晋唐高人才能享受的那种奇妙的乐趣。

太阳照在芭蕉叶上。

叶下有高人。百尺之外有笔冢,有早年搭建的绿天庵。

突然,年近四十的怀素破叶而起,半裸身闪闪发光。

醉僧长啸,十里可闻。

所有这些动作,日后皆为传奇……

怀素四十岁以后又上路了,永州太小,湖南也不算大,大师要有大天地,穷尽华夏的奇山异水。他回到久违的长安,大名如旧,豪车盛宴伺候,题壁市民围观。有人劝他在京城买园子,有人想送他豪宅,他都婉拒了。他要上路。

长安虽好,华夏更好。

怀素著名的《食鱼帖》写于长安:"老僧在长沙食鱼,及来长安城中多食肉,又为常流所笑……"

怀素此间心境,颇似中年李白。"时人见我恒殊调,闻余大言皆冷笑。"长安官绅有只认张旭、王羲之为偶像的,目怀素为异类,嫉妒他,攻击他,夜里偷偷粉刷掉他的墨迹。怀素的崇拜者们又反击,双方闹得不可开交。七十五岁高龄的颜真卿出面,称赞怀素为张旭草书传神之人,方才平息了笔墨风波。

怀素拜谢颜大师,僧袍锡杖去了西蜀,登眺千里岷山,看三百里嘉陵江。他见过吴道子、李思训画的嘉陵江,如今沿江步行百余里,浩荡之势直逼胸襟。"怀素夜闻嘉陵江水而草书益佳。"怀素遗憾的,是未能登李白描绘过的峨眉仙山。

他有风湿病,脚疼。长年累月在路上,哪能时时潇洒。他吃过多少苦没人知道,人们乐于传播他的潇洒姿态。

《秋风帖》有云:"我有数行泪,不落十余年。今日为君尽,并洒秋风前。"

十年不流的伤心泪,却是为了谁?

怀素五十岁漫游江南,在雁荡山留下2663个字的《四十二章经》。徐悲鸿先生对此经评价甚高:"藏真四十二章经,前无古人,后无来者,诚当以书佛目之。"

怀素在江南究竟游了哪些地方今已无考。他和陆羽游,陆羽为他写《僧怀素传》。草圣,茶圣,相得益彰。

六十岁以后他回归故里,写下《小草千字文》。大师晚年也写小字了,平和冲淡之气贯穿,"通会之际,人书俱老。"董其昌是这么评价的。老指老到,炉火纯青。

怀素卒年无考。可能年过七旬而寿终,小小的躯体长眠于芭蕉林中,笔冢之旁。

怀素的狂草字对毛泽东书法的影响,众所周知。1999年,毛泽东被评为"中国二十世纪十大杰出书法家"。毛泽东诗词也豪放,同样众所周知。也许,毛泽东是终结古典诗词的最后一位大诗人。

历代书法大家,行书楷书草书多,而狂草仅寥寥几人。狂草境界不易学,非有内在的巨大动力不可。

怀素字瘦,张旭字肥。肥瘦皆能力透纸背。苏东坡的字亦肥,宋人戏称墨猪。"墨猪"倒成了宋代四大书法家之首。

欧阳修对怀素评价不高,说怀素"至终老而穷年疲惫精神,不以为苦,是真可笑也。"

欧阳修的书法理论是:"余尝谓法帖者,乃魏晋时人施与家人朋友,其逸笔余兴,初非用意而自然可喜。后人乃弃百事而以学书为事业……怀素之徒是以。"

这位名播千年的文化精英又说:"书虽末事,而当从常法,不可以为怪。"

苏东坡诗云:"颠张醉素两秃翁,追逐世好称书工。何尝梦见王与钟,妄自粉饰欺盲聋……"

不过,东坡也承认怀素狂草书法自有妙处,"其为人傥荡,本不求工,所以能工如此。"不求工所以能工,诚哉斯言!

苏辙、秦观都欣赏怀素。苏门大弟子黄庭坚更坚称:"怀素草,暮年乃不减长史。盖张妙于肥,藏真妙于瘦。此二人者,一代草书之冠冕也。"

司马光性格牛,为人、写字一丝不苟,皇皇大著《资治通鉴》,无一字为草书。这个大学问家写《怀素书》:"上人工书世所稀,于今散落无所遗。君从何处获数幅,败绢苍苍不成轴。云流电走何纵横,昏醉视之目且明……欲求数字置座侧,安得满斗千金珠!"

宋代书画市场,怀素的字几为天价,连司马光这样的朝廷重臣也买不起。司马光一生节俭,买书画瓷器舍得花俸禄,却只能望草圣败绢而兴叹,回家写诗。

米芾、姜夔、文征明、董其昌,以及现代书家启功等,皆推崇怀素。文征明还撰文,驳苏轼对怀素的点评。

高人与高人之间也会剧烈争执,艺术道路南辕北辙。例如王安石狠批李白,托尔斯泰不喜欢雨果,罗素厌恶陀思妥耶夫斯基……

怀素的代表作一般首推《自叙帖》,其次是《食鱼帖》、《苦笋帖》、《千字文帖》、《酒狂帖》。

怀素和颜真卿一样长寿。练书法乃是养生之道。

怀素作为行僧,一生不知走了几万里路。生命喷射如李白。后人对此抱着崇高的敬意。

毕竟狂僧狂草,千余年只一个怀素。

# 薛　涛
（中唐　767？—833？）

人的站立，女性的站立，即使在薛涛这样的弱女子身上也是有迹可循。可见唐朝文化显然是支撑她站立的核心力量之一。词语在血液中流淌着刚性。杜甫李白可不是说着玩儿的，装潢门面的。薛涛三岁起，就在方块字搭建的神庙里盘桓。长大了，袅娜而又坚挺，男人的权势压不垮，松州的山风吹不倒。命运不断地捉弄她，摧花权手纷至沓来。薛涛有曲折，有抗争，有尊严，有现代元素，所以她的故事会流传至今。

薛涛

## 1

　　成都的历史上,有三个女人很出名:西汉的卓文君,中唐的薛涛,五代十国时代后蜀的花蕊夫人。卓文君与司马相如的爱情故事妇孺皆知,她的名字被司马迁写入了《史记》。花蕊夫人姓徐,青城(今都江堰市)人氏,生得漂亮,且能歌善舞,填词作曲,她入选蜀宫,深得蜀主孟昶的宠爱。二人之间的情事不仅在蜀中流传,也传到了中原去。成都有个摩诃池,是皇家夏日纳凉的好去处,古木参差,楼台错落,碧水透迤。孟昶携宠妃纳凉于摩诃池上的水殿,月色中美酒清歌,风流百端。苏轼七岁时,听眉山九十岁的老尼姑讲她亲眼所见的花蕊夫人,脑子里充满了想象,后有名词《洞仙歌》:"冰肌玉骨,自清凉无汗,水殿风来暗香满。一点明月窥人,人未寝,倚枕钗横鬓乱。　起来携素手,庭户无声,时见疏星度河汉……"

　　这首词,花蕊夫人始作于先,苏东坡根据自己的儿时记忆补足于后,中间隔了一百多年。花蕊夫人的美貌惊动了宋太祖赵匡胤。后蜀灭,孟昶死,花蕊夫人为自保,迅速转投赵家男人的怀抱,明侍赵匡胤,暗陪后来的宋太宗赵光义,挑起兄弟二人争艳吃醋。宋太祖不明不白死在了万岁殿,留给后世"烛光斧影"的恐怖画面。学者猜测,是赵光义谋杀了刚满五十岁的宋太祖。

　　卓文君是风流才子的著名老婆,一生二嫁,生活比较单纯,也长寿,她死在司马相如之后。花蕊夫人在短短的几年间,与三个差异甚大的帝王同床共枕,间接参与了汴京万岁殿血案,影响了宋代历史,也对南唐后主李煜的命运有影响:如果宋太祖晚死若干年,李煜作为"违命侯"的屈辱日子会在汴京延长,不至于被毒杀,他会写下更多的传世好词。"姿仪绝美"的李煜死于宋太宗所赐的牵机药,尸身扭曲不成形状。小周后女英,拼死反抗宋太宗的强暴,绝食而亡,年仅二十九岁。南唐小周后与花蕊夫人,情力喷射朝着完全相反的方向,价值观对立。

历史几千年,偶发事件多。花蕊夫人的举动,把其他人牵扯进去。

女人貌好,风流,并卷入权力争斗,容易惹发祸端。

卓文君嫁给官员才子,生活在权力场之外,她被呵护,受点丈夫花心的委曲就写《白头吟》,幸福指数当在七成以上。而花蕊夫人的花容月貌转辗于几双"大权手",她自己变得复杂,学男人的冷酷,一双美目从早到晚透着寒光,加紧讨好黑如猪、恶如狼的赵光义。她得意的时间短,很快被猎艳高手赵光义抛弃,冷美人跌入冷宫,冷冰冰打发漫长的余年。

花蕊般的女人们,常常留给人花容惨淡的印象。为什么?男权社会蹂躏她们。古代涌动不息的所谓艳波,很有几分是血泪之波。时至今日,余波未息……

薛涛的命运,介乎卓文君和花蕊夫人之间。

她原是官宦人家的女儿,容貌修养俱佳,本可以过上几十年好日子,然而命运捉弄她。她有曲折,有抗争,有尊严,有故事,有现代元素,所以她的事迹会流传至今。

薛涛约九岁,跟随父母从长安来到成都。成都属于剑南西川道,称益州,据说繁华的程度仅次于扬州。人口三十多万。

中唐的政治格局,其主要特征是皇权削弱,藩镇割据,地方大员有坐大的机会。剑南节度使崔宁,帅蜀多年,屡与南诏、吐蕃战,平定过州县内乱,战功不小。这个军政两摄的大人物不断地敛财,装车运到长安去,巴结宰相元载。二人结成牢靠的政治同盟,明欺唐代宗。元载不死,崔宁嚣张。

薛涛的父亲薛郧到成都做支度判官,管理财务,刚到任所就被崔宁官降一级,手拿朝廷的任命书不知所措。西川节度使崔宁的气焰,由此可见一斑。他是军权财权人事权一把抓。平时走路昂着肥头,偏叫下属仰他鼻息。

此人是西蜀的土皇帝。

中唐蜀中多战事,朝廷官员们被派到成都,一般不带家室。薛郧携娇妻白氏,带了唯一的女儿,越秦岭,走栈道,过剑门关,连月鞍马劳顿风餐露宿。估计他在长安的仕途并不顺畅。到成都安家落户的打算,实出于不得已。

这位薛郧是何方人氏,史料语焉不详。

唐朝官员月俸高。薛郧安家于成都西门的官舍,出城几里地,有著名的浣花溪,那几丈宽的溪水上接盆地边缘的青山,下连锦江,蜿蜒百十里。节度府离薛家很近。城内的摩诃池、卓文君琴台,城外的刘备墓、诸葛武侯祠、杜甫草堂也在这一带。薛涛出生时,杜甫病逝未久。

成都又名蓉城、锦官城,杜甫诗云:"丞相祠堂何处寻?锦官城外柏森森。"

成都的荷花(水芙蓉)扬名天下。川西坝子温润的气候使一年四季百花盛开。隆冬时节通常在零度左右,城里的水凼、冬水田常见一层薄冰。这种气候模式到二十世纪七十年代末才趋于结束。盆地气温,三十多年来约上升四摄氏度。

笔者撰此文尚在元宵节前,窗外的太阳已逼近炎夏。二月春光令人生畏。

薛涛可能生于八世纪后叶,入蜀当靠近八世纪末。"锦江春色来天地,玉垒浮云变古今。"小女孩儿和浣花溪边的各色花草一同生长。父亲并非小官,家中有下人伺候。官舍朱门前,连年累月车马不稀。薛涛有足够的理由把成都视为家乡。蜀地比之她生活过的陕地,可谓两个天地。冬天不算冷,夏天不算热,春天不用说啦,秋天也是秋高气爽或秋雨敲窗,金菊稻穗俱飘香。吃的玩儿的应有尽有。川西坝子一马平川七八百里。青城道山、峨眉仙山、嘉州(今乐山市)大佛仿佛近在咫尺。人文地理之胜,又笼罩着神的光辉。

这无疑是中国最宜居的地域之一。

薛涛是独生女,一家主仆围着她转。她和唐朝大多数官宦人家的女儿一样认字念书,弹琴弄箫。母亲白氏是她的老师。官家子女是她的玩伴。春日里,秋光中,她乘坐小巧别致的巾车出游,带着伶牙俐齿的丫头和膀大腰圆的车夫。锦浦里,浣花溪,百花潭,大慈寺,摩诃池,万里桥,刘备墓,子云亭……

"细雨鱼儿出,微风燕子斜。"

"留连戏蝶时时舞,自在娇莺恰恰啼。"

"两个黄鹂鸣翠柳,一行白鹭上青天。"

"新松恨不高千尺,恶竹应须斩万竿。"

薛涛初念杜甫写成都的诗,便觉唇齿生香。她只是不大同意杜甫先生把青幽的竹林称为恶竹。

十来岁的漂亮小姑娘,冲着父亲的客人念:"花径不曾缘客扫,蓬门今始为君开!"

所有的人都喜欢她。她也喜欢自己,对着铜镜,比着身高,试着春衫,荡着秋千,望着停云,听着莺啼。

庭院有一棵古桐树,夏日遮阴秋天滴雨。薛涛绕着古桐转,爬上去亲近它,吊着比碗口还粗的树干落下地来。

这一天,她终于有了属于自己的两句诗,"枝迎南北鸟,叶送往来风。"简单的十个字,却让这女孩儿怦然心跳。古桐树梢有个鸟窝,大鸟飞小鸟叫;桐叶招和风,也在七八月的大风中剧烈摇动。她下笔仅两行字,竟然把风、鸟、树活脱脱的写出来。楷书,行书;纸上、帛上,她一口气写下数幅,贴到墙上意犹未尽,还把条幅挂在古桐的枝干上,看它随风轻飘,仿佛对应着一群归鸟的鸣叫。

神了。

薛涛想:难怪杜工部五十年为诗着迷,"为人性僻耽佳句,语不惊人死不休。"

父母赞誉她,她更是兴奋得双颊赤红。秋夜里睡不着,寻思着佳句,披了衣裳蹑手蹑脚出门去,"萧疏篱畔科头坐,清冷香中抱膝吟。"父亲发现了乖女儿的小秘密,只不道破,含笑鼓励她,挑选晋人唐人的手抄本诗集,若无其事地交给她。

薛涛迷佳句,胜于试新衣。句子能使她光洁如玉的脸颊着火。吃饭停筷子,睡觉瞅屋梁,她念念有词,长睫毛覆盖着的灵动眼睛闪闪发光。

## 2

节度使崔宁到薛家来了,巡视部属的居所。他有这个奇怪的习惯。往往临时派人先去打个招呼,他后脚就到了。薛郧诚惶诚恐忙着迎接,亲自洒扫庭院,地上不留一片落叶。节度府有传闻:崔大人不喜欢看见落叶。白氏也挽衣挽袖的,烹茶备果,寻觅前院后院的落叶、落英。

那崔宁却说来就来了,肥胖身躯在三个侍从的"环卫"下踏入薛门,和白氏碰个正着。白氏慌张,赶紧敛衽屈膝行大礼,又红着脸儿扭头唤丈夫。

崔宁驻足瞅她,肥脸上忽然有笑意。

这男人突访部属的家,要的就是这种效果:刺激,好玩儿。如果他想要后续的故事,故事就会发生。

白氏三十岁,在崔宁看来很有几分少妇姿色:怯怯的情态,慌乱的语音,秋风撩起她的鬓发、裙裾。恰好薛涛跑过来,撞上这秋日下午的一幕。当时她不足十二岁,只觉得前院有一种她不能理解的怪怪的气氛。她不认识崔宁,对那华丽官袍和腰间悬挂着的金鱼袋有印象,佩金鱼袋的胖男人官比父亲大。可他老瞅母亲是什么意思呢?

这一幕定格在薛涛的记忆中。多年后她才明白那些细节的含义……

白氏生下薛涛后断了生育,她比同龄女人显得年轻。姓崔的男人大白天大摇大摆走进部属的家,记下了少妇的盈盈屈膝和慌乱中呈现的娇羞。

崔宁镇蜀十年,每年都干这种事。节度府的文武官僚没人敢议论。拥有漂亮老婆的官员口风甚紧,容不得同僚提一句,生怕自家"美色泄漏",招来节度使的突然袭击。一些官员把"拙荆丑陋"、"贱内不佳"这类词挂在嘴边,搞口头防御。他们知道,当年的寿王李瑁连自己的王妃杨玉环都保不住,杨玉环入皇宫摇身一变,成了唐玄宗身边的杨贵妃。

皇帝能乱来,巧夺艳丽惊人的儿媳妇,堂堂节度使为何不能巡视部属的家呢?朝廷来的几任观察使,也有观察成都女色的怪僻。

薛郧接崔宁大驾后,并无异样的感觉。

次年春,他被派到南诏(云南南部)公干,往返至少半年。临行的前夜,白氏通宵抹着眼泪,怕丈夫去"南蛮"有个三长两短。薛郧无子,他若有不测,举家受牵连。白氏这两年最担心这个。两口子也曾合计,薛家有条件的时候添一房小妾,生子续香火、享受门荫制度。崔宁几天前向薛郧许愿说,他功成归来时,重新任命他做节度府支度判官。官阶到了六品以上,子孙就能靠门荫制度入仕。

白氏另有一层隐忧,却不便说出口,她只一味哭泣,哭到天明送丈夫登程。

薛郧去南诏再也没回来。同行的孙判官回成都报告说,薛郧七月死于瘴疠,不得已葬在了丛林中。

白氏母女大号啕,一夜之间天都垮了。节度使崔大人率群僚亲自到薛家来吊唁,送来了一笔抚恤金。

薛涛十二岁丧父。从长安到成都约三年后,欢乐的小姑娘横遭创痛,无尽的忧伤铺向锦浦里。家境急转直下,入秋,辞退了厨子、车夫,只留下一个老妈子和一个侍婢。造访薛家的除了孙判官,再无别人。有些官员想来,怕惹是非不敢来。

白氏成寡妇,拖着薛涛忧郁度日。她重拾针线活,向成都人学织蜀锦,以备将来生计。薛涛干起了家务活,煮饭喂鸡……

小公主般的薛涛转眼变成民女。新衣少了,巾车缺了车夫,搁在墙角蒙尘。马也卖掉了,饭桌上丰盛的菜肴不见了。庶民的女儿面对着生活中的点点滴滴。她很难接受"民女"这个词。周遭官舍,大小官员的女儿们还是那么神气,衣食无忧欢天喜地,换季总有新衣,佩饰般般时尚。她们涌入薛家找她玩儿的时候明显减少了。薛涛也不去找她们。她的性格起了变化。她吃惊地发现:自尊心这种陌生的东西,眼下几乎见风长……

官宦人家美少女,经受了属于自己的"生存落差",她内敛了,多思了,抚琴吹笛有哀声。不知不觉的,她有了独自散步的习惯,风中走出很远很远,袅娜初露身,桃花初绽面,径出成都的西城门,徘徊于浣花溪,听竹林喧闹,看野花盛开。

母亲白氏,常常倚门望她回来。以前她出去玩儿,回家燕子似的奔向母亲。现在她走向母亲，步态有了微妙的变化。

节度府的崔相公赏赐部属，有时薛家也有份。府吏上门传唤白氏，白氏跟随府吏去了，表情似乎不情愿。她一去半天，回家时手中多了一些东西，脸上笑意更少。

薛涛观察母亲，母亲回避表情。后来，做母亲的在女儿面前有了笑意，看上去不大真实。

过一阵子，府吏又上门，唤白氏整顿衣饰去节度府。有专车接送，穿皂衣的车夫面无表情。

轮到薛涛倚门而望了。

三箭之遥的节度府像个宫殿群，朝晖夕阳照射时，一大片金碧辉煌。建筑风格与皇家无异。那地方原是刘备蜀国的皇宫，森森古木犹存。中唐节度使坐大，许多排场搞得比王公宰相还大。节度使的出巡、宴饮、祭祀、庆典、狩猎，只比长安的代宗皇帝稍逊一筹。

薛涛想：父亲是在剑南节度府做过三年官的，并且不是小官。父亲的腰带上也系着象征身份的鱼袋……

可是她转念又想：母亲去节度府为何久久不归呢？

她隐隐约约感到不安。

仲夏的一天，母亲午后随府吏出去，天擦黑才归来，出门时绾得好好的一头乌发蓬松着，下官车，踉跄入家门，奔卧房掩被而哭。薛涛大慌急，催问母亲。母亲不答，紧闭双目，关不住泪长流；又扑通跪倒在薛郧的灵位前。

薛涛明白了几分。

母亲哭够了，哭累了，沉沉入睡。

薛涛守着孤灯，坐了一个通宵。

她恨。

雪白细齿咬红唇，斑斑见血痕。

过了两个多月，崔宁突然叫人传令，他要看看薛郧的遗孀，施恩赠恤。胖男子走进薛家门却傻了，满院子的落叶，连门槛上都有。八月秋风刮得黄叶儿枯叶儿乱飘。少女薛涛手执长扫帚冷眼瞧他。她一动不动，宛如玉雕。

少女斜眼时，美目很像刀。

不可一世的崔宁吓了一跳。他连称晦气,掉头便走。

这家伙果然晦气。次年调回长安,立即受到新皇帝唐德宗的软禁,不久,京师传来消息说,崔宁居家生怪病,白日暴卒。

蜀中传言,说崔宁暴死与薛涛撒了一地落叶有关。

薛涛十五岁,在成都已经有了一些名声。官员们私下议论:她薛宏度小小年纪,居然敢对节度使崔相公不敬!

薛涛字宏度。

她安慰母亲说:禽兽男人不得好报……当时那前院的秋风刮得好猛!

成都来了新的节度使,这人叫韦皋。又是一个强势人物,能打仗,成功策划了对付南诏、吐蕃的战役;府中他说一不二,官员们都怕他。他不像崔宁疯狂敛财,减轻了西川的一些赋税,搞排场比较有节制,成都百姓对他有好感。韦皋的夫人姓张,当朝宰相张延赏的女儿,对韦皋拼搏仕途很有帮助。中年得意的男人想娶妾,受到夫人明里暗里的阻挠。

成都官员怕韦皋,韦皋有点惧内。成都人说,这叫卤水点豆腐,一物降一物。

韦皋镇蜀,和薛涛有什么关系呢?

白氏母女日益拮据,主仆四口不缺吃也愁穿,生活质量是个问题。君子可以固穷,志存高远,干大事,而女人没有这个义务,她们只希望日子滋润一点,希望有盼头。

城里的房子是官舍,白氏接到通知,年内要搬走。以前靠孙判官的疏通才勉强住着。

房子没了如何是好?

成都是好地方,最好的时候却是几年前,薛郧罩着。如今官舍住不成了,买新房不可能,租房子也嫌贵。庶民的日子每况愈下,即将变成无房户。穷人哪有好地方?当初杜甫拖着一家子到成都,先滋润后潦倒,写下凄厉的《茅屋为秋风所破歌》:"八月秋高风怒号,卷我屋上三重茅……"

白氏愁,薛涛愁。

薛涛将满十六岁,婚嫁提上了议事日程。可是她心性高,她嫁给谁呢?民女嫁入官宦人家有难度,更何况薛涛先要她自己看顺眼。至于嫁给市井男人,商人或工匠,薛涛想都没想过。

唐朝官员近于贵族。工匠、商人的儿子不能考举人进士,通属庶人,社会地位偏低。按唐律,高官还不能去市场。

薛涛不好嫁。

白氏愁房子愁女儿,愁眉苦脸……

薛涛半夜徘徊于庭院,踏着月光。这两进优雅院子,这挂满童年记忆的古桐树,这个父亲的魂魄依依不舍的地方,她如何舍得?想到离开她就一股股的心疼。

情愫催生念头。

薛涛陡起一念,芳心乱跳。

后半夜她回房歇了。第二天又在窗前托腮凝神,望那桐树上的飞鸟。心里扑愣扑愣,听上去犹如鸟儿扑动枝叶。

少女面临着一生中至为重大的决定。

她想了三天,然后去找父亲当年的朋友孙判官。她要做一名入籍的官妓。孙判官听她陈述理由,一声叹息,答应了她的请求。以薛涛的才貌,入乐籍易如反掌。剑南节度府中的妓馆类似宫廷教坊,乐工舞伎的规模、素养、姿色,声闻于朝廷。稍有地位的官员从中原千辛万苦来到成都,公干之余的一大享受,就是近距离欣赏成都群芳斗艳的官妓。

这个所谓"近距离",因人而异。妓馆官员掌握着"内部情况"。一般官妓并不卖身,有官方条例为她们作保证。但官妓和官员之间的模糊地带,条例就管不着了,妓馆头目往往睁只眼闭只眼。节度使本人的作风对官妓的行为有直接的影响。

崔宁帅蜀时,手头捏着好几个姿色一流的官妓,凡是来了对他有用的京官大佬,这些官妓除了在大厅里明侍宴,还去贵宾馆暗侍寝。教坊风气日坏。韦皋来了,不搞这一套。韦相公四十几岁不纳妾,在府中传为美谈。

薛涛的大胆决定,有各方面的小心考虑为前提。

入籍有官俸,能让母亲衣食无忧,还能保住城内的这所房子。

嫁人之事,她只能暂不考虑了。当年的官家女儿,选择了一条重返官府的道路。

唐代到德宗朝的近两百年间,全国各地,类似的情形多。高门大户由于种种原因而中落,沦为小户,有一些小户女儿在长辈的安排下走上这条路。

薛涛居成都,除了母亲之外再无亲人,只好自己作主。入籍手续办妥了,她才告诉母亲,并请孙判官相劝。白氏搂着女儿哭一场,也就认了。薛涛为了让母亲放心,发誓说,她到节度府中的教坊,不会受人左右的。她把命运攥在自己的手心呢。节度府离家不远,她瞅空就回家伺候母亲。

夜深白氏睡去,薛涛才向壁隐泣,泪珠儿抹了一把又一把。从今往后,她得自己承担自己。母亲不能呵护她,父亲只能在阴间注视她……

## 3

薛涛做官妓当在十六周岁以前,有她后来写下的诗句为证。节度府的妓馆也称营妓院,坐落在占地十里的官府深处,房子考究,几重院落宽敞,杂以古木花树。迤逦百丈的红墙外环以池水,池中栽莲荷,停着几条莲舟。妓女们平时各穿粉红、翠绿、嫩黄三色衣裳,戴小巧的莲花冠,画"醉妆",踏舞步,欢笑着往来于演练厅、宿舍与食堂之间。气候温润的成都向来多美女,这些官妓又是花中选花,面容身段俱佳,个个才艺非凡。她们乘坐特制的三彩香车外出表演,一般是侍宴佐酒,在官员们打堆的各种场合。她们还练习骑马射箭,跟随"主公"进山狩猎。

这个特别的脂粉队伍如果出现在成都的街头,一定会发生交通堵塞。

官妓们通常十几岁入籍,吃十来年的青春饭,二十多岁脱籍,或嫁人,或做妾,或转为官员家妓,或留下来做妓官乐工,置身妓馆的管理层。

官妓俸禄不高,宴饮收入不少。并且,收入比较稳定。灾荒年不废。市井萧索之时,反而凸显出她们的价值:钱帛粮油送回家去……

民间女子入籍艰难。官妓之间竞争激烈。

# 薛涛

薛涛不属于土生土长的成都美女,入蜀六七年,容貌语音举止,兼具成都女孩儿的若干韵味。她美得不一样。昔日的官家女儿入籍,气度有不同。她也不须显摆,这些东西是自然流露的。她有文化,通书史,能写诗。官妓当中这可是罕见的竞争本领。识字读书的难度比唱歌跳舞大多了。写诗这种本事,官妓们可望而不可及的,能欣赏诗词就不错了。

隋唐以诗赋取士,各级官员几乎没有不懂诗的。武将也写诗。而社会上的三教九流,几百年向官场风气靠拢。

官妓围着官员转,背诵诗赋是她们的日常功课。薛涛谈李白说杜甫如数家珍,还知道郑虔王维吴道子,写书法师承二王父子……薛涛进营妓院才几天,竞争优势确立。没人跟她争头筹。论模样她不是最俏的,论身段她并非第一,可是她的综合素质可能最高。若以民间章台妓院"卖笑妆欢"的尺度衡量她,则要打一半以上的折扣。

妓官柳儿,高看薛涛。

柳儿来自离成都不远的眉州(今眉山市),琴棋歌舞出色,能扮羌族姑娘,歌喉清亮悠扬。柳儿酒量也大,善于应酬交际,参加过无数的高级宴会,认识的本地和外地官员数以百计,收受的金银珠宝要用车拉。柳儿是个奔三十的女人了,自嘲残花败柳。其实她想嫁人。打"脱籍报告"却受阻:节度府的高级接待缺不了她。节度使韦大人发话:柳儿想脱身,除非培养一个能代替她周旋四方的接班人。

柳儿看中了薛涛。

南越国赠送韦皋一只孔雀,府中几个人受命设计笼池。薛涛的设计图称佳,工匠们依图建造。她在家里的藏书中查到了孔雀的生活习性,设计实用而美观。孔雀笼池位于节度使居住的紫烟楼与营妓院之间,薛涛每天去,喂孔雀食物,让孔雀在细沙地面上磨蹭身子,享受"沙浴"。这只孔雀运到成都后一直不开屏。府中很多人等着瞧呢,节度使韦相公陪一个朝廷大官也来瞧过。孔雀也不管谁的官大,只不开屏。

薛涛与它相处了一段时间,人鸟相亲。有几天她未去笼池,柳儿就来找她了,说孔雀食欲不振,没精打采的样子。薛涛赶紧过去。时为初夏,她穿着红黄相间、有飞鸟图案的裙子,刚到笼池边,那雄孔雀便向她跑来,并且,开屏了。又圆又大的孔雀屏忽然张开,五彩斑斓,数不清的屏眼闪亮,包括薛涛在内的笼池旁的人惊喜不已。

此前的成都人从未见过孔雀开屏。

后来又试了几次,那孔雀只为薛涛开屏。其他漂亮官妓即使穿了薛涛的红裙子去,孔雀瞅她几眼罢了,并无开屏的意思。

这事奇了。妓馆姐妹们议论说,薛涛的前身恐怕是一只雌孔雀。

节度府来了贵宾,必看孔雀,由韦皋或御史中丞刘辟陪着。

长安才子王建入蜀,观赏孔雀、并听说了孔雀开屏的故事以后,写七律诗云:"可怜孔雀初得时,美人为尔别开池……"王建诗传长安。

韦皋陪客人看孔雀,渐渐把目光移向了薛涛。十六七岁的薛涛,显然比孔雀更俏。而韦皋老看薛涛时,那孔雀似有醋意,收屏,转身,气冲冲回笼去,双爪朝后刨着沙子……

韦皋居紫烟楼,登高凭栏,望着莲池环绕的营妓院这边。夫人张氏及时察觉了,她多次见薛涛,对这个风姿绰约的女孩儿印象很深,而丈夫瞧薛涛的眼神留给她的印象更深。韦皋年轻时颇能携妓胡闹,她父亲做了丞相,韦皋才有所收敛。可是他久居成都,功高自傲,一方独大,那老毛病看样子又要犯了。

韦皋凭栏时,张氏亦登高。

韦皋召薛涛陪宴,张氏以节度使夫人、朝廷命妇的身份参加宴乐,佯装欣赏歌舞,屡屡斜睨丈夫。

韦皋巡视州县带上官妓,张氏要过问,并且问得仔细……

大权在握的土皇帝烦老婆了,老婆奋力招架,越来越把丞相老父张延赏挂在嘴边,她还屡提德宗皇帝,不惜编故事,杜撰皇恩浩荡,吓阻老公日益膨胀的花心。反正山高皇帝远。她编多了,连自己都信以为真了。

薛涛并不知情。她对韦相公抱着感激,有时候觉得相公就像早逝的父亲。父爱缺失了多年,她憋着呢,韦相公给她机会,赏她金钗玉玩,多多少少填补了父爱的空缺。

这些事,意念中闪烁不定,夜里做梦比较清晰。

薛涛应邀去过紫烟楼,惊叹韦相公的藏书。其实节度府中的书,大多数是二三十年前严武、高适相继镇蜀时留下的。严武与杜甫是忘年交,他出资帮助老诗人营建浣花溪畔的草堂,为成都添一永久性的盛景。

薛涛不清楚的事情,柳儿清楚。柳儿做官妓十多年,她啥事儿不清楚呢?韦相公眼风一动,有两个女人捕捉迅速解读准确,她们是张氏和柳儿。薛涛身居旋涡的中心,反而身心不动。柳儿把三个人纳入她的考察范围:韦相公,韦夫人,薛涛。柳儿认为这件事比较麻烦,弄不好她三方得罪。

韦皋欲念陡起,张氏醋意横生。双方的矛盾总有一天会来个大爆发,不是东风压倒西风,就是西风压倒东风:两口子迟早要争锋,一决胜负。

这个节骨眼上发生了两件事,一是南诏大军在吐蕃的鼓动下屡屡犯边,韦皋忙于调兵遣将,远征云南;二是一个叫段文昌的校书郎,从长安来到了西川节度府。

## 4

段文昌到成都,旋风般迷上了薛涛。他家门第不低,靠门荫入仕,有朝廷张丞相的背景,人也生得风流倜傥,与薛涛同庚,未娶娘子。号称十里的节度府中数他自由,想去哪儿就去哪儿,紫楼秘阁,孔雀笼池,环妓馆的粉墙莲池,这些连将军和节度副使都不敢随意去的地方,倒常见他段公子颀长而潇洒的身影。

韦皋带兵走了,段文昌碰上这空档,寻机接近薛涛,一头迷进去。他听说薛涛曾是官宦人家的女儿,不禁心生怜悯。他居高临下,爱怜并生。韦夫人又及时察觉了,加以鼓励。柳儿趁机撮合,想解决这个迟早需要解决的难题。

段文昌迷薛涛,薛涛也察觉了。

少男接近少女,少女有感觉。

薛涛啥态度呢?薛涛没态度。

柳儿频频暗示她,她毫无反应。柳儿索性把话挑明了:段公子若能明媒正娶,薛宏度你今生何愁?公子一腔火热情怀,巴巴的恋着你,他会想方设法娶你,将来双双居长安……

薛涛红着脸打断柳儿:姐姐你越说越远了!

她对段文昌确实没感觉。骄傲的少女，念头足够单纯，有感觉和没感觉是摆得很清晰的。换句话说，她还瞧不上段文昌呢，那段文昌一副富家公子的派头，年少轻狂，节度府中到处窜，真是不够含蓄和内敛。不够奇男子味儿。差一大截哩。他想娶她就能娶她吗？怪书上也没记载。

柳儿劝不动，段文昌就亲自出马，写藏头诗捎进妓馆，约薛涛某夜于某地点，双双花前月下。他信心十足等到半夜，花丛中受够了恶虫子的叮咬，眼望仲秋的大月亮，横竖想不通。

几天后的一次宴会上，段文昌喝醉了，对薛涛展示他那布满手肘的暗红斑，描绘他秋花月夜苦等佳人的狼狈相。有好事的官员听了去，立刻加以传播，官厅哗然，辇段子浪笑声不绝于耳。薛涛黯然。她不喜欢这种散发着猥亵气的众声喧哗，但是，要忍着。官妓不能与官员为敌。

段文昌迷薛涛，追薛涛，府中上下皆知，真实的故事和杜撰的情节都在盛传。节度使远在云南打仗，节度府趣闻绯闻一大堆。段文昌官小动作大，求爱受阻他反而劲头高，送薛涛名贵头饰、佩饰，薛涛不受，他又央求柳儿转交。这痴情公子出现在薛涛可能出现的任何地方，施尽魅力，说尽好话，向薛涛的母亲白氏大献殷勤……他还当众喝闷酒，深更半夜哭泣，翻营妓院的高墙，蹲在薛涛宿舍的雕窗下，冷飕飕昏惨惨，咬牙坚持到天亮。

薛涛有早起练功的习惯，开门吓一跳。

痴公子不得了。

薛涛芳心不动。少女心灵的芳香，通常自作主张。各种现实的筹划离这混合型香味儿远着呢。

少女十六七岁，不妨高贵几回。

薛涛写了一首诗袒露自己的心思，阻止段文昌富于想象力的求爱花招。她写在帛上，托人带给段公子。令她没想到的是，诗帛一出手就不再属于她了，她忽视了自己的艳名和才名。仅半天光景，营妓院传遍了，乐工还谱成曲子，一些官吏或唱或吟。薛涛这首二十个字的小诗，一夜之间变成了流行歌曲。

诗句简洁易懂，曲调优雅回旋。

此后多年，成都市民传唱着这首著名的《鸳鸯草》：

绿英满香砌,两两鸳鸯小。但娱春日长,不管秋风早!

花样年华,哪管秋风早。鸳鸯尚小,不谈婚嫁。

薛涛委婉地拒绝了节度府校书郎段文昌。

这件事,这首诗,使薛宏度的艳名更盛。高傲与才华将她的美貌放大。营妓院一大群女孩儿当中,她是无可争议的漂亮第一,她爱穿的轻红裙子、爱佩的莲花香囊受到姐妹们的追捧,连她走路的模样、夹杂了外地语音的成都话都有人效仿。节度府所有的高级接待,豪华宴饮,缺了薛涛减色不少。有一回她染上流行感冒,发高烧,不能去官厅持觞佐宴,从长安来的朝廷大臣几次提到她,表情不悦,饮酒不畅,急得负责接待的刘辟连连向领导赔罪。

这刘辟事后命令柳儿,让薛涛吃小灶,住单间。

薛涛能使孔雀开屏,拒绝前程远大的段文昌,她生病领导着急,吃住待遇提高,写诗众人传抄,这些事儿加在一起,把十八岁的薛涛推向偶像的位置,她俨然是成都美女的首席代表。

娴雅的红衣女郎,艳名越出了节度府的高墙。西川节度府所辖十四州,几十个州官县官知她大名,但凡到成都来看她一眼,回去就会炫耀吹嘘几天。官员们抱着各种动机送她钱物,她拒绝时,官员就去找她母亲。

白氏受到过钱的压迫,攒钱比较起劲……

那个段文昌还在闹。他失恋,闹单相思,自请离开成都去梓州任职,不断地向薛涛写信写诗。不到一个月他就撑不住了,快马跑回成都,又是半夜爬营妓院的粉墙,蹲薛涛的雕窗,眯着眼,抱着腿,很享受地蹲到天明。他吟诗:两两鸳鸯小……

薛涛也可怜他,拉着柳儿陪他游了一回十月里的浣花溪,莲舟沿溪水漂入锦江。段文昌仰着脖子,冲着大片的竹林和林上的蓝天白云唱豪歌。

爱情不如意,豪情冲天起。

段文昌对薛涛说:将来我必为西川之主,你信不信?薛涛含笑点头,表示她相信。

段公子说什么她都会点头,只要他不说爱。

次年春夏之交,在南诏打了大胜仗的韦皋班师回成都,吏民出城迎接。锦江之畔筑高台,朝廷特使宣读圣旨,加封韦皋吏部尚书,异姓王。全身披挂的韦皋手持象征王侯权柄的斧钺,威风凛凛,接受几万军民雷鸣般的欢呼声。薛涛觉得,韦相公真像传说中的大英雄,关羽张飞赵云,或是曹孟德帐下的典韦。她真是很崇拜呢,表演迎军乐舞,格外地投入。台上,她的丹凤眼闪闪发光;台下,韦皋的英武眸子也阵阵发亮。二人对视皆含情,妓官柳儿转起了心思……

韦皋给薛涛带了一马车的礼物,单是各式缅玉制品就装了两只大锦盒。他每天去看孔雀开屏,说是久违了,梦里也想得发慌。其实他看一眼孔雀要瞅三回薛涛。

薛涛在韦皋的身边,就像女儿在父亲的身边。韦相公在公共场合,对薛涛总是慈眉善目,关爱之情溢于言表,加深了薛涛对他的误读。柳儿有所察觉,却不便提醒她,一旁干着急。

柳儿心想:青年段公子迷薛涛,事还没完呢,又来了一个甘愿拜倒在石榴裙下的中老年大人物。

明察秋毫的韦夫人很紧张。她发现,在丈夫面前提丞相爹爹和皇帝老儿都不大管用了。韦皋封王,她就是王妃,剑南西川节度府就等于王宫,营妓院形同后宫,将来还要扩大,挑选民间的漂亮女子进来。她阻止韦皋纳小妾将会成为笑柄。

韦夫人神经过敏,不想听人说起薛涛,不再去看孔雀开屏。

她也是个中年妇人了,面部有皱纹,走路无步态,偶尔兴起哼一段曲子,韦皋拿成都土语戏之为"老麻雀叫"。而几年前她父亲初登相位,韦皋以杜甫名句形容她的婉转歌喉:"自在黄莺恰恰啼。"

如今的韦夫人常常自己唠叨:变了变了变了……

她老做恶梦:花容月貌的薛涛戴上了王妃的小凤冠。

事实上,韦夫人放大了危险性。韦皋毕竟是高官,不可能不顾忌当朝丞相、岳父张延赏的权力网络。他到长安述职,对皇帝时时表忠心,对几个宰执大臣毕恭毕敬。必须的。他可不能步崔宁的后尘,遭软禁,生怪病而暴卒。当初严武从成都调回京城不久,主持修建皇陵,也死得不明不白。

高官高风险,尤其是在中晚唐。韦皋必须浑身上下都长满眼睛。其中有一双叫做"情目",固然是准备要抛向薛涛的,却不可操之过急。再说他忙。西川十四州之主,边城战事又多。

他让柳儿传话,再过一阵子即可让薛涛做妓官,掌营妓院。薛涛自然高兴。韦皋又奏请朝廷,将段文昌调回长安。

段公子认为自己很快就会离开成都,向薛涛乞诗。薛涛亦伤离别,为他写下一首《送友人》:

"水国兼葭夜有霜,月寒山色共苍苍。谁言千里自今昔,离梦杳如关塞长。"

段文昌得了赠诗,"哭谢"不已,发誓今生今世要珍藏薛姑娘的墨宝。不过,朝廷并未调他回京。韦皋受命,对他官升一级,派他到简州(今四川简阳市)去了。

半年后段文昌入京为官,几乎逢人就谈薛涛……

## 5

薛涛十九岁了。

这一年,韦皋频频招她侍宴、陪客人看孔雀开屏。他让府中的大裁缝给薛涛特制了几款红衣裙,亲自参与设计,并且下令,不许其他官妓穿相同款式的衣裙。他以突访的方式视察营妓院,意在关注薛涛的饮食起居。他巡视嘉州、雅州,带薛涛同往,往返几百里路,安排薛涛的小巾车紧随他的驷马高车……凡此种种,表明韦相公正在步段文昌的后尘。

五十男人亦疯狂。他憋了两三年了。

薛涛受着令人羡慕的恩宠。韦皋的爱情她看不见,她看见的都是父亲般的疼爱。韦皋在她面前习惯了伪装。

终于有一天,韦皋决定不伪装了。在成都北门的一座并不惹人注目的清虚道观,节度使与名官妓之间,发生了一件事。

韦皋忙里偷闲去庙宇宫观或名人遗址,总要薛涛陪着,因为薛涛懂得多,随时为他讲解。听薛涛的嗓音、看薛涛的身影以及她那变换着的各种神情,真是他的一大享受。享受日积月累,却被更高的享受可能性所催逼,于是,在清虚观发生了质的飞跃。

韦皋酒后在道观的后院小憩,屏退左右侍从,单叫薛涛伺茶。薛涛并未生疑,只在房内殷勤伺候,与韦相公说着午宴的酒菜。她也喝了几盅道长敬的酒,觉得那酒味好爽。酒后行走庭院,身子好轻盈,似与红裙共飘,看那庭中花格外艳冶。

其实酒中含有清虚观秘制的媚药。韦皋与道长共谋了这个把戏。

时在秋天,蝉声如雨。浓荫遮蔽的深院只有韦皋和薛涛两个人。空气中堆积着某种东西,越堆越浓。要炸开。韦皋看薛涛的眼神完全变了,他低头掩饰,端茶碗的那只手一阵微颤。

薛涛还在谈笑着,嗓音远比蝉声好听,红唇玉齿翻动,"秋波欲横流。"韦皋紧张思忖:这薛涛的媚劲儿也上来了!

应该说,韦皋的判断不无道理。

酒,媚药,秋天里的春姑娘,一股接一股的媚劲儿"自行其是"。凭是薛涛这个自控力超强的女子,举止也异于平常。

韦皋趁她近侧,猛拉她入怀,要行男女之事。

这男人体壮,劲大如牛。薛涛一时懵了,顷刻之间没有反抗的动作。韦皋欲把她放倒在宣州丝地衣上,一手掀她红衣解她裙带,口中还叽哩咕噜冒着情话,薛涛才奋力反抗,使劲挣挣不开,咬了韦皋的肩膀一口。

薛涛挣脱退开了。

韦皋语无伦次:我要纳你、纳你、纳纳你……

薛涛目光冷了。

韦皋再扑,她尖叫,绕长几而环走。

大人物开始连比带划的讲道理,诉衷肠,几乎眼泪汪汪。薛涛只见他嘴开合,根本听不见他说什么。

母亲当年遭强暴,今日女儿知道了!

这几年来,薛涛无数次地想象过:母亲被狗官崔宁强行扑倒的场景。她并不是主动去寻思。场景画面要袭来。

只因父亲去世早,她们母女受欺凌。

曾经像父亲般的韦相公,露出他呼哧呼哧的欲望歪脸。昔日的慈祥竟是装!

韦皋正正衣带,直了直虎背熊腰,以权势口吻发布他的爱情宣言:本节度使愿正式纳你为妾!

薛涛还他三个字:不可能。

韦皋吼:你小小官妓竟敢违抗我!

薛涛说:我就违抗你。

韦皋跨前一步,又要动粗的样子。薛涛再次尖叫。这是她的武器。

如果韦皋一心要强奸薛涛,薛涛今日是跑不掉的。男人的身子紧张地犹豫着,手抖腰颤,脚尖神经质地转圈儿。他还不是崔宁那种泼皮。他平时对薛涛真有尊重。

五十岁的欲望身抖了好一会儿,终于向内抖回去了。

堂堂剑南节度使,灰溜溜走人,一路斜瞪眼,哼哼唧唧。

薛涛迎着秋风步行回家,对母亲只字不提清虚观中发生的事。她只微笑,告慰父亲的亡灵。心里含酸楚:从今往后,所有父爱的替代品将被她拒之千里。

第二天仍去节度府,柳儿几次观察她脸上的"情况",吃惊地发现没有"那种"情况。倒是韦大人浑身上下透露出糟糕的情况,脸色只在青黑之间。府中几百个人连日悄悄议论。外地来的官员把小道消息传向四方。

韦皋下令,罚官妓薛涛去边城松州(今四川北部松潘县)。薛涛的罪名是私纳礼金。松州与吐蕃相接,唐军和吐蕃兵多年对峙,是个荒凉而凶险之地。

韦皋两次叫人传话,薛涛若同意做他小妾,他就收回成命。

薛涛说,宁愿去松州。

年底,薛宏度昂头上路,去了六百里外天寒地冻的松州大山区。一个弱女子,顶风冒雪辗转于崎岖山路,日行几十里。她裹一身红袈衣,跌倒又爬起来,嘴啃泥吐干净。肥马病了,小女子倒挺胸向上。沿途住肮脏的驿站,她纳头便睡。同行士卒钦佩她的勇气。

唐代男诗人遭流放,女诗人也不免。薛涛艳冶婀娜,原来身上不乏硬骨头。

诗人就是流放者,流浪者,这几乎毫无办法。人啊,坚守那点个性多么艰难,要付出多少沉重的代价。皇权覆盖下的社会,扼杀千千万万的个性自由种子。

今日吹嘘皇权者,看来不是好东西。

薛涛在松州写诗,哀声迎着漫山遍野的雪花。天那么冷,诗心倒滚烫。《罚赴边上韦相公二首》,其二云:"按辔岭头寒复寒,微风细雨彻心肝。"

她仍然是官妓身份,军营里向士卒表演歌舞。《罚赴边有怀上韦相公》:"闻到边城苦,而今到始知。羞将筵上曲,唱与陇头儿。"陇头儿泛指戍边士卒。

边城官兵见了她眼睛发绿,有时候几百双眼睛狼一般射向她,长时间目不转睛。

军营缺肉味,更缺女人味。何况薛涛艳冠西川。

夜里门窗外,总有人贪婪嗅着,吸得鼻子响,做着怪异的深呼吸。

韦皋治军严,松州守将派人保卫薛涛。然而卫士的眼睛也会发绿。薛涛蹲茅厕,总感到墙缝中有人偷窥。她吃剩的饭菜,喝过的茶盅,换下的衣物,几个卫士抢着吃,舔,嗅,蒙……

恐怖。

春风刮得周身寒,遍地山花吓人色。长待此地,必遭非礼。哦,非礼是轻的。那些个军士冒着死罪的危险也会偷袭她,剥光她。他们是一群。不用说,她在这些饥渴男性眼中的艳丽,超过段文昌韦相公在她身上所感受到的,何止十倍。

薛涛写下"十离诗",诗的题目分别是:犬离主;笔离手;马离厩;鹦鹉离笼;燕离巢;珠离掌;鱼离池;鹰离鞲;竹离亭;镜离台。

《犬离主》:出入朱门四五年,为知人意得人怜。近缘咬着亲知客,不得红丝毯上眠。

薛涛二十岁罚赴边城,诗中称"出入朱门四五年",可知她入乐籍时未满十六岁。《鱼离池》中又说:"跳跃深池四五秋……"

谁能救她呢? 还是韦皋。她想法把诗捎回成都,捎给韦大人。

左等右等无音信。山花开了又谢。密林中秋风再起。

薛涛俏立山岗,眺望群山绵延。

她每次登高看风景,士卒们都默默望她,三五个,七八个,远远近近的呆伫,身体朝着她。她是数千官兵的梦中情人。

巡回表演,美给各营寨的守卒看。军官们尽量安顿好她的饮食。她感激,越发歌喉婉转,舞姿翩跹。

美色泻出去,危险性在增大:有个军官酒后冲撞她的房门,狂呼她的芳名。幸好门闩结实。她吓得两天不敢出门。自备溺器,厕所也不去蹲了。

薛涛到松州后的几百天,无论住城里还是栖山寨,昼夜都有卫兵为她站岗。这当然是由于韦皋的虎威。无人敢动她。若反是,她就不仅是官兵们的梦中情人了。浑身艳冶将被野蛮分割去。她听说过营妓的悲惨故事:一个营妓往往同时伺候好些个中级以上的军官。于是低级军官蓄愤,乱来,合伙轮奸营妓的事情时有发生。薛涛最怕这个。

幸运的是她名气大。六百里外的韦皋罩着她。韦大人想要的身子,谁想碰,除非他不要命。

薛涛渴望回成都,却不向节度使韦相公写悔过书。这事儿耐人寻味。她还是不愿做小妾。她要自由身。

人的站立,女性的站立,即使在薛涛这样的弱女子身上也是有迹可循。可见唐朝文之化人。文化显然是支撑她站立的核心力量之一。词语在血液中流淌着刚性。杜甫李白可不是说着玩儿的,装潢门面的。薛涛三岁起,就在方块字搭建的神庙里盘桓。长大了,袅娜而又坚挺,权势压不垮,山风吹不倒。

给出身体的前提是她要喜欢。女子毕生所重,一个情字而已。此一层古今通。

二十岁的大姑娘,朝思暮想着属于的她那份喜欢。

薛涛终于回到成都了,容颜未改,秉性不移,眉目间多了一些"自主之色"。节度府上上下下都在观察她。韦皋召她回来的一个理由是:孔雀常常不开屏。

薛涛归来后,孔雀的彩屏常开。她在松州也思念这鸟中尤物,学云南傣族的孔雀舞。韦皋观舞大乐,下令缝制傣族姑娘的服装。他表彰薛涛为戍边士卒唱歌跳舞,将薛涛私纳赠金的罪过一笔勾销。

府中的高级接待,又见薛涛的曼妙身影。

韦皋复被久违的艳光所逼,再次撑不住了,私下问薛涛:老夫还有机会吗?

薛涛目视韦相公,摇了摇头。

韦皋叹息着走开了,虎背熊腰蹒跚,三品官帽耷拉。他真是空有王者之尊,不能赢得一颗芳心。他追求薛涛而不得,在长安的官员们当中盛传,被编成故事、段子,优伶说唱表演。这面子有点丢大了。强扭瓜很可能适得其反。京城的那帮文人墨客,包括那个段文昌,损他只嫌词寡。

怎么办呢?

西川节度使兼朝廷的吏部尚书,军政两摄,日理万机。同样的手去理情丝爱线,理成了一堆乱麻。偏偏他又三天两头的惊艳,仰薛涛玉颜,睹薛涛蜂腰。他可是搂抱过的,在城北的清虚观!软玉温香的感觉被他一次次地放大,虚构与现实搅成一团。

男人动情太凶,不达目的要疯。

韦皋简直有点怕见薛涛了。西川最大的官,得不到蜀中最靓的颜。面子不仅丢大了,面子一直在丢……

薛涛从松州回成都约九个月以后,突然申请脱乐籍。也许她的动机含有替主公考虑的成分。总的说来,韦相公待她不薄。

韦皋批准她脱籍。

妓官柳儿不理解:薛涛这不是干得好好的吗?姐妹俩结伴周旋节度府,弄傻文武官,风光正好,何必自敛?

白氏很高兴。女儿此举,替她挽回了一些当初做夫人的尊严。事实上,薛涛有两重考虑,首先是趁年轻脱乐籍,择个好男人嫁出去。这么做,母亲称心,九泉下的父亲满意。其次,她要适当摆脱她与韦相公共同面临的尴尬局面。

薛涛心思细,行事又果断。十二岁丧父,穷人的女儿早当家……

她在城外的浣花溪边造了房子。家里真不差钱,两进大院子,一座后花园,正房厢房各十余间。马厩宽大,两匹良骥系韦相公所赠。仆人侍婢厨子车夫,又住进薛家了,日用讲究,服饰器皿车马,比十年前更气派。房子竣工时,厨房动灶日,韦皋几乎带着"文武百官"前往祝贺。

朱门前豪车迤逦,薛宏度红衣笑迎。

脱籍前,她与韦皋达成协议:她居浣花溪上,仍在节度府"上班"。但韦皋的重要接待她才参加,持觞谈诗为主,歌舞佐宴为次。另外,她享有拒绝入府的权利,不能随唤随到。

官妓也会追求自由,把自己的命运攥在手里。成都当时,仅此一例,所以轰动四方。薛涛能自主,活得有尊严。其时长安的念奴名气比她大,据说念奴的歌喉抵得上二十五只管乐器,一人表演,万人空巷,官府要派金吾卫士维持秩序。《念奴娇》这词牌,即是由她而起。不过念奴比之薛涛,自控命运的能力显然不及,她不得不活在"公众霸权"之下,也劳累,也伤心。薛涛则过着自己想过的生活。

薛涛十五岁,二十岁,两次重大行动,自主性很强。

浣花溪风光旖旎。杜甫《江村》云:"自来自去堂上燕,相亲相近水中鸥。"薛涛深爱此佳句,书于堂上。

成都的官绅,周遭的富户,向薛涛求诗求书法的,不计其数。她一再申明小女子诗才寻常,那些人哪里肯信。

薛涛诗一出,众人就忙着传抄。

她写浣花溪上的荡舟捕鱼之乐:

> 风前一叶压河蓂,解报新秋又得鱼。
> 兔走乌驰人语静,满溪红袂棹歌初。

家里的女仆,村里的女孩儿,受她影响爱上了红衣裳。

薛涛进城玩耍,身后一溜红衣,像一支红色时装表演队,市民争看。也许她具有广告意识。唐人自炫乃是常态。

热闹景儿常有,完了她也孤单。

# 6

薛涛二十二岁了。二十三岁了。家里来了那么多男士,西川十余州的官员、东川几个州的要员,她见过的面孔比柳儿姐还多。其中有抱着婚姻目的前来叩芳门的,无奈薛涛不施青眼。

其实她也暗暗着急。

阅男无数,二十几岁却嫁不出去,她如何不着急?

剩女心态古今同。古代剩女少,"男耕女织不相失。"

当代剩女挑,她先挑别人,慢慢地转为别人挑自己,这个微妙的转换过程,写满了剩女们拒绝向人细细述说的酸疼……

有一个叫做郑佶的眉山人走进了薛涛的眼帘,郑佶眼下官居眉州刺史,正六品,年龄三十出头。他到成都,通常要去浣花溪拜访薛涛,带上一些精心挑选的礼品。这个人相当低调。相貌人品俱佳。和薛涛谈诗常有精辟见解,他自己很少写诗。两三年间,他叩访薛涛不下十几次了,从不以地方高官自居,"无矜色",有潇洒,对白氏礼数周到。这是一位不动声色的追求者么?柳儿对这同乡作了调查:郑佶无子,他妻子卧病异地的娘家有些年月了,他本人独自待在眉山的官邸。

白氏和柳儿均看好郑佶,频频向薛涛鼓吹。柳儿打探了郑佶夫人的病情,说是保得性命就不错了,生育已经不可能。

薛涛有点儿动心了。可是郑眉州来看她,似乎并不涉及男女情。这个人的爱埋得很深么?她转念想:埋得深才好呢,犹如优良种子,破土枝繁叶茂。

郑眉州数月不来,按理说很正常,人家可是一州大员。薛涛开始盼望了。红裙女郎打马赏秋,徘徊于浣花溪上游的青山之下,恋爱心事重,周遭谁知晓?她提笔写下《秋泉》:

泠色初澄一带烟,幽声遥泻十丝弦。
长来枕上牵情丝,不使愁人半夜眠。

薛涛为男人失眠,这是第一次。她向往着眉山,听说那座"围城九里九"的古城一派朴拙宁静,岷江环绕,城内有长四百尺、高三丈余的小山,弯曲的黛山酷似女子"美眉",故名眉山。小城多么浪漫!

薛涛想那百里外的眉山,细眉不停地颤动。坐车去也就两三个时辰,沿途看风光,上渡船,过草桥,玩秋水,极目秋收时节的西蜀平旷田园,靠近亘亿年的峨眉山脉。眉州在成都和峨眉山之间,辖五县,多平原,杂以浅丘;农商发达,苏洵诗云:"古人居之富者众。"

柳儿回老家时,把薛涛的哀怨情诗带给郑佶。

其实双方均未挑明,郑佶不能确定薛涛的《秋泉》是专为他写的。

不确定,于是按捺着。越按情越多。年末郑佶到成都向韦皋述职,竟不敢到浣花溪。情多了,反生怯意,担心着失败。

薛涛这边也是。节度府中迎新年的大宴,她借故推辞,怕见郑郎。

写信吧,写了又撕。

情侣恰似一对冤家。想对方,避开对方,两种迥异的情态共属一体。想啊,想啊,想不完的想。及至说要见面,又推不完的推……

二月里,春花次第开。浣花溪畔红衣女,没由来的脸红心跳气紧。恋爱有先兆。要、要爱起来的,直觉里处处闪烁爱。

柳儿返回成都,带来郑佶的桃红请柬,请薛涛去眉山。柳儿替这两个彼此思念的男女搭上了情丝,接通了"电线"。阴阳即将相碰。这一年,薛涛虚岁二十四。

巾车扑眉山。开向天边的"嗡嗡嗡"的油菜花,何如薛涛怒放的心花?桃花红李花白,勉强比得薛女腮。

郑佶一袭新官服,出东城门迎接薛涛。

刺史官邸中新设的客房,一如官家女儿的闺房。郑佶知道薛涛的过去,只字不提。客房外庭院也有一棵桐树,不知是否巧合。闺房挂的条幅,却是少女薛涛的佳句:"枝迎南北鸟,叶送往来风。"

薛涛陡见此景,清泪打湿罗衫。眼泪后面又涌出对郑郎的感激。

佳男女坠入爱河。车行,马行,舟行,步行,山行,眉州方圆几百里,爱意连三月,铺向青神火热的夏季,弥漫于丹棱秋色,点燃瓦屋雪山白茫茫的冬季。

薛涛到眉山,破了女儿身。

从她拒绝韦皋的大胆行为看,她是一直为将来的情郎守身如玉。

破了才圆满。二人自投情浪爱火,每日朝气蓬勃,"两两鸳鸯小",品尝着男欢女爱的所有细节,并且时有创新,灵与肉酝酿着高峰体验。

彭祖也是眉州人,据说活了八百岁。他居住过的仙女山距眉山城三十余里,山舍墙壁画满各式技术性很强的男女图谱……

薛涛住进眉州城东的刺史官邸,乐不思成都。出府入府,人们恭称她薛夫人、郑夫人。

韦皋请她不动,转怒于郑佶。薛涛隔两三个月偕郑郎去一次成都,抚慰韦相公和雄孔雀,住几日浣花溪。

韦皋纳玉箫为妾,薛涛为玉箫赋诗,屡于官厅里唱诵。韦相公感动得老泪纵横……

高车大马或漂亮巾车往返于眉山与成都之间。这条官道,也是薛涛走得最多的一条情路。七八个长亭短亭,两三个驿馆,填满他二人的缠绵和喘息。她把母亲接到眉山住。

与郎同居,没啥难为情。郑佶有政声,眉山人认为他干的事"符合"。至于符合什么,百姓也不管。

薛涛嫁给郑佶,看来只是时间问题。

郑佶一度调往成都府,协助府尹的工作,相对松散。他闲置官舍,长住浣花溪上的薛家宅院,俨然倒插门。二人对几家造纸的作坊感兴趣,常去观摩请教。"薛涛诗笺"的灵感起于此时。笺用红色,缀以图案。纸浆中掺入芙蓉粉,纸型为小八行,桃红、粉红、深红、轻红,都是她喜欢的色调。

薛涛笺是爱的颜色。激烈与娇羞触入涩感正好的红色纸纹。

郑佶买下了一家上等纸坊,作为献给薛涛二十七岁生日的礼物。这男人研究造纸的工艺,一头扎进纸坊,天黑不回家。成批购买芙蓉粉,他亲自把关,跑到产地去。

薛涛诗笺问世,小批量生产,售价不低,供不应求。西川节度府及所辖州县,长年订购。成都的有钱人家趋之若鹜。

订单如雪片,薛涛并不扩大生产规模。

物以稀为贵。犹如她本人。

后来李商隐盛赞薛涛笺:"卜肆至今多寂寞,酒垆从古擅风流。浣花笺纸桃红色,好好题诗咏玉钩。"

公元九世纪三十年代以后,长安诗人用薛涛笺渐趋普遍。写情诗不用此笺,自觉汗颜。段文昌把这浪漫纸推荐给杜牧、元稹。元稹又推荐给白居易。以桃红色为主的小巧而昂贵的诗笺,也见于江南。

薛涛芳名物化了,并且在她如花似玉的芳龄。诗笺把她的丽影和故事带向四面八方。生活还是以爱情为主,她不想做什么女老板。官府不能约束她,纸坊生意更不能。

携郎共游,几乎游遍了蜀中胜景。薛涛笺写山水情,《赋凌云寺二首》,其一云:"闻说凌云寺里苔,风高日近绝尘埃。横云点染芙蓉壁,似待诗人宝月来。"

嘉州弥勒大佛,高达三百六十尺,完工于韦皋镇蜀之时。

热恋不休的男女游荣州(今四川荣县)的竹郎庙,薛涛向壁题诗:

竹郎庙前多古木,夕阳沉沉山更绿。
何处江村有笛声?声声尽是迎郎曲。

薛涛与郑佶,不是夫妻胜似夫妻。

同居,从眉山到成都;共游,从嘉州到荣州、雅州、绵州、简州、资州……议论她的闲言碎语常有,她听而不闻。她选择的生活方式挺好的,爱情连年实打实。不急于出嫁的女人最想要什么?薛涛比谁都清楚。

过了二十八岁,成都这一代佳丽奔三十了。皮肤依然光洁,举止更娴雅,语音更舒服。她进城去节度府,韦皋待她如上宾,但不问她和郑佶之间的情事儿。韦相公老了,自谓平生一大遗憾,是未能赢得薛涛的青眼。

薛涛手抄《十离诗》于桃红笺,赠送老相公。

成都官场复杂,刘辟暗结党羽架空韦皋。郑佶自请调离成都府,韦皋复命他再去眉山。

爱情又回到眉山了。小城故事有续篇。刺史大手常携玉手,盘桓"眉州八景",观蠶颐春色,看象耳秋岚……据说李白把铁杵磨成针的事发生在象耳村。

三十岁前后,薛涛大抵两边住,和郑佶共同演绎着"双城记",把那条一百三十多里的官道变成了情路。走水路也是。

情路弯弯曲曲,爱线不取直线。途中要过三道河,岷江水流淌着艳波。

郑佶还有一个宏愿:在眉山为薛涛建一座吟诗楼。长安新近有座燕子楼,系高官张建封为名官妓关盼盼所建,轰动一时。

可惜郑佶的愿望没能实现。

蜀中安定几十年,到唐宪宗朝又乱起来了。韦皋暴死,有中毒的痕迹，而直接受益者是节度副使刘辟。他羽翼丰满，要当西川节度使，宪宗同意了。这人得寸进尺，还要把东川节度使的官帽抓过来。宪宗怒，发兵征讨，高崇文率大军入剑门关。成都周边战事激烈。刘辟孤注一掷：打赢了再谈判。中唐坐大的节度使常用这一招。西川十四州，眼下半数以上是刘辟的势力范围。精锐部队部署于成都。

郑佶是韦皋的人，主公虽死不改志，受皇命带兵击刘辟党羽，转战眉、雅、绵数州。

情郎披挂出征时，薛涛写诗送别，《送郑眉州》：

雨暗眉山江水流，离人掩袂立高楼。
双旌千骑骈东陌，独有罗敷望上头。

罗敷是汉代民歌《陌上桑》中以漂亮和痴情著称的女子，薛涛以罗敷自喻。其为事实上的郑眉州夫人，写入诗章，在她传世的五十首诗歌中留下三首。除此之外，薛涛再没有类似的作品。这段恋情，却由于郑佶在历史上的知名度小而隐匿不彰。

朝廷的军队平定了刘辟叛乱，将刘辟押解长安问斩。薛涛回成都，整理战后的家园、纸坊。这两个地方都驻过军。

高崇文做了西川节度使，与薛涛时有酬唱。薛涛作《贼平后上高相公》："惊看天地白荒荒，瞥见青山旧夕阳。始信大威能照映，由来日月借生光。"高相公命乐工谱曲，歌手演唱。薛涛已享有西川大诗人的美誉，乐工舞娘围着她转。

薛涛居浣花溪上，出入节度府，闲时经营纸坊。她四处打听郑郎的消息，却听人说，郑眉州在雅州负伤，可能已经死于战乱。

雅州群山绵延，何处寻郑郎？

高崇文也不知道郑眉州的下落。看来薛涛的郑郎凶多吉少。

薛涛不死心，苦苦探寻。

月明星稀之夜，红衣女郎伫立锦水畔，向南望了又望："不为鱼肠真有诀，谁能夜夜立清江？"眉州位于成都之南。那小城留给她太多美好记忆。

薛涛与郑眉州的爱情故事传于成都及州县市井，她俏立清江的身姿成了一道夜景。她的诗歌、服饰、红笺,乃是若干年间成都人追慕的时尚。西汉卓文君以后,成都女人数她名气大。

几任西川节度使都是她的朋友。她仇恨的人只有剑南道土皇帝崔宁,那狗东西强奸她母亲。

高崇文很快调走了,成都又迎来武元衡。此人居宰相位,兼任西川节度使,可见西蜀在当时的战略地位。武元衡带来副手裴度、行军司马李程。这李程就像当年的段文昌,一见薛涛,迷上了。薛涛三十几岁肤如凝脂,李程逢人就嚷嚷:蜀水养丽人!先有杨玉环,后有薛宏度!

武元衡以宰相之尊撮合李程与薛涛,薛涛婉拒。武元衡并不生气,又封她"校书",给她俸禄。

武元衡诗瘾大,出巡带着薛涛,宴饮互相酬唱,衍成一时之风流。长安的白居易、王建、杜牧、元稹等人纷纷寄诗追和,追和武相国、薛校书。

薛涛《上川主武元衡相国》:"落日重城夕雾收,玳筵雕俎荐诸侯。因令朗月当庭燎,不使珠帘下玉钩。"

成都夜宴,笙箫排空。薛涛有时"笑领歌舞",武元衡不眨眼睛。

后来也当上宰相的裴度,专访薛涛家园,慨然赋诗《溪居》:门径俯清溪,茅檐古木齐。红尘飘不到,时有水禽啼。

为何红尘飘不到?只因薛涛恋郑郎。

李程追薛涛追不到手,转而嫉恨并无一面之缘的郑佶。他传言说,郑佶早已战死,尸横雅州山谷。薛涛半信半疑。

她想念亲爱的夫君,作《赠远》二首,其二云:

芙蓉新落蜀山秋,锦字开缄到是愁。
闺阁不知戎马事,月高还上望夫楼。

苦恋着的女人苦吟:"知君未转秦关骑,日照千门掩袖啼。"

薛涛想象,郑佶远在陕地高原的秦关。

事情也凑巧,郑眉州还活着,获罪贬为褒城县令,那是个川陕交界的穷山沟。他负过伤,因战事失利降为县令,带着仅剩一口气的妻子,无心见薛涛,实在是不想拖累她。郑佶曾上书武元衡,希望相国替他保守秘密。然而事情暴露了,薛涛得准信半个多月后,郑佶复迁关内。

秦岭隔断恋人。薛涛柔肠寸断。

郑佶甚至不给她写信,要她断了这份念想,从头再来,重新收拾她的情爱生活。不过,这个郑眉州也是情到深处不能自抑,偏又托眉山的老部下给薛涛带来一笔赠金,鼓励薛涛在成都浣花溪盖一座竹林掩映的吟诗楼。

薛涛抱着金银放声痛哭。她知道,情郎从此与她天各一方……

情已冷,心已灰。薛涛出入道观,脱红裙穿青衣,手持拂尘,一副道姑打扮。漂亮的丹凤眼清丽照人。

美色敛不住。即使她削尽青丝做尼姑,也是"艳尼",馋坏大小和尚。

成都人说,三十八岁的薛涛,和当年三十八岁的杨贵妃各有各的韵味。蜀山青青蜀水碧,养成多少颜如玉。

今日川西坝子,仍是美女如云。成都眉山流行俏皮话:街头一站,眼花缭乱。

## 7

元稹跑到成都来了,这位长安的大才子,豪门贵婿,《莺莺传》的作者兼张生原型,白居易的挚友,到成都来刮起了一阵"元风"。他锦衣白马亮相于公共场合,市民呼喊他的名字。张生与崔莺莺的偷情传奇已搬上戏台,进入书场,一般男女耳熟能详。成都这座时尚城市,元稹大名流传已久。他官居左拾遗时,弹劾过朝廷小人,写过针对权贵的讽刺诗,官声不错,文名亦佳。他与白居易齐名,时称"元白",元在前白在后,这显然得益于他青年时期的风流故事。

元稹与薛涛有过诗信往来,彼此神交。风流才子三十出头,薛涛四十岁,年龄相差近十岁。元稹狂恋薛涛,薛涛是猝不及防的。节度府,益州府,锦浦里,杜甫草堂,二人在一群官吏中总是互相靠近。薛涛初无意,只拿元稹当小弟弟。然而小弟弟寻找一切机会接近她,往她身边蹭,赞美她,送她稀罕物,与她纵论京城文坛,口若悬河。

才子遭遇才女,俊男"进攻"艳妇。

元稹本来是去东川执行公务,到西川就不走,一个月天天见薛涛。小弟弟攻势强劲。京城的恋爱技术用于成都,效果不言而喻。薛涛失去郑郎已数年,情爱之身虚位以待。她抛却情丝,岂料"闲情抛掷久",反而暗中积聚,不以女人的意志为转移。元稹碰在这空档上。

情浪打过来,薛涛起涟漪。

不想爱,不想爱,她真是不想爱,可是突然间,爱起来了。

"待月西厢下,迎风户半开。隔墙花影动,疑是玉人来。"

幽会浣花溪,走马玉垒山。

元稹到薛涛宅院不须入门的,他爬墙吊树手段高。

疯。

女人啊,活着就要恋爱。每一个体细胞都可以燃烧。

薛涛希望这桩情事悄悄进行,悄悄的。然而情火巨旺,映红了半边天。节度府上下皆知。武相国哈哈大笑。行军司马李程,借酒浇愁愁更愁,斜眼元才子,每天都想寻衅打架。

旋风把薛涛刮到东川去了。三月不归。狂恋百日。

东川西川,盛传薛涛与元稹的姐弟恋。诋毁薛涛的,杜撰故事的,将薛涛的艳名推向高潮。

薛涛不管这些,因为她是薛涛。

一个女人一生当中的二十四小时已足够回味,何况二百天。薛涛用她的肌肤想问题,视千年礼教如粪土。

恋爱中人方知恋爱滋味。原来,姐弟恋没啥不好。

人类情愫蕴藏的可能性,在中国古代,挖掘不够充分。女性探险者更是凤毛麟角。礼教两千年掌控社会,形成巨大的历史惯性。

元稹应召返长安,写诗《寄赠薛涛》:"锦江滑腻峨眉秀,幻出文君与薛涛……别后相思隔烟水,菖蒲花发五云高。"

薛涛回赠:"长教碧玉藏深处,总向红笺写自随……"

恋爱高潮过后,又是几年风平浪静。薛涛像以前一样珍重芳姿,碧玉藏深处,红笺写娇艳。四十六岁一头青丝,母亲六十多岁了,母女相伴。

武元衡调走了,不久,竟被政敌暗杀在大街上。白居易愤然上书,遭弹劾,贬到江州去。元稹亦被赶出了京师。

薛涛闻讯,叹息连日。

肌肤记忆如昨,不须调动而"涌逼"。

西川节度府频繁易主,这个来那个去。薛校书盛名持久,川主恭请她参加各种活动。红裙、红笺、红颜,名动长安。

李程仍然在成都做官,放弃了回京城的机会。他是巴望着,薛涛的下一个情爱浪头卷他进去。他发誓,哪怕将来爱她的一脸皱纹⋯⋯

薛涛微笑。五十岁的女人被男人眷恋,真是值得自豪。

段文昌回成都,为新任西川之主。时隔三十余年,段文昌旧情萌动,却以体面的、尊重薛涛的方式,命营妓院排练"两两鸳鸯小⋯⋯"

薛涛用郑眉州的赠金建"吟诗楼",加上她自己的积蓄。楼成之日,段文昌亲自主持了盛大的登楼仪式。

今日之成都,望江公园、吟诗楼,乃是仅次于武侯祠、杜甫草堂的人文景观。

段文昌镇蜀三年,对薛涛关爱有加。他的夫人是武元衡的女儿,与薛涛常有往还。

薛涛迁碧鸡坊。碧鸡坊属成都豪坊之一,住户少,庭院广,一般官员买不起。吟诗楼在新宅中。薛涛也去城外的"溪居"。

段文昌去哪儿都希望与薛涛同行,一日游武担寺,薛涛恰在病中,不能相随,作《段相国游武担寺病不能从题寄》:

消瘦翻堪见令公,落花无那恨东风。
侬心犹道青春在,羞看飞蓬石镜中。

美人不甘垂暮。此间的薛涛,尚穿曳地红裙否?

李程走了,段文昌走了。元稹今何处?多少情事如烟⋯⋯

薛涛六十岁了。常去道观,与炼师品茶叙谈。

听说郑佸致仕后居眉山,她真想去看看,坐船沿岷江顺流而下,要她的郑郎到眉山东门大码头迎接她。可是终于没去,也许她赌气呢。气消了,作《乡思》:

峨眉山下水如油,怜我心同不系舟。
何时片帆离锦浦,桌声齐唱发中流。

回首一生,眉山是她心中的故乡。郑眉州的官邸,是她魂牵梦绕的家。薛涛为人妇,单认郑眉州。

郑佶终于到成都碧鸡坊来了,二人相见,未语泪先流。携手登吟诗楼,形同鸳鸯老。

大诗人杜牧寄诗给薛涛,薛涛喜出望外,作《酬杜舍人》:

"双鱼底事到侬家?扑手新诗片片霞。唱到白萍州畔曲,芙蓉空老蜀江花。"

人老诗句新,恰似西川杜工部。

扑手新诗片片霞,这句子甚佳,情态动人。

薛涛卒年不详,也许活到了七十岁。《辞海》称:七十三岁。

西川节度使李德裕厚葬她,宰相段文昌撰墓志铭。奇怪的是,那只老孔雀先薛涛数月而亡。李德裕作《伤孔雀及薛涛》,长安的刘禹锡寄来和诗:

玉儿已逐金环葬,翠羽先随秋草萎。
唯见芙蓉含晓露,数行红泪滴清池。

薛涛坟前桃花堆艳,坟后翠竹千竿。"小桃花绕薛涛坟。"

从晚唐至近现代,凭吊者绵绵不绝。

"昔日桃花无剩影,到今斑竹有啼痕。红笺千古留香井,碧草三春绕墓门……"

历代凭吊者们,词句多含哀婉,其实大可不必。薛涛一生,堪称幸福。

她几十年与高官们周旋,保持了相对的独立性,活出了女性风采。武则天是四川广元人,杨玉环也算蜀中女,她们投身唐朝权力最高层,前者染指无数的血腥,后者间接带给盛唐大灾难。后蜀的花蕊夫人,亡国后忙于投怀送抱,更是活得四分五裂。薛涛与她们,很不一样。元稹将她与卓文君并提，看来真是理解她。

薛涛以诗入妓，可称诗妓。

唐朝的艺术大环境是滋润她的阳光雨露。

薛涛是中唐女诗人的代表，犹如李清照是南宋女词人的代表。以诗词艺术成就论，薛不及李，勇于追求幸福生活则一焉。她们先有苍劲的生存姿态，然后，发而为诗章。

薛涛偏爱小诗，五言或七绝，很少写长诗。其内心节奏如此，可见她并不刻意作长调。"当时名士尽知音"，而中唐文坛大师们多艺术探险之作，且与她多年酬唱，未曾改变她的写作风格。有记载说她写诗五百余首，今存十分之一。明朝人辑有《薛涛诗》，后人又把李冶的诗与她合为《薛涛李冶诗集》二卷。

薛涛在文学史的女性长廊中无疑占有一席，诗短韵味长，有点像日本的俳句。诗韵盖与身韵同，唯美而内敛，苍劲而忧伤。女性写作紧紧围绕着各类日常情态，古今皆然。不必拿时代大主题去衡量她们。

薛涛诗含蓄，清丽，可以玩味的。犹如她六十年的生存智慧，令后人品味再三。

薛涛暮年有赠友人的名篇《雨后玩竹》，犹如一幅自画像：

南天春雨时，那鉴雪霜姿。众类皆云茂，虚心宁自持。
多留晋贤醉，早伴舜妃悲。晚岁君能赏，苍苍劲节奇。

薛涛虚心自持，劲节苍苍，追慕魏晋时代的竹林七贤。

"晚岁君能赏"，君乃后世千万人。

# 鱼玄机
(中唐 844—868?)

有情女鱼玄机,思念着无心郎李亿。爱恨交织成一股接一股的疼痛。如花似玉的诗书女人,居然连箕帚小妾都做不成。鱼玄机剧疼,而疼痛牵引她思了又思。京城的舆论倒来指责她,说她写艳诗淫词败坏了世风。杜牧宣称:"十年一觉扬州梦,赢得青楼薄幸名。"男人胡闹,被称做浪漫。女人痴想情郎玉姿便是下贱……约半年光景,长安咸宜观中的鱼玄机素面沉静。这个唐朝的小女子在想问题,用她的大脑和身体。

# 鱼玄机

鱼玄机字幼微,玄机是道号,她本名什么不得而知。鱼玄机是晚唐有名的女诗人之一,长安人,幼年丧父,随母亲居住在长安县的陋巷小院。京城另有万年县,二县合称"赤县"。鱼玄机能读书写诗,表明家境不是太坏。

鱼玄机生活的年代,唐朝正走着下坡路。长安依然繁华,文坛大师辈出。鱼玄机初生时,白居易还活着,虽然已经是个艺术敏锐力下降的垂暮老头。韩愈、柳宗元、杜牧、刘禹锡、李贺、李商隐……以及所谓花间派词人韦庄、温庭筠等,这些人名播天下。盛唐文气贯穿了中晚唐。

唐帝国危机四伏,连皇帝都会莫名其妙地死掉。艺术却欣欣向荣,精英艺术流布市井,手抄诗集随处可见。书法、绘画、音乐、戏曲、传奇小说、街头表演、服饰时尚、章台歌舞,连同建筑艺术、器物制作、体育活动、节庆游戏、宗教信仰、天地魅惑,共同构筑了相当丰富的生活世界。艺术是生活中实实在在的东西,从不同的角度和层面维系着人的生存,强化精神喷射,把生存带向更高。过眼云烟的文化泡沫也有,但掀不起大浪。更别说文化泡沫居高不下,冒牌艺术家八方喧哗。艺术的泡沫与"人的泡沫"是同构的。

语言是存在的家。唐代的长安洛阳可谓家中之家。汉语言艺术作为最高形态的艺术,光罩三百年。唐末五代乱,而文脉犹存,孕育了宋代的华夏文化的巅峰。

各门类艺术,缓慢生长而蓬蓬勃勃,个体的人受其惠。

唐人宋人活得很精彩。

女子在礼教的千年压力之下,奋力挣扎,不惜"剑走偏锋"追求幸福。鱼玄机是典型个例。

据说鱼玄机五岁能写诗,十来岁享有诗名。唐朝科举设有神童科,小孩儿登科代代有人,影响京城带动各地。男孩子寻章摘句,女孩儿也来效仿。大诗人频频亮相长安,题诗于公共场所如酒楼、寺庙、宫观、驿馆、太学,雅聚于曲江畔或终南山。这景象起于初唐,绵延于盛唐中唐晚唐。京师的市民,即使是"引车卖浆者流",也知道李白杜甫。李太白多牛啊,他连皇帝老儿都敢惹……

鱼玄机属于大诗人的追星族,哪儿热闹她就奔哪儿。母亲不大管她,她也没有哥哥。深闺不属于她这样的女孩,浅闺又拴不住她。诗人的特征之一是漫游,尽可能出现在很多陌生的地方。而对鱼玄机来说,长安城足够大了,十二条大街纵横南北东西,交通不复杂。

白居易形容说:"百千家似围棋局,十二街如种菜畦。"

长安110个坊,坊与坊之间有围墙分隔,各设几道坊门,夜深关闭。鱼玄机长于陋巷,熟悉各式小巷。她在深巷中日复一日地奔跑,灵感来时蹲墙角倚老树。陋巷子培养她的野性。

写诗纯属爱好,动机比男孩子更单纯。诗句点燃她,从灵魂到肌肤。

鱼玄机十二岁追上了温庭筠。温是山西太原祁县人,字飞卿,绰号"温八叉",八叉手成八韵;据说长得像门神钟馗。这个鬼都害怕的人物却是"花间词派"的领袖,与韦庄齐名,称温韦。温飞卿名词《菩萨蛮》描绘女儿情态,冠绝当时。

"小山重叠金明灭,鬓云欲度香腮雪。懒起画蛾眉,弄妆梳洗迟。照花前后镜,花面交相映。新帖绣罗襦,双双金鹧鸪。"

小山喻女子眉额。鹧鸪鸟类似鸳鸯,性喜成双成对。

长安洛阳的深闺浅闺,温庭筠的词集摆在枕头边或秋千下。扬州、杭州、益州亦然。

鱼玄机追偶像,认为温飞卿长得比较特殊而已。这个头上有光环的男人大她约三十岁,屡试不第,浪迹天涯。他飘然来长安,也听人说起"女诗童"鱼幼微,感到好奇。

小姑娘与大诗人,春日里相见于曲江边。事前传消息,"粉丝们"闻讯赶来争睹这一盛况。温庭筠闲坐圈椅,指着江边的垂柳对鱼幼微说:以柳为题,赋诗一首如何?

鱼幼微沉吟片刻,提笔手书《赋得江边柳》。温庭筠有点看傻了。五言诗这样写:"翠色连荒草,烟姿入远楼。影铺春水面,花落灼人头。根老藏鱼窟,枝底系客舟。萧萧风雨夜,惊梦复添愁。"

诗境开阔,"烟姿"可谓首创,落花"灼人头"也复罕见。古柳的老根盘绕水下,成了藏鱼之窟,鱼窟又反衬客舟,带出客居者萧萧风雨夜的惊梦添愁,暗喻温庭筠的多年飘零。

温飞卿叹曰:当年白居易到长安谒顾况,作《赋得原上草》,未必比你幼微强啊。白香山当时十六岁,你鱼幼微才十二岁!

几百个"温粉"顿时大哗。女诗童涨红了脸。这一刻发生了两件事:名声从此远扬;偶像终身确立。

小女孩儿随温庭筠出入长安的高级文艺沙龙。此前她进不去的。温先生还到陋巷小院来看她,送她钱米,点拨她的悟性,关照她患病的母亲。风流大才子,其实颇能为人师表。他进入鱼玄机的内心,赢得了一间永久性的心房。偶像与父爱相加,加出后来的别样情态。

温庭筠再考不中,飘走了。少女鱼幼微在闺中惆怅……

她十五岁这一年,游新昌坊的崇真观,题诗于粉壁,二十八个字的诗,伏下她一生的命运。

> 云峰满目放春晴,历历银钩指下生。
> 自恨罗衣掩诗句,举头空羡榜中名。

由此诗可猜度,鱼玄机的书法笔力坚硬。铁笔银钩,她不会随意自喻。崇真观是朝廷发放进士榜的地方,粉壁长廊,阔大而庄严,乱题诗可不行。云峰指终南山。

黄金榜上状元的姓名叫李亿,字子安。时在唐宣宗大中十二年(858)。

鱼玄机记下了状元的名字。殊不知几天后,状元再到崇真观,又牢牢记下了鱼幼微三个字。诗好,字好,有傲骨。旁人告诉这位来自山西的状元：鱼幼微"色既倾国，思乃入神"。

已婚状元呆了半天，开始了他的爱情寻找。题诗的女孩儿"色既倾国"，究竟美到啥程度呢？年轻的状元满城寻觅。

陋巷中找到了，双方惊艳。这李亿生得一表人才，举止潇洒。妻裴氏，出自唐代鼎鼎大名的名门望族。

云里雾里的恋爱时光持续了一段时间，接下来可能就是同居。李亿另置宅院，布置漂亮新房，像《红楼梦》中偷娶尤二姐的贾琏。此间鱼玄机作《寓言》："红桃处处春色，碧柳家家月明。楼上新妆待夜，闺中独自含情。"

诗中透出鱼玄机的早熟、多情。神童诗人原本少拘束，浪漫情怀积聚于闺中，十五岁喷向李亿。母亲由着她。穷家女儿攀上了状元郎，大约将来有保障。

同居这类事，京师时有所闻。

近一年半，精力旺盛的美男艳妇互相享受。鱼玄机不生孩子，也不写诗。爱情填满四百多天，春夏秋冬游玩，踏青、狩猎、打马球、逛东、西两市，出席豪门宴饮，远足五陵原、终南山……李亿做着京官，妻子裴氏远在鄂州（今武汉）。他正式纳鱼幼微为妾，办理了相关手续。

日子幸福。鱼玄机得到了她想要的生活，猜想日后与裴夫人相处和睦。长安的官绅纳妾是常态，有些人还妻妾成群。妻妾相处是一种悠久的社会传统。

鱼玄机问起裴氏，李亿闪烁其词。

她也不大在乎。年方二八（十六岁），爱如七月豪雨稀里哗啦，人在雨中享受着窒息。情网铺天盖地，男女远胜鸳鸯。

这些个高质量的朝朝暮暮，鱼玄机饱尝了爱滋味。肌肤的无穷渴望，坚定了毛孔中散发出来的信念：天大地大莫如情大。

千娇百媚身，婉转如曲江。

她动情地对李亿说：亿者，恒久矣。你我今生今世，彼此不能成追忆……

李亿使劲点头。其实他心里没底，他一直不敢给裴氏写信告知实情，而老婆迟早会到长安来。他是状元，名气大，鱼幼微的名声也不小。裴氏族人自初唐以来，二百年将相频出，高官如云，居住在东西两京的数以百计。李亿表面上一副骄傲的状元模样,实则怵老婆。李家和裴家门第悬殊。考上状元一度给他"打翻身仗"的幻觉,那幻觉却不能持久。也许他考第一名、做京官,背后有裴氏家族的支撑。

李亿瞒着鱼玄机。这样也好,鱼玄机一年多绮梦不醒。青春女子的初恋热恋,不管现实筹划。绮梦以分秒计算,一年堪比寻常妇人的十年。

李亿写情诗,可惜诗已不传。鱼玄机说:"多情公子春留句,少思文君昼掩扉。"

她从幼年起就寻思章句,一向多思,"思乃入神",这里讲少思,强调昼掩扉,看来是身体指挥着大脑,而不是相反。女诗人以"貌好"的卓文君自喻,拿李亿比风流倜傥的司马相如。

卓文君清瘦,估计鱼玄机也不胖。

宋玉,司马相如,曹子建,潘安,王昌,是盛行于唐代的美男子符号。女人也能好色。小家碧玉又比大家闺秀自由些。

好色开了头,一生"好"不休。缠绵着春夏秋冬的鱼玄机,并不清楚肌肤间发生的所有事情。情爱的惯性她不能测量。

859年的夏天,裴氏到长安了。李亿顿时紧张。

裴氏对丈夫偷纳小妾的事已有所闻,暗中作了调查。她不动声色,有一天突然出现在李亿"外室"前,推开了房门。她好奇,想看看那个陋巷中长大的、有些歪名声的民间小女子。她以贵妇之尊,并不把鱼氏视为竞争对象。可是两个女人见面,裴氏大吃一惊。

鱼幼微艳光逼人,足以映照百丈。更要命的是,高大白皙的李亿看上去与她正好配对。"外宅"的床榻几案衣物鞋子,无不散发着浓浓的夫妻生活的气息。

裴氏醋意大发,"立作悍妇吼。"

李亿吓傻了,乖乖跟老婆回家。

鱼玄机愣在当场,美目良久不能动,像传说中的美人鱼的眼睛。

鱼玄机收到了一纸休书,李亿不要她了。

唐代的男人休妻妾,并不需要女人签字。

鱼玄机的情路被封堵,恰似一溪欢畅流淌的春水横遭冰封。她去找李亿,衙门进不去,豪宅前门吏欺人。她绕高墙而徘徊,从日头升起走到黄昏,丽影移动五六个时辰。她故意穿半露酥胸的茜罗裙,裙子是李亿替她挑的。脚上的绣花鞋有金鹧鸪图案。鱼玄机豁出去了。坊间上流人士围观,七嘴八舌议论着。

夜里坊门要关,鱼玄机回去,第二天又来。半个多月她屡去李宅,暴风骤雨不改徘徊,全身湿透,茜罗裙裹得通体线条毕露,条条诉说着无限悲哀。长安城为之轰动,好事者奔走相告,有些人从几十里外赶来观看。

裴氏害怕舆论,拽李亿去了鄂州。状元郎京官也不做了。

鱼玄机扑空之时,恨得咬牙切齿。

幸福的女人失掉幸福,"生存落差"前来照面。她开始大量写诗。《秋怨》:

　　自叹多情是足愁,况当风月满庭秋。
　　洞房偏与更声近,夜夜灯前欲白头。

旷世红颜一夜之间愁白了头。风月正佳期,忽遇满庭秋。洞房中人不眠,数着三更、四更、五更……温庭筠名句:"梧桐树,三更雨,一声声,空阶滴到明。"

洞房寂寞夜,反衬欢娱时:当初她也是数着更声啊……

唐代男女,对《秋怨》这类饱含张力的诗颇善于领悟。女诗人写风月洞房却不多见。

《赠邻女》传为晚唐名篇:

　　羞日遮罗袖,愁春懒起妆。易求无价宝,难得有心郎。
　　枕上潜垂泪,花间暗断肠。自能窥宋玉,何必恨王昌。

李亿徒有其表,是个无心郎。但鱼玄机不恨他。或者说,想恨,恨了半天发现还爱着。

鱼玄机奔鄂州去了,宁愿做李亿的偏房,持箕帚伺候裴夫人、大太太。不过她太天真。裴氏根本不容她。才媛而兼倾国之貌,裴氏有足够的理由视她如同虎豹。

鱼玄机住进了旅馆,想打持久战。传诗过江,递与情郎。《隔汉江寄子安》:"江南江北愁望,相思相忆空吟。鸳鸯暖卧沙浦,䴔䴖闲飞桔林。烟里歌声隐隐,渡头月色沉沉。含情咫尺千里,况听家家远砧。"

远砧喻离妇情怀。

十七岁的鱼玄机,愁春,愁望,愁白头。

诗笺过江,石沉大海。

鱼玄机"失恋远游",只身背着简单的行囊,也许女扮男装。一路吟唱,双泪长流。她游到江陵(今湖北荆州市),作《江陵愁望寄子安》:"枫叶千枝复万枝,江桥掩映暮帆迟。忆君心似西江水,日夜东流无歇时。"

这女孩儿真够苦的。枫叶红似火,她的面色和内心一片惨白。痛彻肝肺,弄不好要死人的。词语释放她的哀愁。《遣怀》云:"闲散身无事,风光独自游。断云江上月,解缆海中舟……满怀春酒绿,对月夜窗幽……卧床书册遍,半醉起梳头。"

治情病,远游和写诗是管用的。

鱼玄机终于没死,她回转长安,去亲仁坊的咸宜观做了女道士,罗裙改青衣,不掩艳姿。"高堂春睡觉,暮雨正霏霏。"

女冠鱼玄机正式亮相于长安。青衣红颜,藏着什么样的玄机呢?《访赵炼师不遇》透出了一点消息:

何处同仙侣?青衣独在家。暖炉留煮药,邻院为煎茶。
画壁灯火暗,幡竿日影斜。殷勤重回首,墙外数枝花。

道士、女冠皆称炼师。鱼玄机访赵炼师不遇,回咸宜观写下了这首诗。诗人的情绪趋于平和,煮药煎茶观画壁,殷勤回首墙外花。她试图忘掉李亿,努力了大半年未能奏效,于是才明白这份情入了骨髓,今生难抹掉。

居咸宜观约一年后,鱼玄机以复杂的心情迎接了知她疼她的温庭

筠,似有移情的痕迹。温庭筠再次落第飘走,善思的美娘,反复琢磨着一个情字。《愁思》:

> 落叶纷纷暮雨和,朱丝独抚自清歌。
> 放情休恨无心郎,养性空抛苦海波。
> 长者车音门外有,道家书卷枕前多。
> 布衣终作云霄客,绿水青山时一过。

长者,布衣,云霄客,都是指温庭筠。"终作"二字,透露出鱼玄机的无奈。

她一直打听着李亿的消息,探知李亿在山西做官后,立刻动身前往。老天爷给她爱的机会,她要抓住。裴氏仍居鄂州,放松了警惕性。鱼玄机只身千里寻郎,爬山西的那些险峻大山毫无惧色。七古《春情寄子安》,打动了很多人。

> 山路欹斜石磴危,不愁行苦苦相思。
> 冰销远涧怜清韵,雪远寒峰想玉姿。
> 莫听凡歌春病酒,休招闲客夜贪棋。
> 如松匪石盟长在,比翼连襟会肯迟。
> 虽恨独行冬尽日,终期相见月圆时。
> 别君何物堪持赠?泪落晴光一首诗。

唐代勇敢的恋爱女人,鱼玄机是个代表。

"别君何物堪持赠?泪落晴光一首诗。"如此激烈的情状,不减李贺李商隐。鱼玄机奔爱情不辞山高水远,中国古代罕见,她倒像个自由奔放的法国女孩。

"雪远寒峰想玉姿",鱼玄机真是色胆不小。她敢于好色,并且写入诗章。

老天爷果然受感动,赐予她良机:河东节度使、也即李亿的顶头上司刘潼,善待她和她的情郎。恋爱中的男女在山西太原住了三年,李亿还带着鱼玄机到祁县,探访温庭筠先生的老家。

盛唐的诗佛王维,也是祁县人。

诗词圣地,鱼玄机不留诗。太原三年无佳作。李亿忙公务时,她就近游览了一些地方,于王屋山下,认识了一个名叫左名扬的山西才子。这些年她专情,却也养成了自由自在的性格。

鱼玄机二十一岁,鄂州的裴氏柳眉倒竖,直奔河东而来,作"河东狮子吼",再一次强行拆散鸳鸯,拎着李亿的"软耳朵"永归鄂州。这个强势女人宣称:李亿从此不许离开裴氏老家所在地半步。以她家族势力之大,可不是虚张声势。

鱼玄机绝望了。三年如胶似漆的夫妻般的生活,一朝彻底中断。她曾经冲上去抢李亿,裴氏的侍从横刀拦她,拿刀刃威胁她的玉颜。她狂呼李子安,那无心郎歪着脸只喊耳痛。裴氏揪他耳朵顺手,看来不下百十次。河东狮练就了一双铁钳手。

郎去矣。鱼玄机失魂落魄游荡于山西,左名扬闻讯后,颠颠的追她"艳尘",连日陪她喝闷酒。

鱼玄机西风瘦马回长安,复归咸宜观。赵炼师去世,她做了道观主持。青衣拂尘,"落花人独立,微雨双燕飞。"

有情女思念着无心郎。爱恨交织成一股接一股的疼痛。这是第二次,不会再有第三次了。裴氏好凶!李亿好软!

如花似玉的诗书女人,居然连箕帚小妾都做不成。

鱼玄机剧疼,而疼痛牵引她思了又思。京城的舆论倒来指责她,说她写艳诗淫词败坏世风。杜牧"十年一觉扬州梦,赢得青楼薄幸名。"男人胡闹,被称做浪漫。女人想玉姿便是下贱……

约半年光景,鱼玄机素面沉静。

这个唐朝的小女子在想问题,用她的大脑和身体。

长安亲仁坊的咸宜观靠近东市,大市场热闹,小道观清幽。鱼玄机居于三清殿后面的优美庭院中,井梧,桂花,牡丹,玉兰,金菊,茶屋也是棋室,书斋兼作琴房。卧室不大却敞亮,铺着浅蓝地衣,"炉香静逐游丝转",窗外蝶舞蜂喧。

日子悠闲。肌肤却有波澜。

《寄国香》云:"旦夕醉吟身,相思又此春。雨中寄书使,窗下断肠人。山卷珠帘看,愁随芳草新。别来清宴上,几度落梁尘。"国香是鱼玄机的一个女友。相思者不清楚,也许李亿仍有书信寄到长安。

旦夕醉吟相思苦。远在鄂州的无心郎不该写信的。不能长相守,何苦招惹她?

温庭筠当上国子监助教,常来咸宜观探望她。长安名流,以邀请她或造访她为炫耀。她择友严,婉拒了许多显贵。这样一来,造访者反而更多,她只好三天两头出观躲避。长安盛传她的青衣冷艳。名伶李可及演唱她的诗篇……

当李亿的形象渐行渐远时,山西才子左名扬追到了长安。这男人的外表有点像李亿,更不乏山西汉子气。他尊重鱼玄机,有心崇拜石榴裙,而无意唐突伤情女。

二人游曲江、登慈恩寺塔。鱼玄机的侍婢绿翘跟随着。绿翘十九岁,善琴知书,眉目间隐隐有风流往事。左名扬开玩笑说,绿翘有鱼炼师的三分俏。

三个人踏青时,鱼玄机不大喜欢左名扬与绿翘说话了。

她看左名扬,有时看成了李亿。梦中出现了左名扬的面孔。

夏末的一个雨夜,二人终于同榻,香烟袅袅中赤身交颈。

情事传开了,温庭筠头一个陷入惆怅,四个多月不到咸宜观。鱼玄机去太学,温助教带几个学子出侧门,不知何往。

咸宜观的风韵事,流传着各种各样的故事版本。

长安鱼玄机,好色一代女。

左名扬考上进士得了官身,远走泽州(今山西晋城)做官。鱼玄机送他出城,微笑着,知道这条山西汉子将会再来。

"春来秋去相思在,秋去春来信息稀。"

又是等待。

然而左名扬仿佛从天而降,鱼玄机喜出望外,欣然赋诗《左名扬自泽州至京,使人传语》:

  闲居作赋几年愁,王屋山前是旧游。
  诗咏东西千嶂乱,马随南北一泉流。
  曾陪雨夜同欢席,别后花时独上楼。

忽喜扣门传语至，为怜邻巷小房幽。
相如歌罢朱弦断，双燕巢分白露秋。
莫倦蓬门时一访，每春忙在曲江头。

鱼玄机担心左名扬"倦蓬门"，袒露受过伤的女人的可怜心态。她直接写出来，可见其性情。明言"雨夜同欢席"，挑战吃人的礼教。一些个"三十老明经"的士子闻绮语而色变……

左名扬使人先传语，随后他人就到。蓬门开，花径扫，丽人不作莲步，直奔情郎而来，一头乌发高高扬起。

"每春忙在曲江头"，那该有多好，可是左名扬官身如飘蓬，鱼玄机的美好愿望再度落空。不久，山西才子去了山西……

李亿，左名扬，他们和鱼玄机都是两度聚散。

女人愁望，立尽黄昏。男人拍屁股走人。

古代女子，貌好情烈争自由，往往落得浑身是伤。唐代另有著名女诗人上官婉儿、李冶，均遭杀身之祸。成都薛涛的命运好一点，却也饱含着辛酸。

礼教如何吃人，今日尚须细察。

孔夫子轻视女人，盖由于他的性心理高度扭曲，而他根本不知道这种贯穿了他的潜意识的性扭曲，并且，无力自识——"我知道我不知道。"性扭曲形成了孔子的巨大盲点，历代皇权又变尽花招利用他。汉武帝手下的皇权吹鼓手如董仲殊之流，把孔子的扭曲加以发挥推向极端，三纲之"夫为妻纲"，衍生出各种形式的枷锁，迫害中国女性几千年。

鱼玄机最终的命运将是怎样呢？

鱼玄机二十几岁作《卖残牡丹》：

临风兴叹落花频，芳意潜消又一春。
应为高价人不问，却缘香甚蝶难亲。
红英只称生宫里，翠叶那堪染路尘？
及至移根上林苑，王孙方恨买无因。

年纪轻轻心已老。她抗争,矜持,拒绝染路尘,可叹复可敬。女人好色没啥不好。就鱼玄机身处的礼教背景而言,她出轨才是走上正轨。

《情书》悲凉:"井边桐叶鸣秋雨,窗下银灯暗晓风。书信茫茫何处问?持竿尽日碧江空。"

《冬夜寄温飞卿》:

苦思搜诗灯下吟,不眠长夜怕寒衾。
满庭木叶愁风起,透幌纱窗惜月沉……

火热情怀的女人,渐渐的通体冰凉。

温庭筠因触犯权贵被贬出长安,鱼玄机作《遥寄飞卿》,称呼亲昵。诗中再一次提到"枕簟凉",并责怪飞卿"懒书札",不写来片言抚慰她的"秋情"。也许鱼玄机与温庭筠的关系越过了师生情:她蓄情已久而主动,老师倒显得被动,推三阻四。被动的老师他比较可爱……

然而爱她的人都走了。

长安咸宜观,一年四季满庭秋。

不能享受青春,鱼玄机无论如何心有不甘:滚烫的心怎能容忍性阴冷?时代造成了大面积的、旷日持久的性阴冷,怨妇离女"冷天下",真是辜负造物,生存不如猫狗。

肌肤反抗着,于是肌肤想问题。

身体与意识有着千丝万缕的联系。西哲们有出色的表达。而中国文化的某些模糊导致"一言以蔽之"的大词多,于此细微处,显然存在着欠缺。必须清理并正视各类欠缺,进而审视我们的思维方式。获得清理能力的前提是:多读汉译名著。

长安缙绅李近仁对鱼玄机好,赠金咸宜观,彬彬有礼地追求丽人。鱼玄机把自己给出去了,《迎李近仁员外》:

今日喜时闻喜鹊,昨宵灯下拜灯花。
焚香出户迎潘岳,不羡牵牛织女家。

给出也是收获。诗句快乐,鱼玄机迎出户的模样俏于纸上。

身心都是热的,灵与肉不吵架。

侍婢绿翘,几年来一次次地旁观着,偷窥着,眼冷心热。

鱼玄机对绿翘起了疑心,主仆之间渐起猜忌。

女人洞察女人,往往几个眼神就够了。麻烦的是,她们互相猜忌日积月累,积成恶气。恶气日堵,酿成悲剧。

晚唐咸通九年(868),咸宜观出事了。

时在春夏之交,一天,鱼玄机因事外出,临走叮嘱绿翘:"如有客来,告知我在何处。"绿翘点头答应。日暮鱼玄机回道观,觉得有客人来过,问绿翘,得到的回答是:"某客来过,知炼师不在,未下马就走了。"

于是,鱼玄机怀疑绿翘与某客有染。

掌灯时分,鱼玄机关了门再问绿翘,问来问去问不出结果,她愈加恼怒,鞭抽侍婢。绿翘辩解说:"我伺候炼师数年,一向检点……若云情爱,不蓄胸襟多年矣!"

绿翘挨了鞭抽,大喊:"炼师欲求三清长生之道,而未能忘解佩荐枕之欢,反以沉猜,厚诬贞正!"

沉猜指沉积于胸的猜忌。这可怜的侍婢可能从未向鱼玄机解释过。几年不解释,其间或有隐情。如果她一次次的看不惯,可以选择离开的,长安城里的道观比寺庙还多。她不走,又不说,导致主仆互相"沉猜",酿成了大祸。

鱼玄机受侍婢如此抢白,几股恶气迅速涌成了一团(社会舆论,情的沮丧、复杂,侍婢贲张成紫色的道德面孔等),狂抽绿翘,挥鞭如疾雨。她发泄够了,却发现绿翘已经气绝。

她连夜在后院挖坑,埋藏绿翘的尸身。坑浅,几天后事发,有人发现"青蝇数十集于地,驱去复来。"亲仁坊的坊卒闻报赶来,挖出了"貌如生"的绿翘。

"戕婢"致死,杀人偿命。当时的名士、官绅纷纷为鱼玄机求宽恕,但京兆尹温璋执法甚严。温璋也是山西祁县人,温庭筠的同乡,也许同族。

鱼玄机的一生,爱与死,均与山西人有关。

卒年二十六岁。红颜身首异处。

温庭筠早她一年多病逝。李亿、左名扬、李近仁等,未传悼亡之作。

中国古代女子,才高性烈者,多以悲剧流传下来。南宋钱塘的著名女诗人朱淑贞抑郁而终,她留下诗集《断肠诗》,词集《断肠词》。清代的江南名妓柳如是,为明朝的灭亡而寻思自杀。难怪曹雪芹塑造林黛玉,充满了哀婉之情:"一年三百六十日,风刀霜剑严相逼。"曹雪芹为女性呐喊,横眉怒目吃人的礼教,千古一人焉。

明朝学者称:鱼玄机为"才媛中之诗圣"。

我们再来吟诵鱼玄机的《赠邻女》:

羞日遮罗袖,愁春懒起妆。易求无价宝,难得有心郎。
枕上潜垂泪,花间暗断肠……

# 岑 参
(中唐 715—770)

岑参生活在盛唐诗人强大的氛围中。诗仙李白,诗佛王维,诗圣杜甫,构成夺目的"三角光区"。东晋还有个陶渊明,把田园诗推向前无古人后无来者的极致。所有这些光波都弥漫于公元八世纪的中原。岑参写诗向何处落笔?他向自己内心的纵深落笔,向军旗猎猎的边塞大漠落笔。"将军金甲夜不脱,半夜军行戈相拨,风头如刀面如割……"

# 岑参

## 1

从初唐到盛唐的百余年间,北方和西域边境多战事,唐朝军队与突厥、回纥、吐蕃军战,与大食(今阿拉伯)争夺西域诸国,烽烟升腾于草原、沙漠。诗人们纷纷出塞,边塞诗人异军突起,在文学史上留下重重的一笔。

赴西域的岑参成就突出。

岑参的诗现存四百多首,他以边塞诗著称,却不意味着他的其他诗篇写得一般。他和王维、孟浩然是同时代的人,青年和暮年都写了不少山水田园诗,可见当时风气。唐朝著名诗人,没有不写山水田园诗的,从初唐写到晚唐,饶有兴致地写了三百年。而从严格的意义上讲,边塞诗中不乏山水诗的元素,只不过塞外山水连广漠,显得异样雄奇而苍茫罢了。

唐朝山水诗,边塞诗,分别属于两个不同的艺术张力区。

汉语诗人有山水情怀的积淀,面对着天苍苍野茫茫,挥动诗笔不难。

诗人出塞,通常还带着军人的意志和目光,于是,诗境再添新意象。汉代征战亦多,名将频出而好诗罕见,盖因个体强大的诗人甚少。汉赋这种形式,与个体情绪的流动几乎无关。它倒是堵塞个体情绪。魏晋个性伸张,各门类艺术携手壮大,唐人受其惠。即使没有唐朝以诗赋取士的制度,大诗人也会接二连三冒出来。文学艺术有它自身的规律。

塞外无田园。有辽阔草原上的悠扬牧歌,有大漠深处的神秘习俗,有令汉人惊奇不已的别样美感:"大漠孤烟直,长河落日圆。";"北风吹地白草折,胡天八月即飞雪。"……

可惜古代汉人与少数民族的相遇,常常不是为了交流美感,而是交兵恶战。

盛唐士人出塞多,一般为入幕、游边、使边(地方官吏向军队送去军需物资)。据研究岑参的权威学者陈铁民先生讲,当时的边帅有自择佐吏的特权,内地的士子,品秩低微的官员,乐意进入边帅幕府,以求功名。而唐玄宗拓边意志强,天宝年间重赏边功,《资治通鉴》说,边帅"功名著者往往入为宰相。"

士子奔边塞,既为国家,也为个人前途。

岑参不例外。他一生中两次出塞,先去安西(新疆库车),后往北庭(今属新疆吉木萨县),在西域共待了五年,足迹万里。他历尽艰辛,阅尽大漠风物,诗境因之而雄奇。

岑参为什么会出塞呢?

岑参有个特点:他既是他自己,又是显赫家族末端的一员。他身上拖着、或是潜伏着家族的荣耀与劫难:

曾祖父岑本文,于唐太宗时代做过宰相,死后"陪葬昭陵",坟墓靠近皇陵,将岑氏家族的荣耀推到极致;

伯祖父岑长倩,高宗朝为宰相,后来因为皇嗣问题得罪了武则天,遭酷吏来俊臣缉拿,斩首于市,五个儿子皆被赐死,祖坟被挖掉;

过了若干年,岑参的堂伯父岑羲才华出众,升中书舍人、同中书门下三品,因耿直,得罪了权倾朝野的武三思,官阶起伏不定。唐玄宗即位之初,他卷入政治斗争,协助太平公主谋废立,想要推翻新皇帝,事发,满门抄斩。

初唐盛唐,朝廷血腥味儿很浓。唐太宗李世民也是靠玄武门之变登上皇位,杀死两个哥哥,逼父皇让位,开了宫廷血腥的头。这一点他可不及宋太祖赵匡胤,宋太祖汲取历史教训,立下家法不杀士大夫,乃是中国两千年封建史上的奇迹。北宋百余年,士大夫踊跃,正直的官员多……

岑参《感旧赋》,描绘唐太宗时代的岑门荣耀:"朱门不改,画戟重新。暮出黄阁,朝趋紫宸……列亲戚以高会,沸歌钟于上春,无大无小,皆为缙绅。颙颙昂昂,踰数十人。"

颙颙:受人景仰貌。踰通逾。

然而族运陡降,血光盈门,伯祖父被斩首,伯父遭灭门,岑参沉痛落笔:"既破我室,又坏我门!上帝憒憒,莫知我冤……泣贾谊于长沙,痛屈平于沅湘……昔一何荣矣,今一何悴矣!"

岑羲被唐玄宗满门抄斩后,岑氏家族子弟遭放逐,向楚地四处逃窜:"云雨流离,江山放逐。愁见苍梧之云,泣尽湘潭之竹。或投于黑齿之野,或窜于文身之族。"

黑齿:传说中的南方种族名,其族人用漆把牙齿染黑,面目怪异。

岑参的父亲岑植,卷入仓皇南逃的岑氏族人中。朝廷风波险恶,杀人如麻。那些看上去博冠峨带文质彬彬的官员,比黑齿族、文身族更可怕。

武则天称帝时,皇室李嗣宗亲也逃到民间,埋名改姓,心惊胆战度日。

岑参自叙说:"参,相门子。五岁读书,九岁属文,十五隐于嵩阳。"

嵩阳指河南嵩山之南。嵩山分太室、少室。嵩阳为太室。

岑参十五岁就以隐士自居,创历代少年隐士之最。这事颇蹊跷。自古以来隐士虽多,但还没有谁十五岁就做了隐士。岑参此言,透露了他少年时代的内心隐秘。童稚的时光没有多少天真烂漫,倒是伴随着阴森可怕之物。

"隐"字后面有血腥。

岑参小时候听父兄讲家族的悲惨故事,心中的恐怖与愤懑可想而知。岑氏家族,几十年间出了三个宰相,荣华富贵到顶,却又屡遭血光之灾,大批父辈和祖辈族人狂逃楚地,混迹于传说中的"南蛮"。

长兄岑况,比岑参大了十多岁,他知道家族的很多事情,总是忍不住要讲给几个弟弟听。家中仿佛有若干冤魂飘荡于梁柱间。小孩儿听吓人的故事,本已受到剧烈的撞击,接下来,又会生发无穷的想象。岑参之所谓"隐",与唐朝一般意义上的隐居有区别。需要追踪的是,为何岑参小小年纪就会有隐的念头？如果他早年全无此念，那么，他不会在平生唯一的追述身世的《感旧赋》中说："十五隐于嵩阳"。

岑参五岁识字念书，九岁写文章，强化了感受力和思维能力，在感与知两个层面上向内、向外"双向拓展"，使家族的悲剧显现为悲剧。这是很要命的，这对塑造岑参特殊的"童心"也是至关重要的。少年隐士，其来有自。而研究岑参的学者似乎从未追寻过这一重要线索，这些既指向过去、又预设了岑参未来命运的蛛丝马迹。青年岑参的田园山水诗写得那么好，原因不在别处，正在于此。而他后来不辞艰辛远走西域，显然背负着不易察觉的家族意志。

令人惊讶的是，学者们对这些可作思索逗留的紧要处，往往一掠而过。

中国的古典文学研究，应当借鉴一些西学。

陈寅恪先生讲过："学问之事，本无东西。"

举例来说，按中国传统文化自身的发展轨迹，不大可能创立通用于古今人类的潜意识学说、"现象学生存论"。

## 2

岑参大约开元三年（715）生于江陵（湖北荆州市），兄弟五人，他排行老三。父亲岑植为仙州（河南叶县）刺史，几年后迁晋州（山西临汾市）刺史。

岑参六岁，已有从湖北到河南、再到山西的"阅历"，辗转几千里。父亲宦游，举家迁徙。在晋州安顿了四年，岑植患病去世。岑植是个清官，没留下多少遗产。母亲和兄长"鞠育"岑参，这情景令人联想嵇康、王羲之、王维的童年。

岑参的内心有纵深，这显而易见。家族骇人听闻的悲惨故事影响他，其深度和波及面，他本人，恐怕终身都难以测量。他三十五岁不远万里赴安西，走过了今之罗布泊，当有家族集体潜意识的强力助推："丈夫三十未富贵，安能终日守笔砚？"

事实上，岑参若是终日守笔砚，也"守"不出好文章。他不是为了体验诗意才去边塞。立功名，求富贵，奉王事，是他赴边的动机。生命冲动伴随着艺术冲动。二者同体而又相异。古代文豪都是沿着这个生存运动的轨迹,不避艰辛而诗意栖居。

生存有落差,伟大的艺术品在落差中缓缓生成。

唐朝被称为诗的国度,诗意涵盖了各门类艺术,正如海德格尔所言:"一切艺术,本质上都是诗。"

汉末皇权崩盘,魏晋生活多元,隋唐重归一统,但是,人已经起了变化。唐朝士子的精神轨迹更多地联接魏晋风度,诗人写好诗,通常与皇权相违背。这是堆砌词藻的汉赋作者们所不能想象的。汉代文人与唐代文人,不可同日而语。

岑参生活在盛唐诗人强大的氛围中。诗仙李白,诗佛王维,诗圣杜甫,构成夺目的"三角光区"。东晋还有个陶渊明,把田园诗推向前无古人后无来者的极致。所有这些光波都弥漫于公元八世纪的中原。

岑参写诗向何处落笔?

他向自己内心的纵深落笔。

嵩阳也是县名,武则天定都洛阳,改为登封,相沿至今。岑参可能憎恨武则天,一生不提他居住了数年的登封二字。其性格可见一斑。爱与恨分明。

嵩山之于洛阳,颇似终南山之于长安。皇帝和达官显贵在嵩山中建离宫别墅,和尚道士盖庙宇宫观。士子以隐士的面目出现在大山里,则多为求取功名,"闻达于诸侯。"

王维、高适在山下住过,王昌龄到过中峰,李白后来寻访长生不老的女道士,以半百强劲之躯,登临少室三十六峰,而杜甫的家在嵩山北麓的巩县。岑参的年龄小李白、王维、高适十多岁,小杜甫三岁。他居于嵩阳的时光,应该熟悉王维等人的诗。开元年间,王维的名气比李白还大。

就人文地理而言,相距八百余里的长安与洛阳,近在咫尺。

盛唐山水诗盛,诗人们从不同的角度感受山水。青山处处宁静,官场时时喧嚣,二者形成持久的对立,化入士子们的内心节奏。信奉儒家思想的读书人以前所未有的规模奔向仕途,或得意,或郁闷。大诗人多为后者。高适的官做得很大,"为有唐以来诗人之达者",却已在他五十岁以后。

大诗人说的是什么意思呢？

这些人个性强,心志高,不容易受环境的摆布。他们共同的特点是"碰撞"：与现实相碰,往往碰得头破血流,也碰得流光溢彩。而碰撞意味着：人与所遇的对象,双方都具有硬度。

赖有士人的不退缩,硬着头皮往前冲,百折不挠,方呈现人性的持续喷发。理解唐宋的山水诗、田园诗,这个思路是一把钥匙。这诗派起于伤心王子曹植,落魄贵族谢灵运、谢朓,光大于田园诗圣陶渊明。陶渊明确立了背向人事扭曲、深入丘山自然的审美符号。这符号照亮了一千六百多年。

大诗人之大,乃是生命强大的同义语。

趋向权力场又背向形形色色的权贵,诗人们的生存轨迹十分相似。

荣华富贵拽他趋奔,始于童年的个体修炼又叫他转向。不转不行,"违己交病"。转身还意味着：他有转身的空间,这空间乃是艺术与自然的双重领地,人在其中能弹跳,能喷发,即便是以宁静的方式来喷发。王维和白居易发现了"吏隐",吏隐是背向权力场的变式。隐士们行走官场的身影向别处活跃着。

苏轼说："我坐华堂上,不改麋鹿姿。"

大诗人在封建皇权之外长大。他们朝着自身也朝着广袤的民间,长成了雄视古今的庞然大物,修炼成千年不坏之躯。与他们的伟大创造相比,几个封建皇帝实在算不了什么。

中国传统精英文化的生成,大抵可作如是观。这生成,艰难而缓慢。能传千年的东西,此二者是前提。

与之相反的是：速成者速朽,或者说,速成的东西近乎本能地朝着速朽,只因这类"作品"的隐秘内核,乃是利润的一次性捞取。时下俗称捞一把,火一把。

幸好我们拥有几千年的精英文化,可以挤泡沫、镇恶搞、去邪说。


岑参十五岁居嵩阳,慢慢练就了一颗诗心。

《感旧赋》说："无负廊之数亩,有嵩阳之一丘。"

岑家坐落地嵩山下的一片起伏的丘陵地带。祖上留下了几处别业,长安、洛阳都有。岑参"早岁孤贫",当指他丧父以后。母亲拖着五个儿子要活下去。衣食简单,别业可能简陋。家里的气氛有抑郁,也有"穷欢乐"。穷人家的孩子本来就穷,其快乐也单纯。岑家人欢乐的时光,总有淡淡的忧郁相随。

岑参十岁丧父,孤贫的感觉是慢慢来的。从晋州到嵩阳,官宦人家的好光景转为布衣贫穷。岑参家境的落差,类似曹雪芹或鲁迅先生。

小孩儿对家庭变化,有着大人们不易察觉的敏感。

岑参的童年,背负着沉重的家族记忆,又遭遇父亲的亡故和随之而来的家道中落,他那抑郁面孔不难想象。迁嵩阳后,他曾几次独自走入野地,走到很远很远的地方。

英俊少年入丘深,伊水旁伫立,回望那些拔地而起、高达五六百米的少室诸峰。少年良久沉默。春阳或秋阳照着,风吹着。茫茫野地恰似他的内心纵深……

情绪永远饱满。诗心纯正抽芽。

岑家的几个兄弟追逐嬉戏,漫山遍野奔跑,跃入伊水、狂水、颍水的清波绿浪。伊水之北有个百十户人家的村落,叫做伊阳村,小兄弟们在大哥岑况的带领下进村找乐,惊奇许多当地人的习俗。兄弟们打猎钓鱼斗鸡,野火烧烤,海吃,牛饮,神吹;踏浪弄波扎猛子,夏日里玩了朝阳玩夕阳,夜观繁星大如斗。草丛中酣睡到旭日东升……

岑参玩起来很疯的,钓鱼是好手,伊阳村中老少皆知。后来写诗,老提他的鱼竿。河边钓鱼,沟里捉鱼,池中戏鱼……尽情玩耍之时,他才把家族沉重的记忆暂时抛开。

岑参胆子大,一个人朝大山深处跑,学山民"喊山",跟着和尚念经,目睹王公大人的车驾,呆望那些穿绫罗绸缎、戴金钗玉饰的贵夫人娇小姐。他还在山洞旁碰到过真正的布衣隐士,隐士拒绝与他交谈,却爬到树上去唱歌,眺望着绿瓦红墙的王公别墅。

岑参想:隐士非得住进山洞、爬树唱歌吗?

他也住了一回离家不太远的山洞,后半夜才摸回家,面对大哥的斥责却"洋洋有得色"。洞中奇黑,隐隐约约闪烁着幽光,潮湿的地上、岩壁上有蛇蝎爬,可它们不敢靠近他……

岑参爬各种各样的树,犹如他钓各种各样的鱼。那些叫不出名字的野果和怪鱼，充实着家里的零食与晚餐。

而书照读，字照写。他翻烂了好几本手抄诗集。家道中落书尚在。有志少年凿壁偷光。

人在天空之下，大地之上，在神灵、风俗、道德、学问以及个体趣味的交叉环绕中，生存虽然艰辛，种种快乐也会前来照面。千百年来，民间自发的各种乐趣总是好的！玩耍花样更不知几百种，日常活动半径大，生命活蹦乱跳，"跳出"丰富性，"越耍越能耍"，并且，尊重文化。

人，一旦活在了铺天盖地的人造物中间，丧失野趣，丧失自由的、自发的生存感受，不读书只看报，圈养式生存，浅表性生存，"被生存"，因贫乏焦躁而搞笑装怪，并以装怪起哄为常态，那么，个体生命活力喷射的前景会消失，贫乏焦躁之恶性循环不可免。

农耕文明至少延续了五千年，其强于工业文明之处，尚须掂量再掂量。单看人与自然的和谐相处，艺术家和普通人对天地万物的毕恭毕敬，古代人类远远胜于现代人类。

人类若狂妄，必定遭报复。

低碳生活方能持久。人也不能受资本和技术的掌控。单纯的物欲已经遮蔽太多，甚至包括这物欲本身。遮蔽旷日持久，包括玩耍在内的很多精神价值都失去参照了，总有许多人酷似流水线上的复制品。

单纯的物欲导致物欲本身的单调乏味。

而警钟尚未敲响。异化随处可见。"生存之逼仄"使生活的丰富性有变成天方夜谭的危险。

现象学创始人胡塞尔影响欧洲的"生活世界"智慧，乃是针对科技带给人类的单一生活模式。这种强大的智慧，一百年前就趋于成型了。而马克思对资本运行的透彻研究更早。

生活，生命，生存，在2010年代，需要重新追问。并且，要有紧迫感。亡羊补牢，未为晚矣。

## 3

少年岑参在嵩阳写诗，题目先呈诗意，《自潘陵尖还少室居止，秋夕凭眺》：

草堂近少室,夜静闻风松。月出潘陵尖,照见十六峰。
　　九月山叶赤,溪云淡秋容。火点伊阳村,烟深嵩角钟。
　　尚子不可见,蒋生难再逢。胜惬只自知,佳趣为谁浓……
　　久与人疏散,转爱丘壑中。

　　尚子,蒋生,都是东汉有名的隐士。
　　久与人疏散,说的是什么意思呢？估计早年在晋州,由于父亲官居刺史,岑家颇热闹,朱漆大门前车马不稀。
　　岑参十几岁就隐于嵩阳,隐志渐渐明确。
　　李白快三十岁了才隐入终南山,岑参早他十几年。王维二十出头隐到山东境内的偏僻小州去,比岑参晚了六七年。
　　《春寻河阳闻处士别业》:"风暖日暾暾,黄鹂飞近村。花明潘子县,柳暗陶公门。药畹摇山影,鱼竿带水痕。南桥车马客,何事苦喧喧？"
　　青年岑参读陶渊明诗,会有许多感慨。
　　岑参远足到巩县去访一位李处士,写诗云:"桑叶隐村户,芦花映钓船。有时著书暇,尽日窗中眠。"
　　民间的读书人称处士。
　　岑参游巩北另有佳句:"秋风万里动,日暮黄云高。"
　　岑参游缑山西峰,再得好诗:"结庐对中岳,青翠常在门。遂耽水木兴,尽作渔樵言……片雨下南涧,孤峰出东原……野霭晴拂枕,客帆遥入轩。尚平何在,此意谁与论？伫立云去尽,苍苍月开园。"
　　古人点评:"静极。"
　　而我们分析苏轼、王维等人的诗画艺术时已经知道:静是动的静。
　　差不多同一时期,另一个以边塞诗著称的高适写《淇上别业》:

　　依依西山下,别业桑林边。庭鸭喜多雨,邻鸡知暮天。
　　野人种秋菜,古老开原田。且向世情远,吾今聊自然。

　　两个边塞大诗人的田园诗,心声多么相似。
　　一些名家选本忽视岑参的田园诗,是因为他们囿于某些观念,对诗人早年的内心纵深不能细察。

岑参名作《宿东溪怀王屋李隐者》：

山店不凿井，百家同一泉。晚来南村黑，雨气和人烟。
霜畦灶寒菜，沙雁噪河田。隐者不可见，天坛飞鸟边。

岑参约十八岁游王屋山，访李隐士不遇。可见岑参游王屋山不止一次。他是不用下地耕种的，并且到处游玩，叩访名士，其自言贫穷，看来只是相对而言。他的物质生活当比陶渊明强。兄弟五个，他排行居中，操心事少。大哥岑况很像一个大哥……

岑参下笔，一心追随着陶潜、王维。他留传下来的四百多首诗，写山水田园的比例最大，早年，中年，晚年，一直在写。

盛唐的诗人们，山水诗瘾大。这条越走越宽的语言艺术之路，主要由东晋诗人作了铺垫。盛唐士人复杂的生存结构，使山水田园的审美意味得以显现：士人们成群结队奔仕途，又纷纷回首向园田，有些人不得不终身回首，感慨到死。而以前的文学史不谈这个，还强调山水诗的成就不如边塞诗，颇为奇怪。

山水园田之朴拙，乃是人事曲折之倒影，二者共同构筑了盛唐诗歌最大的张力区。很有一些古典文学的教授们看不见这个张力区，其穿越生存的眼光，明显弱于他们做注释一类基础性工作的能力。

本文写岑参，不是简单地把他作为边塞诗人来写。

再看一首《南溪别业》：

结宇依青嶂，开轩对翠畴。树交花两色，溪合水重流。
竹径春来扫，兰樽夜不收。逍遥自得意，鼓腹醉中游。

南溪在少室山中。此诗在陈铁民先生《岑参集校注》中列为第二首，可能写得较早。诗人情态，真是优哉游哉。别业风景好，人还吃得饱。

然而陶渊明已经证明了：吃不饱也能写好诗。

衣食足然后知礼仪，这话不错。但要说吃好了就能写华章，显然论据不足,并且容易产生误导。盛唐与北宋,有文化修养的富人密如枥,可是谁比李白杜甫苏轼写得更好呢?杜甫穷了半辈子,然后郑重宣布:"诗穷而后工。""文章憎命达。"我们诠释诗圣的著名断语,阐述精英艺术生成于艺术家的生存落差:命运的落差,心理的落差。

艺术家屡受刺激,反而催生佳作。从屈原到鲁迅,两千三百年间的许多文豪都是可以佐证的。

再举古典文学研究的例子,前辈学者们吃得不够好,却是学养好,学风正,功底扎实,硕果累累,字里行间营养丰富……

岑参早期的山水诗可能写于开元末期,诗人的年龄在二十岁前后。有人把诗中单纯的欣悦同开元盛世挂上钩,把嵩阳的岑参描绘成阳光少年。这人挂偏了,偏离了岑参的生存特征。诗人的伯父岑羲被唐玄宗满门抄斩,剩下的族人狂逃"黑齿之野",少年岑参即使阳光,也是从家族巨大的阴影中挣扎着走出来的阳光。

事实上,阳光之能显现为阳光,乃是由于阴影之铺垫。

王维能以杰出的诗画笔描绘山水,和他少年进入王公豪门、后来近距离感受权贵的丑陋面目紧密相关。岑参笔下的山水感染人,则得益于他那异乎寻常的内心纵深。

## 4

岑参"二十投书阙下",开始了追求功名的艰难历程。这是他的新课程,却是士子们一再重演的老戏。估计他在嵩山下写诗,融入盛唐山水诗的大合唱,已经有了一些小名声。他诗语清新,明白易懂,传播的速度比较快。

陶潜年轻时"投耒去学仕",学了十三年,四次扔下农具,学得很憋屈;岑参"一从弃钓竿,十载干明王。"干指干谒,唐代的常用字。他二十岁成丁后不去服兵役,是受惠于做刺史的父亲遗留下的门荫。

做官好处多,这是不用说的。

岑参奔官场奔得辛苦,"朝叩富儿门,暮随肥马尘。残杯与冷炙,处处潜酸辛。"杜甫为自己画肖像,也勾画了学仕的士子们普遍的倒霉相。岑参的父亲又不是贪官,遗产有限,岑氏兄弟欲富贵,都得出去打拼。

岑参奔东都洛阳,奔西京长安。唐玄宗带着他那庞大的"食粮集团"常到洛阳,曾经一住数年之久。皇帝与百官居东都,天下士子就奔洛阳。皇帝"回龙舆"返回了西京,士子们又掉转马头向长安。这幅求仕长卷中的人物密密麻麻,唐朝二百九十年,这支不断变换着面孔的队伍究竟有多大,无人能做统计。

开元末,求仕长卷中的一个单骑挺进的有志青年便是岑参。

京洛八百里官道宽,有志青年打马扬鞭。

长安城里也有岑家的别业,岑参不须打旅馆。

献书,赶考,结交名流,乃是学仕求官的三部曲。

长安的冬季真冷啊,大雪大风,刮得树弯腰人欲倒,岑参在城里转悠,专走皇城附近的贵族高官居住区,百十次伸手,想敲开一扇朱门。开始手要抖的,伸出去好艰难。堂堂七尺男儿,偏要低三下四。写诗的好手变成了敲门手,只为那区区五斗米。他可是相门之子,曾祖父名叫岑文本,太宗朝立过功勋……岑参辗转于朱门,把祖上的荣耀挂在嘴边,然而高官低官、世交父执都给他冷脸瞧,扔给他几个硬硬的冷馒头。他心凉了。有一位尚书大人念在他父亲的情分上送他"绨袍",他就感激不尽,写诗赞美仁慈的尚书。

盛唐的官员脸,不那么好看的。

唐朝立国百年,职业官僚有增无减。政客多起来,冷漠成常态。士子不碰钉子才怪。能拿热脸去贴官吏冷屁股的,多半收获较大。他们争先恐后当孙子,巴望着有朝一日把别的士子变成孙子,高视阔步于长安的大街上。

岑参和杜甫一样脸皮薄,手要抖,装不来孙子,有时候突然来了一股犟脾气,瞪眼粗嗓子,那模样倒像达官贵人的老子。

《感旧赋》云:"出入两郡,蹉跎十秋。"

开元二十五年(737),二十二岁的岑参在长安落第,灰溜溜打马回嵩阳,对三月里的明媚春色毫无感觉,向东走到潼关,在潼关的城门上留下了一首《戏题关门》:

来亦一布衣，去也一布衣。羞见关城吏，还从旧道归。

　　岑参脸皮子薄，这首小诗可作证。
　　相门子羞愧穿布衣。父亲岑植当年是做过两州刺史的……岑参的心理落差尽现于小诗中。他吟诗挥毫，对熟悉他的关城吏启齿笑笑。这首诗在城门上保留了若干年，成千上万的落第士子背下了。他们典型的情状是：来去皆布衣，相见瓜兮兮。
　　瓜兮兮是蜀中土语，犹言木愣愣、傻乎乎。
　　李白形容他在湖北安陆的时光说："酒隐安陆，蹉跎十载。"
　　酒隐、吏隐、市隐、山隐……隐士们的名堂多。学者作家针对这个专题做研究，能写厚书的。
　　岑参像李白一样否定自己的十年，诗性却如李白疯涨。岑参十年间走了很多地方，似乎总是在路上，背着行囊在风中，夏阳照耀或秋雨扑打，锤炼着他的一颗坚硬诗心。郁闷、沮丧、痛苦，都是不可或缺的养料。志向越大，痛苦愈甚。
　　而中国的语言艺术，向来盛开着意外之花。
　　李白居安陆，好诗如潮。岑参这十年，艺术成就大。

　　岑参二十三岁成家，新娘子多半是个小家碧玉。岑参能娶亲，表明他尚有家底。远游、成家，所费银子不少。岑家这十几年虽然走了下坡路，那架子却还在，岑氏兄弟能读书。岑参在兄弟们当中才气最旺，也许家里的钱更多地花在他的身上。
　　婚后半年岑参又上路了，打马去长安。长安有房子住，但他没有携妻同往。妻子要留在家里伺候她婆婆。
　　京洛道上有个小城叫盘豆，位于黄河南岸，与北岸的永乐城相对。岑参夜过黄河，写诗想念新婚不久的妻子：

　　　　盈盈一水隔，寂寂二更初。波上思罗袜，鱼边忆素书。
　　　　月如眉已画，云似鬓新梳。春物解人意，桃花笑索居。

　　素书，指写在绢帛上的书信，因绢长一尺，又称尺素书。

二更之夜月照黄河。旅舍中的岑参想妻子睡不着。时在三月,桃花开得正艳。这大好春光,小俩口偏要分离,丈夫归期难数。岑参写索居,反衬新婚的许多欢娱。句子含蓄,所谓点到为止。

　　唐诗描绘男欢女爱是有缺陷的,著名诗人们,无论他的老婆或侍妾多漂亮多贤惠,一般不会形诸笔端,给人的感觉是把她给藏起来了,留个姓氏,甚至连姓氏也无。新婚的热情,两情的欣悦,离别后思念的缠绵、疼痛,总是深入不下去。李白写杨玉环格外投入,却对自己经历过的几个女人讳莫如深。

　　礼教遮蔽人性,爱情的长期缺失或隐匿,对人性壮大颇不利。宋词好一点,但浪漫笔触多涉官妓营妓。"生命诚可贵,爱情价更高。"针对古代爱情的令人惊讶的普遍缺失,也可写专著研究。应当追问:两千年的封建史,为何爱情长不大?

　　桃花三月盘豆小城,岑参深夜独卧孤舟,不能拥娇妻,只能抱被而眠。"波上思罗袜":躺在船舱里的小床上想了又想。

　　没办法。奔仕途的青年都这样。

　　不言而喻的是,岑参后来多年漂泊,想妻子想过无数次,却只写了一首诗。激情憋向了奇山异水……

　　这一年,二十四岁的岑参在长安东奔西忙,仍然功名无望。

　　次年他游河朔(河北),于冀中平原盘桓了数月,复游大梁(开封),一路写诗。也许他豁出去了,暂且不问前程。

　　他写诗告诉异乡人:"吾庐终南下,堪与王孙游。何当肯相寻?汴上一孤舟。"

　　终南山别业像他手中的一张名片,犹如嵩山别业是他的另一张名片。"与王孙游"则有些夸张。唐人的自我夸耀乃是干谒的必备功课。当然,前提是要有真才实学。官员懂诗文,蒙是蒙不过去的。民间还有许多处士、高士。庶民百姓也向学知诗。

　　"客舍梨花繁,深花隐鸣鸠。南邻新酒熟,有女弹箜篌。醉后或狂欢,酒醒满离忧。主人不相识,此地难淹留……"

　　岑参亦狂放。诗中提到的醉后狂欢,具体内容是什么,他没写。只身在外的唐朝男人,萍水相逢烟花女,欢娱后天各一方。这类情绪,中唐杜牧有出色的表达。

河北定州有岑参的一个叔父,开封城里却举目无亲。开封离嵩阳不算遥远,游尽盘缠他就回家。

《登古邺城》:"梁园日暮乱飞鸦,极目萧条两三家。庭树不知何处去,春来还发旧时花。"

邺城是曹魏故都,又曾是汉代梁王刘武的封地,昔日金碧辉煌,眼下暮鸦乱飞。怀古之幽情,历来纠缠着诗人。中原大地,处处古迹。

诗人过邯郸,诗中再次出现了女孩儿的身影:

客舍门临漳水边,垂杨下系钓鱼船。
邯郸女儿夜沽酒,对客挑灯夸数钱。
酩酊醉时月正午,一曲狂歌垆上眠。

岑参酒量大,狂性不小。邯郸女儿陪他喝,还挑灯数钱。诗,酒,色,共属一体,乃是古代诗人的常态。

怀古尚未休,别意又饱满。诗人被无穷诗意拨得团团转。远游真好。求仕不过是远游的初衷。游着游着,人变了,生存之种种意绪填满了男儿躯,激发潜在的能量,拢集着不可名状之物。新鲜,新奇,于是发为新声。

春去春又来,诗人在车上,马上,船上。

妙不可言的是走在路上,爬在山上,漂流于河上……行走的速度与感受的细腻度、开阔度正相吻合。奇妙之物接踵而来,但艺术家决不会寻求单纯的感官刺激。这个分寸感严格标示出艺术与伪艺术的分水岭。奇妙之物的照面方式与意志无关。如果有关,意志去染指感受的原初性,奇妙者将收缩,甚或自动隐匿。

岑参回家了。

一别两年多,夫妻重聚。桃花不复笑索居,妻子她就像新娘子,陌生而又熟悉地朝他微笑着,白天殷勤伺候,夜里讲好多好多事情,他听得似懂非懂。

嵩山下狂水旁,年轻的夫妻终于影成双。

家里是个港湾。

岑参二十七岁再一次踏上了京洛官道,这次他带了妻子,也许还有孩子。他母亲的情况不得而知。

唐诗宋词对母爱的表达也有限。而我们知道,大文人早年丧父者多,他们的内心倒是多有母性的仁慈。

总之,古代精英文化对人性的表达是不够充分的。这种表达不充分的负面效应倒是发挥得很充分,留下历史的诸多遗憾。

岑参在长安认识了王昌龄,二人年纪悬殊而气味相投。王昌龄才名高,仕途不畅,先贬岭南,回京没过多久,复谪江宁丞。朝政为李林甫所把持,这个超级政治打手仿佛是一夜之间冒出来的,攻太子李亨,毁进言之路,黜饱学之士。李林甫没文化,谁有文化他就打击谁,他手下的酷吏如温吉、李希奭,杀人只嫌刀慢,办案跑死良驹。开元末天宝初,酷吏追杀李邕,杖杀李适之,逼走名相张九龄。杜甫千辛万苦考进士,也是栽在李林甫的手上……

眼下的王昌龄四十多岁了,进长安城,有时住岑参的家,谈起当年走边塞,壮烈犹激烈。长安士大夫,谁不知道他的七绝《出塞》呢?

秦时明月汉时关,万里征战人未还。
但使龙城飞将在,不教胡马度阴山。

岑参受王昌龄边塞诗的震动很大。

他大声朗诵王昌龄的另一首名篇《从军行》:

"大漠风尘日色昏,红旗半卷出辕门。前军夜战洮河北,已报生擒吐谷浑。"

然而大丈夫的慷慨激昂,眼下已大半化为遭贬谪的沮丧。岑参年轻,吟诵昌龄诗而向往着茫茫大漠,军旗号角,一副热血青年的模样。昌龄默然。

王昌龄动身赴贬所,岑参写诗安慰他,《送王大昌龄赴江宁》:

对酒寂不语,怅然悲送君。明时未得用,白首徒攻文。
泽国从一官,沧流几千里……君行到京口,正是桃花时。

舟中饶孤兴,湖上多新诗。潜虬且深蟠,黄鹄举未晚。
惜君青云器,努力加餐饭。

开元二十八九年,岑参留在长安继续"干谒",偶尔骑马走洛阳碰碰运气。献书,敲门,献出去的文赋泥牛入海,敲开的朱门复又关上。世风已变,饱读诗书的士子几乎成了丧家犬。士大夫主政的辉煌已是昔日美谈。李林甫及其党羽最讨厌读书人了,读圣贤书有啥用呢?倒不如研究厚黑学、权谋术,钻营拍马,结党营私,纵容打手。打击朝野一大片,只需维护老皇帝唐玄宗的尊严,还有那位千娇百媚的杨贵妃。有一年李林甫将全国的考生黜落,宣称"野无遗贤"。皇帝很高兴,认为人才都进了朝廷。杜甫就是被黜落的考生之一。

浪荡赌徒杨钊正在窜上高位,后来变成了权相杨国忠。内宫则有大太监高力士,与宰相争权。

李林甫、杨国忠二位著名奸相,以某些"实际"干才赢得唐玄宗的信任。玄宗晚年也不单是昏了头。皇权的惯性思维、运行模式掌控了他。他把自己置于权力金字塔的顶端,这"顶端"却反制他,以他意想不到的方式灭掉他。这叫"反噬自身"。

此间的唐玄宗认为天下富足,国库里的银子更是花不完,"人才库"人满为患。凡是好听的话他都听得进去,顺耳,舒服,一如杨妃吹来的香喷喷的枕头风。于是,宫里宫外的好听话层出不穷,以循序渐进的方式垄断了他的耳朵,重塑了他的听觉。听忠言逆耳,他就打瞌睡。

御史台的谏官已被李林甫清理干净,那些嘴硬的,想以太宗朝的名相魏征为榜样的,李林甫就让他们永远闭嘴。

开元末期,天宝初期,朝廷酷吏弄死了很多人。温吉的恶名,一如汉武帝时代的头号酷吏张汤。

而像苏东坡这种老是严厉批评皇帝的人,如果在这年月做官,不知死了多少回。

## 5

天宝元年(742)的一天下午,岑参徘徊宫墙外,看见一个面容清瘦的冠带男人出宫门,走上御街,目光沉静。岑参听人讲,此人就是诗画乐三绝的王维。宫中正排练《霓裳羽衣曲》,王维受命参与谱曲,指挥排练,画佳人群舞、独舞的舞美图,几乎每日和国色天香的杨贵妃在一起。然而王维出宫毫无矜色,英俊的面孔浮着一层淡淡的沉思与忧郁。

岑参近距离感受传说中的诗佛风采,迷登登跟随百余步,那王摩诘自去,对身后的"粉丝"后生浑无知觉。

王维在终南山也有别业,岑参的别业离他不远,十几里路,走过去也就半个时辰。岑参犹豫了几次未能去拜访。名满天下的王维"隐于朝"是众所周知的,他和李白、杜甫、贺知章、高适等名噪一时、久居长安的才俊均无交往。

岑参是个好奇的人,壮怀的人,却也知谨慎。这谨慎源于他的家族记忆和几年来求仕到处碰壁。

他在终南山写诗,暗里追随王维的风格。去王维别业附近转转,爬到高处,盘腿坐在草地上,俯瞰王维凭窗作画……

张旭的草书受公孙大娘舞剑的启发。岑参写诗,向王维看齐。

他访友不遇,题诗于友人家的墙壁上:

谷口来相访,空斋不见君。涧花燃暮雨,潭树暖春云。
门径稀人迹,檐峰下鹿群。衣裳与枕席,山霭碧氛氲。

访友不遇而为诗,唐人多佳作。

岑参《草堂村寻罗生不遇》:数株溪柳欲依依,深巷斜阳暮鸟飞。门前雪满无人迹,应是先生未归时。

从岑诗看,他的交游比王维多。王维向空门,对当时的名流兴趣不大。岑诗中的"无人迹,未归时",也有"空"的意味。

《山房春事》:"风恬日暖荡春光,戏蝶游蜂乱入房。数行门柳低衣桁,一片山花落笔床。"

衣桁:衣架。

终南山中写的诗一派闲适。快满三十岁的男人,成家而未能立业,似乎并不着急。衣食尚能维持。岑家的祖产,如分布于嵩阳、洛阳、长安的五六处别业,卖掉一处,或可支撑数年。但岑参集中未见卖房产的记载。

岑参往返于长安城与终南山之间。这条近百里的官道,蜿蜒起伏,宛如士子们曲折的命运。

处士安贫贱,举目玩青山。

同时埋头苦读,争取一朝上榜。

天宝三年,三十岁的岑参高中进士,考了第二名。不久,授官右内率府兵曹参军,从八品下,掌管太子宫中的武官簿书。月俸一千六,禄米六十二石,另有职份田二百五十亩。官虽小,却比一般庶民强多了,养活包括几个兄弟在内的全家人不成问题。年初,岑参写《感旧赋》,沉痛落笔,为自己的坎坷命运愤愤不平。四月,当他得知授官后,心情有了微妙的变化,作《初授官题高冠草堂》:

三十始一命,宦情都欲阑。自怜无旧业,不敢耻微官。
涧水吞樵路,山花醉药栏。只缘五斗米,孤负一渔竿。

孤负通辜负。五斗米和渔竿之间,有着唐朝诗画艺术的强对流张力区。王维说:"偶寄一微官",意思与岑参相近。而陶潜不为五斗米折腰的故事,当时士人皆知。事实上,士子纷纷向权贵折腰,反复受"折困",才显现了不折腰的难能可贵。李白呐喊着,发出了有骨气的士子们的共同心声:"安能摧眉折腰事权贵,使我不得开心颜!"

王维不呐喊,视朝堂如山林。

岑参授官的这一年,李白被唐玄宗逐出了翰林院。三年供俸翰林,李白的传世之作只有三首清平调,却都是描绘一代佳丽杨玉环。歌颂皇帝无好诗。

李白与朝廷王公大臣的应酬之作均不传。王维、杜甫等人的酬唱诗,佳作也少。

唐人的应酬、酬唱诗,大抵在那个艺术张力区之外。

岑参为一个上了年纪的落第士子写诗:"献赋头欲白,还家心已穿。羞过灞陵树,归种汶阳田。"

他交了几个小官朋友,喝酒,写诗,闲逛。

李林甫气焰嚣张,杨国忠恶欲膨胀。岑参对他们不置一词。王维也如此。两个大诗人影子似的行走朝堂,转向丘山人才兴奋。诗花开向烂漫山花……

毕竟唐代诗人已不似汉代的司马扬班者流,搜索枯肠歌颂帝王。

诗人体格健壮。皇权奈何不得。

岑参近五年的小京官生涯,养家或有余,功业谈不上。这使他郁闷。官小禄薄,不能荫及兄弟、儿子。岑门的光大还指望他。几代相传的"世业"呼唤他。

岑参和颜真卿交上了朋友,互相欣赏艺术才华。

颜真卿是临沂人,书圣王羲之的同乡,一条典型的山东血性汉子。他的书法盛唐称第一,其铮铮铁骨也罕见。后数年,安禄山二十万叛军反于范阳,横扫河北二十四郡。叛军攻破洛阳后,杀了拒降的文官卢奕,传卢奕首级于河北道诸郡,以示威慑。传至平原郡,身为刺史的颜真卿先杀叛军使者。接卢奕首级时,"面上血真卿不敢衣拭,以舌舐之。"

如此壮举,有唐一人焉。

颜真卿厚葬卢奕,发兵讨贼,"首唱大义",河北各郡才开始抵抗叛军。不料过了若干年,卢奕的儿子卢杞,竟为自己的仕途前程,千方百计害死颜真卿。

其时官场生态,早已恶草丛生。

李林甫杨国忠,相继权倾朝野二十几年,占去开元天宝一半还多。唐玄宗长期纵容恶棍,表明他本不是什么好东西。

约天宝七年,岑参作《胡笳歌送颜真卿使赴河陇》:

君不闻胡笳声正悲,紫髯绿眼胡人吹。
吹之一曲犹未了,愁杀楼兰征戍儿。
凉秋八月秋关道,北风吹断天山草。
昆仑山南月正斜,胡人向月吹胡笳。
胡笳怨兮将送君,秦山遥望陇山云。
边城夜夜多愁梦,向月胡笳谁喜闻?

泰山指终南山。

王昌龄和颜真卿慷慨赴边,对岑参的志向产生了影响。再者,他呆在长安也没意思。权相权臣不可一世,互相倾轧,血腥斗争。

次年,岑参从戎,入安西节度使高仙芝的幕府,远走塞外。如果不是为了求取功名,他会像王维一样吏隐,终南山别业优游卒岁。官俸钱米加上二百五十亩职田,亦官亦地主,足矣。

天宝八年(749)春,岑参由右内率府兵曹参军转右威卫录事参军,官阶上调,动身前往安西。天宝年间更重边功,官员出塞,俸禄看涨。当时高仙芝与频繁袭扰边境的吐蕃人战,大胜。朝廷和长安市井响起了一片欢呼声。

岑参受爱国情操的感染,精神抖擞纵马向西。出长安西北门,过渭河,过咸阳,过马嵬坡,登上黄土高原,举目莽莽苍苍,那漫山遍野的山花也开得神气十足。

再过岐山,过凤翔,过陇州再西行,山是越走越高了,大队人马蜿蜒而上,旌旗插上了陇山顶。

"一驿过一驿,驿骑如流星。平明发咸阳,暮到陇山头。"

五百里路,多崎岖山道,朝发而夕至。可见岑参英姿勃勃的身影。他也学着马背上弯弓射雕,舞枪弄棍。

《秦州记》云:"登陇东望秦川,可五百里。"

秦人以强悍著称,登这陇山顶,回望五百里秦川,亦不免悲思如潮,卢照邻写的《陇头水》广为流传:

"陇坂高无极,征人一望乡。关河别去水,沙塞断归肠。马系千年树,旌悬九月霜。从来共呜咽,皆是为勤王。"

而岑参发出了别样的声音:

"万里勤王事,一身无所求。也知塞垣苦,岂为妻子谋?"

妻子,包括妻与子。

行进异常艰难:"十日过沙碛,终朝风不休。马走碎石中,四蹄皆血流。"

越过了黄土高原之邱岭,抵渭洲(甘肃陇西县),宿金城(兰州),岑参写诗形容:"山根盘驿道,河水浸城墙。"

踏上了河西走廊,阅武威,向酒泉,马蹄声脆过敦煌,西出阳关道。

中原人过敦煌以西的大沙漠,如同朝着地狱进行。法显和尚《佛国记》说:"沙河中多有恶鬼,热风,遇则皆死……遥望极目,欲求度处,则莫知所拟,唯以死人枯骨为标帜耳。"

岑参西行之初的慷慨激昂,受到了大沙漠的严峻考验:

走马西来欲到天,辞家见月两回圆。
今夜不知何处宿,平沙万里无人烟。

他想家了。

《度碛》云:"黄沙碛里客行迷,四望云天直下垂。为言地尽天还尽,行到安西更向西。"

高仙芝与大食(阿拉伯)战,争夺西域诸国。战争旷日持久,有胜有败。高仙芝本人于大唐有功,却又残暴而贪婪,把打胜仗得来的大量财宝归为己有,"皆人其家。"他又"伪与石国和,引兵袭之,虏其王及部众以归,悉杀其老弱。"

天宝九年(750)高仙芝得胜回长安,邀功请赏。次年复回安西,再与大食战,却一败涂地。他诱骗石国,杀其老弱,导致恶果。"石国王子逃诣诸胡,具告仙芝欺诱贪暴之状。诸胡皆怒,潜引大食欲共攻四镇。"

本来唐朝与西域诸国交好,而高仙芝打仗为邀功,不择手段,把朋友变成了敌人,坏了边塞大局。唐军败给大食,数万大军"死亡略尽。"

上述几段引文,均见于司马光的《资治通鉴》。

岑参是高仙芝幕府中的官员,两年来耳闻目睹,情绪渐渐由激昂转为颓唐。长安的那些高官面目可憎腐败丛生。岂料岑参万里赴安西,近距离感受到的著名边帅高仙芝,与当初留下的印象大相径庭。

他写诗,基本上不提高仙芝。也不谴责其贪暴恶行。岑参情绪低落,护边安国的志向却未曾消解。他人微言轻,只能委身于繁琐的公务。

"终日见征战,连年闻鼓鼙。"

战争给人相当复杂的感觉。单纯的爱国情怀让高仙芝给打了折扣。边帅如此贪暴,他的部下的所作所为不难想见。

这些日子,岑参倍思乡:

> 一身从远使,万里向安西。汉月垂乡泪,胡沙费马蹄。
> 寻河愁地尽,过碛觉天低。送子军中饮,家书醉里题。

七言绝句《逢入京使》,传为名篇:

> 故园东望路漫漫,双袖龙钟泪不干。
> 马上相逢无纸笔,凭君传语报平安。

这些诗在军中流传会影响士气。但没人责怪他。他表达的情绪具有普遍性。能邀功请赏、能发战争财的人毕竟是极少数。

岑参饮酒后,在大沙漠中狂走。

"终日风与雪,连天沙复山。"

"弥年但走马,终日随飘蓬。寂寞不得意,辛勤方在公。"

岑参见识过了令人一再惊奇的西域风物。从摄取诗意的角度看,这两年收获不小。

> 沙上见日出,沙上见日没。悔向万里来,功名是何物!

由于高仙芝的惨败,作为幕府小官的岑参也无所谓功名。而弥年走马,饱一顿饿一顿,风吹日晒,体质也下降了。"双双愁泪沾马毛,飒飒胡沙迸人面。"

风卷黄沙,沙欺人面。

边帅幕府中的大人物倒是过得舒服:痛饮美酒,大吃肥牛,入夜营妓伺候,"娇歌艳新妆"……下级军官和普通幕僚,闻闻酒肉香、脂粉香而已。

这样的时刻,岑参独自往大漠深处走去,越远越好。

他坐到沙丘上看圆圆的大月亮。

浩瀚的夜空,无边的沙漠……

诗人独坐。

他想念千里外的老婆儿子,却不提笔写诗。

## 6

三十七岁的岑参回长安,仍为小官。

朝廷乌烟瘴气。没文化的李林甫死了,这恶棍做宰相长达十九年,而此前的宰相平均在位仅三年。杨国忠登相位,更是大权独揽。

唐玄宗把朝政交给赌徒,把兵权付与盗马贼安禄山。

天宝年间的安禄山升为三镇节度使,势力范围扩至今之河北、山东、山西,兵权财权人事权一手抓。安禄山早年在范阳偷马,差点被杀掉。他从军与契丹人战,骁勇有功,节节爬高。他偷东西的欲望正在膨胀为抢天下的野心。不过他善于伪装,玩唐玄宗如玩三岁小孩儿。而唐玄宗正在玩杨玉环……

时隔一千多年,我们对唐玄宗搞一点"生存论阐释":

老皇帝为所欲为。他酷爱宫廷乐舞,看重梨园优伶,自己也善于吹笛弄箫。杨妃舞长袖,他横笛伴奏。此人是个情绪大于思索能力的庸常之辈,又自以为权谋术天下第一。

皇权使人愚蠢,玄宗是个典型。

玄宗晚年最大的兴奋点是长生不老,迷神仙,与秦皇汉武遥相呼应。李白也迷神仙,却纯属个人嗜好,并不祸及他人。李白笔下的青山倒是尽显神奇,造福于百代华夏子孙。顶端弄权者与旷代弄墨者,高下判焉。

唐玄宗对文化精英不感兴趣,驱赶精英成瘾,比如贬谪名相张九龄毫不手软。他泡骊山的华清池,拥绝代佳人,日上三竿不起床,废早朝创纪录。活得肉身化,活成白痴般的老糊涂。此人欲盛,恰似那个"宁可三日无肉、不可一日无妇女"的汉武帝。

皇权掌控皇帝的身体,这身体又掌控皇帝的大脑,唐玄宗不活向白痴也艰难。除此之外,活路何在?他和杨贵妃互相激活肉体,十余年肉肉的,美美的,香香的,黏黏的。哦,还有那些仙境才有的音乐舞蹈……玄宗对杨玉环可能有爱情。而皇帝和他的女人一旦双双沉迷,他离死期就不远了。

杨妃单纯,爱情是她的本分、她的全世界。天下不会毁在她的玉指间,而天下乱起来,所有的脏水都泼向她,红颜祸水四个字,几千年广流传,居然成了"认识定势"。皇权覆盖之下,思想生长艰难。这也包括玄宗本人。文化全盛的时代,这个龙椅上的男人倒成了"化外之人",想要"化"他的精英人士都被他撵走或杀掉。龙座前的泼皮赌徒偷马贼,一个个欢天喜地赢得了病毒释放的空间。说唐玄宗老白痴,算是便宜他。此人中青年的文化根底也成问题,需要加以重新审视。

北宋的第四个皇帝、也是立国百年期的宋仁宗,在位四十二年,身边的贤臣可圈可点。这些贤臣大都是文化精英。酷吏长不大,太监身影小,皇后不吹枕头风,太后不干预朝政,除非她听政。仁宗本人也受到一些制约。然而到了第八个天子宋徽宗,"皇帝嬉皮士"的老戏又重演……

天宝十一年,小京官岑参再次陷入了郁闷。有文化有抱负,于是他超级郁闷。朝廷发生的破事儿脏事儿一桩又一桩,他是小民也罢了,偏偏他做着京官,他了解内情。满腹诗书发力难,有烂成一肚子牢骚的危险。

远走边塞六百天,归来长安抱愁眠。

打马向终南,抱朴归园田。

归心似箭。

青山万年朴拙,官场分秒纠缠。

诗佛王维,这几年也常居终南山别业,岑参步行去看他,远远地朝那青砖墙望几眼,希望听听诗佛的禅诵和吟诵。

伫立夏风秋风,有时立尽斜阳。

崇拜者是这么崇拜的,是生命向生命的致敬。

岑参居长安杜陵,和住在少陵的杜甫交上了朋友。两地相隔十八里,往来方便。杜甫《九日寄岑参》:

出门复入门,两脚但依旧。所向泥活活,思君令人瘦。
沈吟坐西轩,饮食错昏昼。寸步曲江头,难为一相就。

吁嗟呼苍生,稼穑不可救。安得诛云师,畴能补天漏……
岑参多新诗,性亦嗜醇酎。采采黄金花,何由满衣袖。

这一年长安秋雨,下了六十天。杜甫卧病百日,差点丢了性命。城里到处是积水。粮食欠收,食品短缺,物价暴涨。富人们早已去了洛阳,长安的穷人苦不堪言。杜甫可能于病中写下这首诗,但不提自己生病。

高适也在长安,年近半百的小官,每日借酒浇愁。杜甫、岑参、高适等五人同登慈恩寺塔,各赋五言诗述怀,后世传为美谈。四十出头的杜甫仍是布衣,自称"少陵野老",卖草药度日,三年后才得一管理军械仓储的从八品官,大雪天到奉先探望家人,小儿子却刚刚饿死。杜甫写下悲壮名篇《自京赴奉先咏怀五百字》,其时,安史之乱已经暴发,印证了杜甫诗中预言式的书写:"朱门酒肉臭,路有冻死骨……忧端齐终南,澒洞不可掇。"

天宝十二年,岑参在京时,诗人们时有聚会,谈论朝政得失。杜甫对朝廷多年来频繁用兵是持批评态度的,名篇《兵车行》有强烈的反战情绪,指责唐军开边死人无数:"边庭流血成海水,武皇开边意未已。君不闻汉家山东二百州,千村万落生荆杞……信知生男恶,反是生女好。生女犹得嫁比邻,生男埋没随百草。"武皇指唐玄宗。杜甫向来忠君,却对疯狂的皇帝毫不留情。

杜甫《前出塞》又说:"杀人亦有限,立国自有疆。苟能制侵凌,岂在多杀伤!"

唐军攻伐南诏(云南北部)的战役,由于杨国忠插手,数万唐军有去无回。高适《李云南征南蛮诗序》,不无肉麻地赞美杨国忠。"恶相"李林甫横行时,"庸相"李希烈执政日,高适也向他们献过诗。高适与杜甫,在一些原则问题上是有大分歧的。不过二人交情不错,争论激烈而聚饮如常。

唐人有这气度。

岑参谨慎,言语委婉。他的心是偏向杜甫的。十年做小官,他未曾写过吹捧李、杨二奸相的诗。

岑参求功名,不以丢掉个性为代价。就骨头的硬度、民间精神的强度而言他不如杜甫,就山水田园的向往而言他不如王维。艺术才华逊此二人。写边塞诗,他与高适齐名,但人品过之。高适雄壮,五十岁以后任谏议大夫,也能"负气敢言"。其干谒生涯中卑微的插曲,并不影响他那豪迈的边塞诗篇。

岑参"十年干明王",未曾露媚相。

岑参是一个正直的、单纯的、有内心纵深和远大抱负的人。

天宝十三年(754),岑参再赴西域,前往北庭府(今新疆吉木萨县北之北庭乡)。这次是在唐朝另一个名将封常清的幕下,官阶再次上调,为安西节度判官。封常清兼着安西、北庭的两个节度使。几年前高仙芝败给大食,丢掉石国,封常清率领唐军又夺了回来,并且"云卷万里",把大食兵赶出了西域。

岑参在北庭待了三年。

他追随封常清颇愉快,对这位李广式的战功显赫而又清廉自律的将军抱着敬意。岑参四十岁了,终于碰上他希望碰上的上司。

封常清兼具文才,行军打仗不弃书卷。他把岑参纳于麾下,纵谈文武,饮酒赋诗,登高述怀。边塞多杀气,大漠总荒凉,缺的就是弥漫在长江、黄河流域的文墨气。两种相异之气会激荡出全新的东西。一般边将或赴边士子也会有诸多感慨,却不能把他们的感慨带向出色的语言艺术。

西域征战千百年,汉代的"沙场诗意"亦显现于唐人笔下。

岑参一支笔,几乎占去了西域诗意一半。

《赴北庭度陇思家》:

"西向轮台万里余,也知乡信日应疏。陇山鹦鹉能言语,为报家人数寄书。"

岑参思家的句子,表达西行将士及幕府同僚共同的心声。

岑参是暮春时节从长安出发的,经咸阳,过渭水,再次登上陇山顶,回望五百里秦川。离家是越来越远了。

度陇而西,又见茫茫大漠。

行至武威郡,作《凉州馆中与诸判官夜集》:"弯弯月出挂城头,城头月出照凉州。凉州七里十万家,胡人半解弹琵琶。琵琶一曲肠堪断,风萧萧兮夜漫漫……"

一座凉州城,竟有十万人家。

岑参一行人跟随封常清过河西走廊,走瓜州晋昌郡出玉门关,西北行越过天山,仲夏抵北庭府。马队走了两个月。

《登北庭北楼呈幕中诸公》:

> 尝读西域传,汉家得轮台。古塞千年空,阴山独崔嵬。
> 二庭近西海,六月秋风来。日暮上北楼,杀气凝不开。
> 大荒无鸟飞,但见白龙堆。旧国渺天末,归心日优哉。
> 上将新破胡,西郊绝尘埃。边城寂无事,抚剑空徘徊……

诗语雄奇,挟大漠特有的气势逼人心魄。杜甫说:"岑氏兄弟皆好奇。"唐朝大诗人中,数岑参足迹最远,待边塞时间最长。好奇才有诗心。好奇深广,诗心恒定。

杰出的七言歌行《走马川行,奉送封大夫出师西征》:

> 君不见走马川行雪海边,平沙莽莽黄入天。
> 轮台九月风怒吼,一川碎石大如斗,随风满地乱石走!
> 匈奴草黄马正肥,金山西见烟尘飞,汉家大将西出师。
> 将军金甲夜不脱,半夜军行戈相拨,风头如刀面如割。
> 马毛带雪汗气蒸,五花连钱旋作冰,幕中草檄砚水凝。
> 虏骑闻之应胆寒,料知短兵不敢接,军师西门伫献捷。

天宝十三年九月,封常清平定播仙部族之乱,大军过走马川,旌旗乱舞,碎石奔走。

天山以北的沙漠,有个纵横千里的砾石地带,石头浑圆,大者如斗。冬季刮大风,飞狂沙,走巨石。而将军的豪气应和着自然界的种种凶悍。岑参的奇思奇情加入进去,三者汇成交响,卓然而为边塞诗之绝唱。现在已经很少有人知道封常清将军了,岑参此作却要永载教科书。

《轮台歌奉送封大夫出师西征》:

轮台城头夜吹角,轮台城北旄头落。
羽书昨夜过渠黎,单于已在金山西。
戍楼西望烟尘黑,汉兵屯在轮台北。
上将拥旄西出征,平明吹笛大军行。
四边伐鼓雪海涌,三军大呼阴山动。
虏塞兵气连云屯,战场白骨缠草根。
剑河风急雪片阔,沙口石冻马蹄脱。
亚相勤王甘苦辛,誓将报主静边尘。
古来青史谁不见,今见功名胜古人。

轮台古塞,是封常清大军驻地。封常清几次西征,都打得比较顺利,没有遇到大规模强有力的抵抗,往往大军一到,敌军纷纷投降。唐军首先需要战胜的,倒是恶劣的自然环境。

名篇《白雪歌送武判官归京》:

北风卷地白草折,胡天八月即飞雪。
忽如一夜春风来,千树万树梨花开。
散入珠帘湿罗幕,狐裘不暖锦衾薄。
将军角弓不得控,都护铁衣冷难着。
瀚海阑干百丈冰,愁云惨淡万里凝。
中军置酒饮归客,胡琴琵琶与羌笛。
纷纷暮雪下辕门,风掣红旗冻不翻。
轮台东门送君去,去时雪满天山路。
山回路转不见君,雪上空留马行处。

写得真漂亮。飞雪如梨花千万树,被一夜春风卷来,奇丽更兼奇寒:"纷纷暮雪下辕门,风掣红旗冻不翻。"

毛泽东词《卜算子·咏梅》,其中有:"已是悬崖百丈冰,犹有花枝俏。俏也不争春,只把春来报……"大诗人气魄,收尽天地神奇,百丈冰配花枝俏,美得叫人折腰。

岑参早年的山水诗,为他中年的边塞诗作了很好的铺垫。

积聚了几十年的生命能量,一朝大喷发。生命冲动与艺术冲动合而为一。

从骆宾王、陈子昂、王昌龄、高适到岑参,唐朝边塞诗形成了一支相当可观的队伍。岑参攀上边塞诗的顶峰。

描绘西域奇境而易懂易记,军中传唱,士气不衰。

岑参赴北庭,意外地成就了他的艺术伟业。

边帅封常清常常是他的第一个读者。小战士唱着他的雄壮歌行迈向沙场……

保卫边疆,慷慨激昂。

岑参性格中的单纯,集合了童年少年的内心纵深,使他的"艺术井喷"成为可能。

慷慨之外别有意绪,《轮台即事》云:

轮台风物异,地是古单于。三月无青草,千家尽白榆。
蕃书文字别,胡俗语音殊。愁见流沙北,天西海一隅。

岑参三十五岁赴安西,四十岁去北庭,皆有愁苦语。这很正常。诗人不可能每一天都歌声嘹亮。有低吟才会有高唱。

诗笔在诗人手中,封常清将军不会给他布置写诗的任务。

天宝十四年末,安史之乱起,封常清率军回护朝廷,一战失利,便被唐玄宗砍下脑袋。另一老将高仙芝,也因战败遭极刑。玄宗用人差劲,杀人起劲。中原各地,"茫茫走胡兵",他下令杀死两员身经百战的大将。

玄宗患了神经病、白痴症,情绪牢牢掌控大脑,把皇帝所能演绎的愚蠢推向一个新的高度。

唐帝国刹那间跌向深渊。七年安史之乱,使唐朝人口从五千万锐减到一千多万。为什么会这样?

司马光《资治通鉴》对李林甫、杨国忠、安禄山这些乱臣贼子极尽鄙薄之辞,对唐玄宗还是笔下留情。

岑参居北庭,闻封将军之死而大恸,但他没写诗,只昼夜狂走沙丘,扑倒于大漠。

很可能,岑氏家族巨大的阴影又来照面了。

岑参忠君,过于杜甫。他不会谴责皇帝的。

《首秋轮台》:

> 异域阴山外,孤城雪海边。秋来唯有雁,夏尽不闻蝉。
> 雨拂毡墙湿,风摇毳幕膻。轮台万里地,无事历三年。

雄奇诗语不再。岑参的艺术井喷期,算来一年半。

## 7

唐肃宗至德二年(757),一代名将郭子仪收复长安。岑参回转京城,由官居左拾遗的杜甫荐为右补阙。

次年,杜甫、王维、岑参唱和于宫廷,三个唐朝顶级诗人,共同写下平庸诗篇。带头写诗的是中书舍人贾至。

此时战乱未休,朝廷又起倾轧。宦官李辅国把持朝政,勾结张皇后,为所欲为,甚至关了太上皇李隆基的禁闭。文化精英们,行走朝堂如履薄冰。杜甫发了一回狠,上书论救打了败仗的宰相房琯,肃宗大怒,贬杜甫到穷山沟华州去……

王维首创的"吏隐",在官场中再度流行。这源头却在孔子的"邦无道则隐"。

岑参转辗于官场,心向青山绿水。

当了两年言官右补阙,"屡上封章",一事无成。诗人转写郁闷诗,向朋友倾诉:

> 终岁不得意,春风今复来。自怜蓬鬓改,羞见梨花开。
> 西掖诚可恋,南山思早归。园庐幸接近,相与归蒿莱。

乾元三年(759),任虢州(今河南三门峡市)长史的岑参作五言诗云:

素多江湖意，偶佐山水乡。满院池月静，卷帘溪雨凉。
　　轩窗竹翠湿，案牍荷花香。白鸟上衣桁，青苔生笔床。
　　早年迷进退，晚节悟行藏。他日能相访，嵩南旧草堂。

　　岑参格外怀念嵩山下的旧草堂。
　　吏隐也是没办法。谁拿皇帝有办法？
　　三年后，玄宗死，肃宗病，阉人李辅国在皇权可能悬空之际，转与几年前的死党张皇后恶斗，杀皇后，吓死唐肃宗。太子李豫战战兢兢登基，是为唐代宗。李辅国正式当宰相，大权独揽，大施淫威。
　　岑参入祠部为郎，后转工部郎中，再转起居舍人。后入蜀，担任嘉州刺史……
　　可怜官身如飘蓬。
　　《初至犍为作》："山色轩槛内，滩声枕席间。草生公府静，花落讼庭闲。云雨连三峡，风尘接百蛮。到来能几日，不觉鬓毛斑。"这一年岑参五十二岁，诗中可见暮气。
　　峨眉山近在咫尺，他望望而已，没去攀登。"天晴见峨眉，如向波上浮。"李白那股子游遍名山的劲头，陶潜、王维的那份宁静，他未能抵达。
　　《峨眉东脚临江听猿，怀二室旧庐》：

　　峨眉烟翠新，昨夜秋雨洗。分明两头峰，倒插秋江底。
　　久别二室间，图他五斗米。哀猿不可听，北客欲流涕。

　　当初在北庭，那是何等的激昂！眼下，做着四品高官的岑嘉州流下了辛酸泪。他一生矛盾着，像东晋末年的谢灵运。总有几股力量在不同的方向拽着他。家族的潜意识，幽灵般地附在他身上。
　　他性格单纯，活得不够单纯。
　　家族意志强，仕途吸盘多……
　　岑参厌恶坏领导，晚年却碰上了坏领导，这人是西川节度使崔宁。崔宁在蜀中大肆敛财，献给贪财的宰相元载。岑参拒不合作，被罢免。当刺史仅一年。

诗人在蜀中苦闷。家眷远在河南嵩山。

弃官归家怎么样呢？永离仕途又如何？

曾经壮怀激烈的岑参迈不出这一步。当年两度体验茫茫大漠，举目千里，然而思维的穿透力有限，他不能决断。岑嘉州三个字，对他有着迷幻剂般的吸引力。他希望得到朝廷的重新任命。

他沮丧地说："一官讵足道？欲去令人愁。"

盘桓西蜀近两年，贫病交困。其间，沪洲刺史杨子琳兵变攻成都，岑参东躲西藏。他亲眼目睹了朝廷失控，地方生乱。

安史之乱余波所及，中唐藩镇割据的乱局已在诸多地域拉开了序幕……

岑参晚年终于做上了四品大官，却是被派到兵变频繁的蜀地，又因他个性不改、不谙巴结逢迎术而罢官，丢了千辛万苦得来的显赫官帽。罢官后，他盼着复官，为子孙后代考虑前程。这里有岑参为家族"世业"献身的勇气。西域大沙漠他都走过来了，何惧西蜀？

夜夜梦回嵩阳，岂料客死他乡。

时为唐代宗大历四年，公元770年冬。岑参享年五十五岁。可能葬于成都。过了很久，亲人们才得知他的死讯。由于蜀中一直不稳定，妻子兄弟没敢千里迢迢来成都，寻找他的墓地。

荒坟埋没随百草，无人凭吊。

"千秋万载名，寂寞身后事。"

但愿唐朝大诗人岑参泉下有知，听到今日课堂上，华夏学子们激情朗读他的边塞诗："北风卷地白草折，胡天八月即飞雪。忽如一夜春风来，千树万树梨花开……"

## 主要参考文献

1. 《存在与时间》 马丁·海德格尔著 陈嘉映、王庆节译 北京三联书店 2000年版
2. 《中国文学史》 游国恩、萧涤非等主编 人民文学出版社 1980年版
3. 《中国历代文学作品选》 朱东润主编 上海古籍出版社 1980年版
4. 《中国历代诗歌选》 林庚、冯沅君主编 人民文学出版社 1964年版
5. 《论语今读》 李泽厚著 北京三联书店 2004年版
6. 《毛泽东诗词集》 中共中央文献研究室编 中央文献出版社 2003年版
7. 《中国思想家评传丛书》 匡亚明主编 南京大学出版社 1998年版
8. 《从西方哲学到禅佛教》 傅伟勋著 三联书店 1989年版
9. 《资治通鉴选》 郑天挺主编 中华书局 1965年版
10. 《曹操传》 张作耀著 台湾商务印书馆 2004年版
11. 《岑参集校注》 陈铁民校注 上海古籍出版社 2004年版
12. 《李贺研究》 张宗福著 巴蜀书社 2009年版
13. 《中国艺术大师图文馆》 李福顺主编 山西教育出版社 2006年版
14. 《唐诗三百首》 蘅塘退士编 陈婉俊补注 中华书局 1959年版
15. 《唐诗三百首详析》 喻守真编注 中华书局 1957年版
16. 《唐宋名家词选》 龙榆生编选 上海古籍出版社 1980年版
17. 《宋词三百首笺注》 唐圭璋笺注 上海古籍出版社 1979年版
18. 《全宋词》 唐圭璋编 中华书局 1965年版
19. 《心灵的激情 弗洛伊德传记小说》 欧文·斯通著 朱安等译 中国文联出版公司 1986年版

20. 《宋人轶事汇编》 丁传靖辑 中华书局 1980年版
21. 《古文观止》 吴楚材、吴调侯选 中华书局 1959年版
22. 《通志堂集》 纳兰性德著 上海古籍出版社 1979年版
23. 《王国维文学美学论著集》 北岳文艺出版社 1987年版
24. 《单向度的人 发达工业社会意识形态研究》 赫伯特·马尔库塞著 刘继译 上海译文出版社 2006年版
25. 《演讲与论文集》 马丁·海德格尔著 孙周兴译 北京三联书店 2005年版
26. 《解释学、海德格尔与儒道今释》 王节庆著 中国人民大学出版社 2004年版
27. 《欧洲文学史》 杨周翰等主编 人民文学出版社 1980年版
28. 《西方哲学史》 伯兰特·罗素著 马元德译 商务印书馆 1982年版
29. 《美学原理 美学纲要》 克罗齐著 李泽厚译 外国文学出版社 1983年版
30. 《性心理学》 蔼理士著 潘光旦译 商务印书馆 1999年版
31. 《意识的向度》 倪梁康著 北京大学出版社 2007年版
32. 《爱欲与文明》 赫伯特·马尔库塞著 黄勇、薛民译 上海译文出版社 1987年版
33. 《占有还是生存》 弗洛姆著 关山译 三联书店 1988年版

## 图书在版编目（CIP）数据

品中国文人.3/刘小川著.-上海：上海文艺出版社.2013.6(2025.4 重印)
ISBN 978-7-5321-4813-4
Ⅰ.①品… Ⅱ.①刘… Ⅲ.①文人-生平事迹-中国-古代
Ⅳ.①K825.4
中国版本图书馆 CIP 数据核字（2013）第 072274 号

策划、指导、责编　魏心宏
特约审读　海风、唐让之
编辑协助　谢锦、韩樱、于晨、吕晨
版式、封面设计　周志武

品中国文人 3

刘小川　著

上海文艺出版社出版、发行

上海市闵行区号景路 159 弄 A 座 2 楼
新华书店经销　上海中华印刷有限公司印刷
开本 650×958　1/16　印张 19.75　插页 2　字数 284,000
2013 年 6 月第 1 版　2018 年 3 月第 2 版
2025 年 4 月第 27 次印刷
ISBN 978-7-5321-4813-4/K・0343　　定价：37.00 元

告读者　如发现本书有质量问题请与印刷厂质量科联系
T：021-69213456